Boulevard Digital

Stefan Ullrich

Boulevard Digital

Öffentliche Meinungsbildung
der hypervernetzten
Gesellschaft

Stefan Ullrich
Weizenbaum-Institut für die
vernetzte Gesellschaft
Berlin, Deutschland

ISBN 978-3-658-24428-6   ISBN 978-3-658-24429-3   (eBook)
https://doi.org/10.1007/978-3-658-24429-3

Die Deutsche Nationalbibliothek verzeichnet diese Publikation in der Deutschen
Nationalbibliografie; detaillierte bibliografische Daten sind im Internet über http://
dnb.d-nb.de abrufbar.

Springer ist ein Imprint der eingetragenen Gesellschaft Springer Fachmedien
Wiesbaden GmbH und ist ein Teil von Springer Nature.
Die Anschrift der Gesellschaft ist: Abraham-Lincoln-Str. 46, 65189 Wiesbaden,
Germany

Über dieses Buch

Der Gutenberg'sche Buchdruck mit beweglichen Lettern, die Verstädterung sowie die Wiederentdeckung antiker Errungenschaften und Werke führten zur Entstehung einer neuen Öffentlichkeit, einer Wissensöffentlichkeit, die nicht so still war wie der elitäre Zirkel der Humanisten, sondern laut und schrill wie die Gespräche in einer Taverne. Neben den nun dank effizienter Produktion verfügbaren und erschwinglicheren Büchern entstehen die ersten Informationsmedien für die Massen, eben Buch, Flugblatt und Zeitung. Die Alphabetisierung einer breiten Bevölkerungsschicht in Europa wird zur Voraussetzung einer aufgeklärten Gesellschaft, die auf Offenheit und Freiheit gegründet ist. Technische Erfindungen und Innovationen führen zu Radio, Fernsehen und schließlich zum Internet. Diese Informationsmedien nehmen rasch eine wichtige Rolle in den jungen Demokratien Europas und Nordamerikas ein. Das informationelle Vertrauen wird zur zentralen Frage der Politik. Weder der Begriff noch das Phänomen „Fake News" ist neu, der transdisziplinäre Kulturtechnikforscher fragt sich dennoch, welche Rolle die alten und nicht mehr ganz so neuen Medien dabei spielen und ob es strukturelle Veränderungen in diesem Bereich gibt. Eine Massendemokratie benötigt Masseninformationsmedien, damit die Mitglieder der Zivilgesellschaft informierte Entscheidungen treffen können. Doch was ist das, diese Masse? Können wir das vielleicht ohne die Literatur beantworten, ohne Le Bons Massenpsychologie, ohne Tardes Nachahmungsgesetze, ohne Canettis Massenkristalle, ohne Arendts Totalitarismusforschung? Können wir den Entstehungsprozess der öffentlichen Massenmeinung vielleicht einfach sichtbar machen? In jüngster Zeit wurde in der Forschung im Netz nach dem Äquivalent des Kaffeehauses oder anderer Inkubatoren der öffentlichen Meinung gesucht, wobei übersehen wird, wie elitär diese Orte waren und sind. Wenn wir die Entstehung der massenhaft geäußerten öffentlichen Meinung(en) sehen wollen, müssen wir uns auf den Boulevard begeben, auf die sprichwörtliche Straße, auf den Bürgersteig.

Inhaltsverzeichnis

1

Vorbemerkung

Der Boulevard ist eine breite Straße für alle Verkehrsteilneh-
mer. Etymologisch geht der Begriff auf das mittelhochdeut-
sche Wort für Bollwerk zurück und tatsächlich entstanden
die Boulevards in den Städten an den Stellen, an denen einst
Mauern oder andere Abwehreinrichtungen standen. In Paris
und anderen Städten Europas des 18. Jahrhunderts wurde
der Boulevard von Fußgängern bevölkert, das öffentliche
Leben der Moderne fand auf den Straßen statt.

Sehen und gesehen werden ist seitdem das Spiel der flanie-
renden Großstädter. Sie begreifen die Stadt als ihre erweiterte
Wohnung, nehmen sie mit gemächlichem Schritt ein. Leitmedien der Öffentlichkeit waren Zeitschriften, Zeitungen
und andere Intelligenzblätter, die zumeist im Abonnement
bezogen wurden. Auf dem Boulevard jedoch warben diejenigen Drucksachen um Leserschaften, die keine Abonnenten
vorweisen konnten. Politische Zeitungen, Flugblätter und
Plakate richteten sich an den Flaneur, dessen Kleidung sogar
Botschaft war. Die Straße war somit der Ort des Politischen,

© Springer Fachmedien Wiesbaden GmbH, ein Teil von Springer
Nature 2020
S. Ullrich, *Boulevard Digital,*
https://doi.org/10.1007/978-3-658-24429-3_1

mehr noch als die Plätze, die doch eher dem Austausch von Waren dienen und nicht dem von politischer Information.

Der zweite Teil des Titels verweist auf die digitale Dimension des modernen Flaneurs. Mit den *social media* entstand in den letzten Jahren ein neuer Boulevard, der ja auch aus ehemaligem Bollwerk entstanden ist. Im Kalten Krieg wurde mit dem ARPANET der Vorläufer unseres Internets geschaffen, der es einer kleinen Forschungsgruppe des renommierten Massachusetts Institute of Technology ermöglichte, mit dem Verteidigungsministerium zusammenzuarbeiten. Dieses informationelle Bollwerk der so genannten Westmächte unter Führung der Vereinigten Staaten von Amerika gegen den so genannten Ostblock unter Führung der Sowjetunion sollte durch seine dezentrale Organisationsform Angriffen widerstehen können.

Das World Wide Web und die damit einhergehende Kommerzialisierung hat das Internet aus dem Inkubator des Militärs befreit und in die Obhut der Vielen gegeben, mit all den Vor- und Nachteilen, die eine solche Geburt mit sich brachte. Al Gore prägte in den 1990er-Jahren die Metapher vom Internet als „Information Super Highway", die so mächtig ist, dass sich in Deutschland das Verkehrsministerium für die Digitalisierung zuständig fühlt. Ob die Boulevardisierung des Internets eher ein Vorteil oder ein Nachteil ist, und was mit „Boulevardisierung" gemeint ist, davon soll hier die Rede sein.

Dieses Buch basiert auf Erkenntnissen meiner Dissertation (Ullrich 2017), die im interdisziplinären Forschungsgebiet „Informatik in Bildung und Gesellschaft" entstanden ist. Lieb gewonnene Formulierungen habe ich mit in diesen Text genommen; Selbstplagiatsjägerinnen und -jäger sollten auch dringend ein bis fünf kritische Blicke auf meine Vortragsmanuskripte unter https://cytizen.de/ werfen, wo ich vieles von dem, was ich hier festhalte, bereits in der einen oder anderen Form formuliert habe.

Dieser Text ist während meiner neuen Tätigkeit als Forschungsgruppenleiter am Weizenbaum-Institut für die vernetzte Gesellschaft entstanden, dessen Großraumbüros Quellen sowohl der Inspiration wie auch der Ablenkung sind. Es ist meiner Familie zu verdanken, dass ich die inspirierenden Gespräche mit Kolleginnen und Kollegen am Wochenende in diesem Text verarbeiten durfte. Danke Andrea, Carina und Leonard!

Literatur

Ullrich S (2017) Informationstechnische Grundlagen, Werkzeuge und Praktiken des öffentlichen Vernunftgebrauchs. https://doi.org/10.18452/17784. Dissertation an der Humboldt-Universität zu Berlin bei Prof. Wolfgang Coy. https://edoc.hu-berlin.de/handle/18452/18436

2

Berlin, Straße des 17. Juni

Dieses Buch behandelt eine Art Zwischenwelt, die Anteile in der kontinuierlich-haptischen Welt besitzt und eine diskretisiert-berechenbare Dimension aufweist. Es geht ganz allgemein um die Digitalisierung und die Besonderheit informationstechnischer Systeme sowie die gesellschaftlichen Auswirkungen dieser neuen Kulturtechnik. Zugegeben, dieses Thema füllt ganze Bibliotheken. Nun ja, vielleicht keine Library of Congress, aber dieses Thema könnte durchaus Klosterbibliotheken füllen, wenn diese nicht schon ganz andere Bestände aufweisen würden.

Boulevard Digital ist der Titel dieses Buches, das diese Zwischenwelt anhand eines Spaziergangs auf einer Straße erkunden möchte. Ich beginne den Spaziergang auf der Straße des 17. Juni in Berlin aus ganz praktischen Gründen. Zum einen war es die erste Straße, die mir eingefallen ist, zum anderen liegt sie fußläufig vom Deutschen Internet-Institut, also meiner Arbeitsstätte, entfernt. Der erste Spaziergang soll eine Sammlung von Eindrücken sein, wobei

© Springer Fachmedien Wiesbaden GmbH, ein Teil von Springer Nature 2020
S. Ullrich, *Boulevard Digital*,
https://doi.org/10.1007/978-3-658-24429-3_2

ich versuche, das Beobachtete nicht sofort zu interpretieren, sondern zu beschreiben.

Ich sitze auf einer Bank auf dem Ernst-Reuter-Platz und packe mein Notizbuch aus. Boulevard. Müsste ich nicht hinunter zum Kurfürstendamm gehen? Das ist doch *der* Boulevard Berlins, schon immer gewesen. Hier ist doch gar keine richtige Möglichkeit zum Flanieren vorhanden, ich bin auf der Mittelinsel als Fußgänger regelrecht von Asphalt umzingelt, mehrere Tonnen schwere Stahlkonstruktionen lärmen kreisrund an mir vorbei.

Ich entschließe mich aufzustehen und die Straße nun endlich entlang zu schreiten. Bevor ich auf die Straße trete, halte ich ein, das laute Geräusch eines sich nähernden sehr flachen Autos ist zu vernehmen. Dem sehr flachen Auto folgen ein Taxi, ein weiteres Taxi, noch ein Taxi, ein Bus der Berliner Verkehrsbetriebe, ein Transporter, zwei Personenkraftwagen und schließlich ein geräuscharmer Elektroroller.

Von der Mittelinsel auf dem Ernst-Reuter-Platz in Berlin gibt es eigentlich nur einen gesellschaftlich akzeptierten Weg: man soll die Treppen in den Untergrund nehmen und auf einer anderen Treppe wieder an die Oberfläche treten. Zu dieser Treppe schaue ich jetzt, Passanten bleiben auf dem Treppenabsatz stehen und orientieren sich im Wortsinne, sie gehen nämlich nach Osten. Da gerade kein Auto vorbei fährt, wage ich einen Schritt auf die Fahrbahn und prompt brausen sie an. Natürlich sind sie viel schneller als ich einschätzen konnte. Doch wenn ich ehrlich bin, hätte ich mich auch wider besseres Wissen zum Überqueren der Fahrbahn entschieden, weil ich auch ein bisschen empört darüber bin, dass die Autos nun den eigentlich mir zustehenden öffentlichen Raum so selbstverständlich okkupieren. Zumindest ein so großes Stück des öffentlichen Raums. Tief im Gedächtnis glaube ich auch eine Vorschrift der Straßenverkehrsordnung zu finden, die es Fußgängern untersagt, die Fahrbahn ohne Gefährt zu nutzen.

Straße, das ist inzwischen gleichbedeutend mit Fahrbahn für Autos, doch warum eigentlich? Straßen gibt es doch schon so viel länger als Autos, das vergisst man immer wieder, besonders, wenn man in einer Stadt aufgewachsen ist. Ich kenne keine Zeit ohne Autos. Nun also zu Fuß weiter. Plötzlich bin ich eingesperrt, hinter mir die Fahrbahn mit den donnernden Blechkisten, vor mir ein roter Bereich auf dem Gehweg. Die Signalfarbe Rot bedeutet mir: „Achtung, aufgepasst!". Worauf? Welche Gefahr geht von einem roten Band auf dem Boden aus? Wie zur Antwort pfeifen lautlos und schnell zwei Menschen auf einem Fahrrad vorbei, ihr Blick ist starr geradeaus gerichtet, mit einer Hand korrigiert der zweite die Schieflage seines Rucksacks, dann sind sie schon mehrere Meter entfernt. Vorsichtig überquere ich den Fahrradweg und befinde mich nun an meinem mir zugewiesenen Platz auf der Straße. Ich laufe auf der Südseite Richtung Osten, die Gebäude zu meiner Rechten spenden mir Schatten, die erste Baumreihe den Fahrrad fahrenden Personen.

Laternen, Bäume, Linden natürlich, Laternen, Bäume, Laternen. Ein Gebäude mit einem Transparent im zweiten Stock. „Ausbeutung stoppen! Fairer Tarifvertrag jetzt!" ist dort in Handschrift auf ein Laken geschrieben worden, dann noch die Abkürzung „EB104". Eingeweihten wird jetzt wohl klar sein, worum es geht, ich weiß es zu meiner Schande nicht und muss ratlos weitergehen. Wer wohnt oder arbeitet eigentlich in diesem Gebäude? Gibt es Hinweise, Insignien, Beschriftungen, die mir das verraten? Neben der Eingangstür hängt ein Ausdruck, wie er auch aus einem im Haushalt üblichen Drucker stammt, darauf steht „Technische Universität Berlin". Aber ansonsten ist das Gebäude überhaupt nicht gekennzeichnet. Weißer Stein, Wappen, den Schriftzug „KTH" kann ich erkennen, ein Zirkel, ein großes Zahnrad. Die Wappen werden von

Fittichen gehalten, von Engelsflügen. An der Ecke sehe ich ein Abflussrohr, daran ist ein Kabel befestigt.

Auf meinem zweiten Spaziergang muss ich wohl oder übel ein paar Bücher und Lexika mitnehmen. Oder mein Fairphone mit Internetzugang. Drei Kilogramm gegen 168 gm. Nun, das Buch heißt ja Boulevard Digital, da darf ich ruhig mal ein wenig progressiver sein, rede ich mir gut zu. Es fühlt sich jedoch seltsam an, dass es in der physikalischen Welt eine Unterwelt aus Information gibt, die Gebäude einem Besitzer zuordnen oder Bürgersteige in verschiedene Zonen unterteilen. Wer weiß, vielleicht gibt es sogar ein Kataster für jeden einzelnen Baum hier! Meine Abschweifungen in dieses Zwischenreich des Digitalen werden durch einen Poller unterbrochen. Mein Spazierweg wird durch eine simple Technik blockiert. Eine Einfahrt für Automobile. Links ein abgesenkter Bordstein, damit die Autos keine unmögliche Hürde nehmen müssen, rechts eine Schranke, die eine unkontrollierte Einfahrt verhindert. Es gilt die StVO, steht auf einem Schild.

Aus dem Fahrschulunterricht weiß ich, dass es sich bei der Abkürzung StVO um die Straßenverkehrsordnung handelt, doch warum ist dieses Schild da? Wozu diese Affirmation? Die Straßenverkehrsordnung gilt doch ohnehin auf der Straße, heißt das also, dass man die Straße nun verlässt? Aber wenn man die Straße nun verlässt, warum soll dann die Straßenverkehrsordnung gelten? Ist es vielleicht ein privater Raum, der nicht zur öffentlichen Straße gehört, und wollte sich der Betreiber dann aus Gründen der Bequemlichkeit die Arbeit sparen, sich eine Verkehrsordnung auszudenken? Dann aber ist es nur eine Behauptung, ganz ohne Beleg, vielleicht gilt die StVO hier ja gar nicht, sondern eine Verordnung, die vielleicht wortgleich, aber ohne öffentliche Autorität in Kraft ist. Eigentlich anmaßend, so ein Schild – ich fühle mich ein wenig angegriffen als flanierender Bürger.

Zum Glück muss ich da ja nicht rein, ich schreite weiter die Straße des 17. Juni entlang.

Während ich meine Überlegungen zu Papier (ja, tatsächlich Papier) bringe, schreiten Polizisten in Formation vorbei – und auf einmal ist die Straße bunt und laut. „BASS STATT HASS", steht auf einem Transparent, es handelt sich wohl um eine Demonstration. Ich breche meinen Spaziergang ab, trete auf die Fahrbahn und tauche in die Stimmung ein. Der Regen weicht Sonnenschein, fröhliche, junge Gesichter tanzen zu lauter Musik auf der Straße. Eltern mit Kindern, die natürlich einen Gehörschutz tragen, sehe ich ebenso wie ältere Passanten, zu denen ich mich inzwischen wohl auch zählen muss. Doch der Großteil der tausend und abertausend Köpfe zählenden Masse ist jung, es scheint, als ob die personifizierte Zukunft selbst hier tanzt und gute Laune spendet. Mit einem Lächeln verstaue ich Notizbuch und Bleistift, blicke zum Brandenburger Tor und fühle mich zum ersten Mal so richtig wohl auf der Straße.

2.1   Der Boulevard als öffentlicher Raum

In einem demokratisch verfassten Staat ist der öffentliche Raum die gesellschaftliche Sphäre des wechselseitigen Austausches, etwa von Münzen auf dem Markt, Grüßen und Küssen im Park oder Argumenten vor Gericht. Was ist denn der Raum, den wir „öffentlichen Raum" nennen? Zunächst denken wir sicherlich an Plätze und Straßen, an Museen, Schulen und Universitäten. Der öffentliche Raum ist jedoch mehr als das. Als politische Informations- und Handlungssphäre ist er in erster Linie eine Idee, die sich auf öffentlichen Plätzen manifestiert. Die Seifenkisten der *speakers' corner* im Londoner Hyde Park, der Boulevard einer Stadt oder der

Platz vor dem örtlichen Rathaus sind ein paar Beispiele für erfahrbare Manifestationen. Jeder Platz wird im politischen Sinne öffentlich, wenn beispielsweise eine Demonstration auf ihm stattfindet. Der erst seit der Neuzeit existierende gesellschaftliche Raum (Arendt 2006, S. 39) wird politisch aufgeladen zu einem öffentlichem Raum.

Die Straße des 17. Juni beispielsweise ist eine reine Verkehrsader, wie aus der Beschreibung des ersten Spaziergangs deutlich wurde. Der Flaneur ist an den Rand der Fahrbahn gedrängt und wird von Pollern umzingelt. Er wird allenfalls als Hindernis wahrgenommen, wenn er doch einmal die Fahrbahn betritt, um beispielsweise einen unverstellten Blick auf das gewaltige Monument am östlichen Ende der Straße zu werfen. Als jedoch der Demonstrationszug um die Ecke bog, wurde die vormals der Mobilität dienende Fahrbahn zu einem Medium für politische Botschaften. Sicher, es besteht eine große Uneinigkeit in der Gesellschaft, welche politische Botschaft junge, tanzende Menschen auf der Straße aussenden, was vielleicht mit unserer Auffassung von Politik zusammenhängt, die sich auf antike Vorbilder beruft.

Wir sprechen oft von der *agora* oder dem *forum* der Antike als Vorbild, besonders gern mit der eurozentrischen Brille, wenn wir von Politik sprechen. Das liegt am Wort selbst, das ja übersetzt „Dinge, die die Polis betreffen" bedeutet. Die typische Polis ist ein Stadtstaat, eine Bürgergemeinde, mit einer klaren Trennung von Öffentlichem, also Politisches betreffend, und Privatem, also den Haushalt (auch den Staatshaushalt) betreffend. Das öffentliche Leben hatte als Ideal die Freiheit – das Lebensnotwendige mit seinen Zwängen hingegen gehörte in den privaten Bereich. Es war nicht Aufgabe der politisch denkenden Menschen, dafür zu sorgen, dass es Essen für alle gibt (eher schon, dass im Symposion ausreichend Wein bereitsteht). Die Aufgabe der Politik war es, zu begründen, warum es wünschenswert oder transzendental zwingend sei, dass es eine Grundversorgung an Lebensnotwendigem in einem Staat geben muss.

Zur Grundversorgung des Politischen gehört die Möglichkeit, gemeinsam zu räsonnieren, also gemeinsam über gesellschaftliche Probleme und natürlich die Lösungen nachzudenken. So gesehen ist eine tanzende Masse schwerlich eine räsonierende Ansammlung von philosophierenden Bürgern, gerade wenn man auf dem Protestwagen nebenan einen riesigen Kran entdeckt, der das riesige Modell eines ausgestreckten Mittelfingers als Botschaft vor sich her trägt.

Es gibt keinen Zwang zur Vernunft, das muss man sich immer wieder vor Augen führen. In der Antike konkurrierten stets verschiedene Leitmotive des gesellschaftlichen Handelns um die Vorherrschaft, mal soll die Freude das Leitbild sein, mal die Liebe, mal die Vernunft und, besonders in unserer Zeit, mal die Freiheit.

Notwendigkeiten und Zwänge sind apolitisch. Die Freiheit, politisch handeln und reden zu können, benötigt daher eine Verwaltung mit entsprechender Infrastruktur, die sich um das Lebensnotwendige kümmern soll. Diese Infrastruktur wurde in der physikalisch-haptischen Welt von Staat, Gemeinde oder Stadt zur Verfügung gestellt; der Boulevard Digital nutzt jedoch Infrastrukturen, die von privatwirtschaftlichen Akteuren zu gänzlich politikfernen Zwecken geschaffen wurden. Davon wird später noch die Rede sein.

Wie dem auch sei, erst mit einer funktionierenden Grundversorgung als Fundament können wir überhaupt über das Wesen der Politik oder die Rolle von Technik für die Demokratie oder über ähnlich abstrakte Dinge sprechen. Wir Privilegierten vergessen nur allzu schnell, dass es geradezu ein Luxus ist, sich mit Politik und den moralischen Fragen des gesellschaftlichen Zusammenlebens beschäftigen zu können.

Ihr Herrn, die ihr uns lehrt, wie man brav leben
Und Sünd und Missetat vermeiden kann
Zuerst müßt ihr uns was zu fressen geben
Dann könnt ihr reden: Damit fängt es an.
Ihr, die ihr euren Wanst und unsre Bravheit liebt
Das eine wisset ein für allemal:
Wie ihr es immer dreht und wie ihr's immer schiebt
Erst kommt das Fressen, dann kommt die Moral.
Erst muß es möglich sein auch armen Leuten
Vom großen Brotlaib sich ihr Teil zu schneiden

Nicht erst seit der Zeit von Bertolt Brechts berühmter Drei-
groschenoper, aus der dieses Zitat stammt, sondern bereits
in der Antike bestand das Problem der gerechten Verteilung
von lebensnotwendigen Gütern. Es gab und gibt seitdem
mehrere Ansätze, für eine gerechte Verteilung zu sorgen; als
Informatiker fallen mir natürlich besonders technokratische
Vorschläge auf. So nennt Platon beispielsweise die Zahl 5040
als optimale Anzahl an Bürgern in einer Polis. Debei spielen weder Territorialität noch die Abstammung eine Rolle –
ein Bürger ist, wer sich zu einer Bürgerschaft zugehörig fühlt
und dies auch öffentlich bekundet. Das wirkt ungewöhnlich
modern, doch wenn man etwas genauer hinschaut mag es
etwas weniger idealistisch zugegangen sein. Damit nun also
kein Hader entsteht „durch die Verteilung des Landes und
der Wohnungen", was der „Gipfel aller Nichtswürdigkeit"
sei, soll eine passende Zahl an Grundeigentümern zusam-
menkommen, eben die besagten 5040. Diese Zahl nennt
Platon im fünften Buch der Nomoi, wobei die Begründung
den Algebraiker besonders aufhorchen lässt:

Fünftausendundvierzig nun seien es, um eine passende Zahl
anzugeben, welche Grundbesitzer sind und das Land verteidigen. In ebensoviele Teile werden die Ländereien und
Wohnungen geteilt, indem Bürger und Ackerlos ein Zusam-
mengehöriges bilden. Zuerst werde die gesamte Zahl in zwei

Teile geteilt, dann ebenso in drei, denn sie läßt sich ihrer Natur nach auch in vier, fünf und in steter Aufeinanderfolge bis in zehn Teile teilen. Gewiß muß aber jeder Gesetzgebende soviel über die Zahlen erkannt haben, von welcher Größe und Beschaffenheit eine Zahl sein müsse, um sich für jeden Staat als die brauchbarste zu bewähren. (Platon 1994a, Fünftes Buch, 737d–738a, S. 296)

Der Einsatzbereich ist vielfältig, die „angenommene Summe von 5040 ist für den Krieg, so wie für alle Geschäfte des Friedens, Verträge und Gesellschaftsunternehmungen, Abgaben und Länderverteilungen richtig, weil sie durch nicht mehr als sechzig Zahlen weniger eine geteilt werden kann und dabei durch alle ununterbrochen von eins bis zehn." So die Übersetzung von Franz Susemihl. Einem aufmerksamen und zahlenkundigen Leser meiner Qualifikationsschrift ist aufgefallen, dass es eine kleinere Zahl gibt, auf die diese Kriterien zutreffen. Wenn wir die Zahlen von 1 bis 10 als Teiler haben wollen, reicht $1 * 2 * 3 * 2 * 5 * 1 * 7 * 2 * 3 * 1 = 2520$. Dann haben wir allerdings die 16 nicht als Teiler, und wer weiß, was diese zahlenmystischen Pythagoräer *daraus* ablesen. Wie dem auch sei, die eingesetzte Verwaltung soll nicht darüber befinden, wer wie viel an zu Verteilendem zugeteilt bekommt, sie soll es einfach algorithmisch bestimmen. Dazu brauche es keine Öffentlichkeit, das sei keine Frage der Politik mehr, das kann doch auch eine App machen. Die genannte Zahl besitzt für ihre relativ geringe Höhe ungewöhnlich viele Teiler, die Zahl ergibt sich beinahe zwangsläufig. Dafür ist keine öffentliche Deliberation nötig, es reicht, wenn die mit der Politik Beauftragten über ein mathematisches Grundwissen verfügen – und dazu verpflichten sie die „Gesetze" *(nomoi)*. Damit deutet sich schon das Regime des Digitalen recht früh an, auf das wir im Folgenden noch eingehen werden. *Kalkulation tritt an die Stelle von Entscheidungen* – diesem Motiv werden wir noch recht oft begegnen.

2.2   Die Privatisierung des Boulevards

Das lateinische Wort „privare" bedeutet rauben, eine Privatisierung ist also ein Raub an der Gemeinschaft aller Menschen durch einige Wenige. Der private Raum ist eine gewaltsame Enteignung des öffentlichen Raums durch den Staat. Denn es ist der Staat, der seinen Bürgern Privatbesitz zugesteht. Er gewährt ihnen eine Privatsphäre und nimmt sich auch selbst das Recht heraus, im Privaten Entscheidungen treffen zu dürfen, sofern er sich um das Wohlbefinden seiner (im Idealfall 5040) Bürger sorgt.

Politik findet auf den öffentlichen Plätzen der Staaten statt, im Privaten wird sich um den Haushalt gekümmert. In der Antike war die Umsetzung der politischen Ideen, also der „politische Betrieb" wie wir heute sagen würden, Privatsache des Staates. Der politische Betrieb findet auch heutzutage zum großen Teil noch hinter verschlossenen Türen statt. In den sprichwörtlichen Hinterzimmern der Regierung wurde (und wird) also über Wohl und Wehe des Souveräns entschieden – dies darf allerdings nicht zur Folge haben, dass er sich plötzlich in einer alternativlos-deterministischen Welt befindet. Die Wahlmöglichkeit ist die höchste Freiheit eines Bürgers, an dieser dürfe „der Gesetzgeber auch nicht im geringsten rütteln", wie Platon schreibt. Auch dürfe der Staat die Weihbezirke nur nach Absprache mit den Gläubigen einteilen, nicht zuletzt, damit sie „vermittels der Opferfeier gegenseitiges Wohlwollen gewinnen und untereinander bekannt und vertraut werden". Damit soll also ein Religionskonflikt bereits im Vorfeld verhindert werden, gerade im Austausch im Vorfeld erlangen die Beteiligten „Klarheit über die Denkweise" des Anderen – was letztendlich auch die wechselseitige Anerkennung des nun gemeinsamen Rechts befördere (Platon 1994a, Fünftes Buch, 738d–e, S. 297).

Zur obersten Aufgabe eines Staates gehört also, die Wahl-möglichkeiten offen zu halten und die Handlungsfreiheit seiner Schutzbefohlenen zu gewährleisten. Für eine Wahl im emphatischen Sinne muss der Wählende über genügend Wissen verfügen, was denn seine Wahl eigentlich bedeutet. Die von dem Gesetz Beauftragten müssen dafür Sorge tragen, dass sich der Bürger über öffentliche Quellen frei informieren kann, ein Gedanke, der all die Jahrhunderte überlebt hat. Die Gesetzestexte der Antike waren auf öffentlichen Plätzen einsehbar – und auch heute werden neue Gesetze in Schaukästen vor die Rathäuser gehängt. Selbst das vom privaten DuMont-Verlag herausgegebene Bundesgesetzblatt ist dank zivilem Ungehorsam der Open Knowledge Foundation öffentlich zugänglich.[1]

Inzwischen gehen moderne Gesellschaften noch weiter, nicht nur Gesetzestexte, sondern alle Arten von Informationen, die dem gesellschaftlichen Zusammenleben dienen, müssen öffentlich zugänglich sein:

> Grundgesetz, Art. 5 (1) Jeder hat das Recht, seine Meinung in Wort, Schrift und Bild frei zu äußern und zu verbreiten und sich aus allgemein zugänglichen Quellen ungehindert zu unterrichten. Die Pressefreiheit und die Freiheit der Berichterstattung durch Rundfunk und Film werden gewährleistet. Eine Zensur findet nicht statt.

Für die Handlungsfreiheit ist der freie Zugang zu Wissen und Information essentiell, das könnten wir nach einem zweiten Spaziergang durch das digitale Berlin noch deutlicher machen. Aus dem eingangs beschriebenen Bericht über meinen ersten Spaziergang wurde ja schon deutlich, dass auch die Straße ganz physikalisch-haptisch bestimmte

---

[1] Open Knowledge Foundation Deutschland: OffeneGesetze.de – Freier Zugang zu unseren Gesetzen, online unter https://offenegesetze.de/, letzter Zugriff: 17. Juni 2019.

Zugänge für Flaneure einschränkt. Der öffentliche Raum wird verdrängt.

Doch was ist der öffentliche Raum eigentlich und findet tatsächlich eine Verdrängung statt? Es scheint verführerisch, jede Entwicklung einer Gesellschaft als eine Verfallsgeschichte zu zeichnen. Die kulturpessimistische Sichtweise ist wie die Dunkle Seite der Macht aus Krieg der Sterne: Die Jugend von heute feiert lieber als sich mit Politik zu beschäftigen – überhaupt, diese Jugend von heute! Dabei zeigen Protestbewegungen weltweit, dass es gerade die Jüngeren sind, die wieder auf die Straße gehen. Von der Fridays-for-Future-Bewegung (Klimawandel) bis zu den Indignados (Jugendarbeitslosigkeit) wird das Bild der verdorbenen Jugend widerlegt. Doch da unsere Generation noch an den entscheidenden Stellen in Politik, Zivilgesellschaft und Medien sitzt, wird aus den engagierten Protestierenden schnell eine „von außen gesteuerte Trollarmee", und mit solchen und ähnlichen Behauptungen wird die Redlichkeit des Engagements in Frage gestellt. Interessanterweise wird der Protest nicht von den politischen Gegnern diskreditiert, sondern von den vermeintlich neutralen Berichterstattern.

Im Boulevard Digital buhlen selbstverliebte Journalisten um die Gunst der solventen, also älteren Leserschaft und verlassen sich dank prekärer Anstellung bei defizitären Medienhäusern auf die kostengünstige Online-Recherche, anstatt einfach selbst auf den Boulevard zu treten, um sich ein Bild von der gesellschaftlichen Stimmung zu machen.

Das Straßenbild ist nämlich ein guter Indikator für den gesellschaftlichen Stellenwert von Politik im Leben des städtischen Menschen, was man besonders gut in der „ewigen Stadt" Rom erfahren kann. In den Ruinen des römischen *forums* fühlt sich der Besucher als erhabener Kosmopolit, in den riesigen Kirchen als demütiger Erdenbürger und in den lauschigen *caffès* als genießender Weltenbummler. Es ist keine Frage der Ästhetik, ob ein Platz zum Verweilen und

Diskutieren einlädt, sondern eine der Politik. Zur Gewährleistung des Wohlbefinden gehört auch, dass die Bürger
ermutigt werden, auf den öffentlichen Plätzen zu verweilen. Der öffentliche Platz einer Stadt darf nicht lediglich als
Abwesenheit von Gebäuden gesehen werden, er ist konstitutiv für die Urbanität und darüber hinaus, *urbi et orbi*.
Die öffentlichen Räume sind nicht durch Abwesenheit
von Bauten entstanden, es sind keine Lücken in der Architektur, sondern eingeplante „Wohnungen des Kollektivs",
wie Walter Benjamin formulierte. Der Flaneur fühlt sich
nur wohl, wenn er auch im Freien eine Art von Innenraum-
gefühl besitzt; ein Gefühl, hier als Mensch und Bewohner
zu Hause zu sein. In der modernen Stadt gebe es aber Anlass
zur Sorge, wie der Architekt Fritz Neumeyer beklagt:

> In der modernen Stadt gibt es viel leeren, offenen Raum, aber
> keinen öffentlichen Platz mehr […]. Mit der Abschaffung
> der Typologie von Block, Straße, Platz verschwindet auch
> das eigentümliche Innenraumgefühl aus dem öffentlichen
> Raum. Von diesem Gefühl, sich in der Gesellschaft ande-
> rer Menschen in einem Innenraum unter freiem Himmel zu
> befinden, hängt auch heute noch die Aufenthaltsqualität, die
> Anziehungskraft und damit das Zugehörigkeits- und auch
> Kollektivgefühl als Empfindung des Öffentlichen, entschei-
> dend ab. Es ist kein Zufall, dass es die traditionellen inner-
> städtischen Plätze sind, und nicht die weitaus geräumigeren
> Freiflächen der Neubau-Viertel, die heute für *public viewing*,
> Beach Volleyball-Turniere und Festivals aller Art als *location*
> für städtische *events* hoch im Kurs stehen. (Neumeyer 2012,
> S. 196, S. 197)

Die Umschlossenheit des öffentlichen Raums erlebt der
moderne Städter in den überdachten Einkaufspassagen, die
freilich nicht den Bürgern offenstehen, sondern nur den
potentiellen Kunden und somit keine öffentlichen, sondern
im Wortsinn privatisierten Räume sind.

Wenn der Staat als Verwalter des Willens und Wohls eines
Volkes etwas faktisch bereitstellt, erfolgt dies stets mit nor-
mativer Absicht. Ein öffentlicher Platz ist nicht nur ein Ort,
an dem man sich versammeln kann, sondern auch einer,
an dem man sich versammeln können soll, eben weil das
Volk sich versammeln können will. Die Gewährleistung der
Möglichkeit ist oberstes Prinzip der Staatsgewalt, schließlich hat sie in modernen Gesellschaften das Monopol auf
Durchsetzung.

Diese Begriffsklärung soll komplexen Sachverhalten Rech-
nung tragen, die sich in der Realität nicht so ohne weiteres trennen lassen. Beispielsweise können sich Menschen
in einem großen Einkaufszentrum in politischer Absicht
versammeln, auch wenn dies erstens auf privatem Grund
und Boden geschieht und zweitens laut den Allgemeinen
Geschäftsbedingungen des Besitzers verboten ist. In einem
konkreten Fall protestierten Aktivisten auf dem Frankfurter Flughafen unter Berufung auf den achten Artikel des
Grundgesetzes gegen die Abschiebepraxis; dies wurde ihnen
untersagt, wogegen sie klagten.

Das Bundesverfassungsgericht stellte 2011 im so genannten Fraport-Urteil (Aktenzeichen 1 BvR 699/06) fest, dass
Orte, „die der Öffentlichkeit allgemein geöffnet und zugänglich sind" und deren Zugang nicht „individuell kontrolliert und nur für einzelne, begrenzte Zwecke gestattet wird",
Orte allgemeinen kommunikativen Verkehrs sind und dementsprechend Versammlungsverbote unzulässig sind. Natürlich
müssen Sicherheitsbestimmungen eingehalten werden und
bestimmte Orte mit nur einer Funktion, im Urteil wird die
Gepäckausgabe als Beispiel genannt, sind vom Versamm-
lungsrecht ausgenommen. Was dies für die zahlreichen Einkaufszentren bedeutet, ist nicht so ganz klar. Ein Doktorand
am Weizenbaum-Institut wies mich im Gesprääch darauf
hin, dass hier eine besondere Situation vorlag, weil die öffentliche Hand mit dem Bundesland Hessen (31 %) direkt und

mit der Stadtwerke Frankfurt GmbH (20 %) indirekt an der Fraport AG Frankfurt Airport Services Worldwide beteiligt ist.

Im Urteil ist bemerkenswert, dass die beworbene Einkaufsmöglichkeit („Airport Shopping für alle!", „Wir freuen uns auf Ihren Besuch!") für die Begründung herangezogen wird, dass es sich bei den Flughafengeschäften um „allgemein zugängliche öffentliche Foren" handelt und sie dementsprechend nicht allein dem Hausrecht unterliegen. Dies ist insofern interessant, als dass die großen Einkaufszentren *(shopping malls)* mit ihrem zentralen *food court* bis dahin als Exempel für die fortschreitende Privatisierung des öffentlichen Raums angeführt wurden – zumindest von mir in meinen früheren Texten und Vorträgen. Diese Privatisierung ist bereits seit mehreren Jahrhunderten in den Städten Europas zu beobachten, wie uns eine kleine Begriffsgeschichte des Wortes „Mall" zeigt:

Das „Jeu de mail" war ein durchaus populäres Ballspiel im 16. und 17. Jahrhundert, das auf einer flachen Bahn mit einem Holzschläger gespielt wurde. Schließlich nannte man den Ort, an dem dieses Spiel gespielt wurde, so. Am Rande des Spielfelds wurden Erfrischungen gereicht und findige Händler erkannten wohl das Potential einer so versammelten Menschenmenge. Das französische „mail" wurde dann zum englischen „mall" und ist uns inzwischen dank entsprechender Gebäudekomplexe auch im Deutschen als Mall vertraut.

In diesen Einkaufszentren wird der Benjamin'sche Flaneur nicht mehr von Plätzen oder Straßenecken „magnetisch" angezogen, sondern mit Hilfe ausgeklügelter Werbepsychologie zu den Angeboten der Woche gelenkt. Hier manifestiert sich der konsumgesellschaftliche Raum als ein moderner *locus amoenus,* der zum Verweilen einlädt. Dort gibt es keine Informationen zur Außenwelt, keine Uhr zeigt die Zeit, kein Barometer das Wetter, der balsamische Strom

der klimatisierten Luft durchrinnt den Konsumenten, seinen wissensdurstigen Blick labt das freie WLAN, kräftig bren-
nen auf hellen Displays die wechselnden Farben, doch der
Streit um die Sinne löst sich in Wohlgefallen auf – ein ewiges
Erblühen der freien Marktwirtschaft. (Schiller möge mir die
Verballhornung seiner Elegie auf den *locus amoenus* verzei-
hen, die er 1800 unter dem Titel „Der Spaziergang" veröffentlichte. Das freie WLAN ist so frei auch nicht, viele
Domains und Dienste wie VPN, SSH oder torrent sind in
der Regel gesperrt.)

In gewisser Weise sind diese „Konsumtempel" ein Ausdruck des vorherrschenden Weltbildes, in der öffentlich
wahrnehmbaren Architektur zeigen sich sowohl politisch
Ausgehandeltes wie gewachsene Machtverhältnisse in Form
von Fassaden, Durchgängen, Plätzen und dergleichen mehr.
Gewaltige Gebäude sollen Gläubige daran erinnern, wie
unwichtig ihr Leben im Diesseits ist, die Inschrift auf dem
Parlamentsgebäude („dem deutschen Volke") soll den Stellenwert des Souveräns betonen und das Einkaufszentrum
auf dem Berliner Alexanderplatz soll einfach nur das
Auge beleidigen – und uns an Folgendes erinnern: Die
(Privat-)Wirtschaft bestimmt nun einmal unser Leben, auch
unser politisches, und das spiegelt sich eben in der Architektur der modernen Stadt im Großen und in den Einkaufszentren in Miniatur wider.

Die Architektur als Spiegel des menschlichen Lebens
findet sich bereits bei Alberti, wenn er über die Anord-
nung der Fenster wie von einem Antlitz spricht, „Fassade"
kommt vom italienischen Wort für Gesicht. „Häuser blicken uns wie Gesichter an", schrieb auch Nietzsche. Er
konnte damals noch nicht wissen, dass (zumindest hier in
Berlin) fast jedes Haus eine Überwachungskamera aufweist,
die (in manchen Fällen auch gesetzeswidrig) auf die Straße
gerichtet ist. Mit dieser allgegenwärtigen Überwachung des
städtischen Raums bekommt der poetische Ausspruch eine

beklemmende Note. In seiner als Dissertation angenommenen kulturwissenschaftlichen Studie von 2007 schrieb Dietmar Kammerer über die Auswirkungen der Videoüberwachung auf die Öffentlichkeit:

> Es ist ein gängiges Missverständnis, durch Videoüberwa
> chung werde das, was privat bleiben sollte, öffentlich
> gemacht. Das Gegenteil ist der Fall. Videoüberwachung
> besetzt das Öffentliche – den Raum der Begegnung und
> der Teilhabe – und privatisiert es, indem sie ihm etwas
> nimmt, etwas von ihm abzieht (lateinisch *privare*: berauben,
> absondern). Dank Videokameras werden erstmals öffent
> lich zugängliche Räume privatrechtlichen Hausordnungen
> unterstellt, die von privatwirtschaftlichen Sicherheitsdiens
> ten durchgesetzt werden, die Zugangskontrollen etablieren,
> damit eine private Kaufkundschaft sich wie zu Hause fühlen
> kann und eben nicht wie an einem öffentlichen Ort. Die Bil
> der, die Videoüberwachung produziert, *waren* öffentlich, sie
> *waren* Bilder der Allgemeinheit. Auf ihnen wird genau der
> Moment sichtbar, an dem das Gemeinschaftliche aufgelöst
> wird zugunsten des Privaten. (Kammerer 2008, S. 327)

Dieser Angriff des Privaten geht nicht von den Privatmenschen aus, sondern von der Privatwirtschaft. In der Antike
war dieser ökonomische Bereich beschränkt auf die Türschwelle des Hauses. Die Schwelle gehörte irgendwie zu
beiden Sphären, der öffentlichen der Agora und der privaten des Haushalts. Doch dieser ursprünglich eng begrenzte
Bereich ist inzwischen in beide Richtungen expandiert. Er
besetzt den öffentlichen Raum und dringt zusätzlich – nicht
zuletzt mit Hilfe von informations- und kommunikationstechnischen Artefakten – in den häuslichen Bereich. Der
Handel ist allgegenwärtig, und ihm fällt eine wichtige Rolle
für die Herausbildung einer Öffentlichkeit zu: Es liegt im
ökonomischen Interesse, dass sich möglichst viele Menschen
verständigen können, also entwickelt sich eine gemeinsame

Kaufmannssprache, die entlang der Handelswege verstanden wird.

Die Freiheit des Einzelnen wird im häuslichen Bereich durch Zwänge, im öffentlichen Bereich durch die reziproke Anerkennung des Anderen eingeschränkt. Auf dem kleinen Bereich der Türschwelle jedoch herrscht Hermes und garantiert die Freiheit vom Zugriff des Staates und der Familie. Spätestens seit Adam Smiths „Inquiry into the Nature and Causes of the Wealth of Nations" von 1776 wird Freiheit als Freiheit des Marktes verstanden. Die Expansion der Türschwelle errichtet ein neues Fundament der Politik, tatsächliche Verträge (wie Koalitionsverträge oder internationale Abkommen) ersetzen die nur gedachten Verträge eines Thomas Hobbes oder Jean-Jacques Rousseaus und führen zum „alternativlosen" Handeln der Politik, unterwerfen diese also wieder Sachzwängen. Dabei sollte die Politik, genauer die Regierung als Verwaltung des Staates, doch eher der Garantie von Freiheit dienen. Ist dies eine notwendige Folge des Kapitalismus'? Colin Crouch wirbt dafür, nicht nur den Klappentext von Smiths großem Werk zu lesen, sondern auch seine Warnungen:

> Gerade weil die Reformer des 19. Jahrhunderts die Freiheiten des Kapitalismus überwachen wollten und häufig auf Punkte stießen, an denen diese mit anderen Werten und Interessen kollidierten, nahmen sie die Mahnungen von Adam Smith ernst, nach denen die Wirtschaft die Politik *ebensosehr* korrumpieren könne wie die Politik das Wirtschaftsleben. (Crouch 2011, S. 123–124)

Die allzu einflussreiche Rolle der Privatwirtschaft auf die Öffentlichkeit und somit auch auf den Boulevard führt bei Crouch schließlich zu seiner pessimistischen Feststellung, wir lebten in einer Zeit der Post-Demokratie. Tatsächlich können wir viele demokratische Errungenschaften mit

Hilfe privatwirtschaftlicher Dekrete faktisch aushebeln. Der Zugriff auf öffentlich relevante Informationen etwa, früher Kulturgut und Allgemeininteresse genannt, ist heute ▦ in deinem Land nicht verfügbar. Die Privatwirtschaft hat mit Hilfe restriktiver Copyright-Gesetze dem Bürger die Möglichkeit genommen, auch ohne Lizenzgebühren am kulturellen Leben teilhaben zu können. Dies ist auch ein Grund für die Proteste rund um die „Richtlinie (EU) 2019/790 des Europäischen Parlaments und des Rates vom 17. April 2019 über das Urheberrecht und die verwandten Schutzrechte im digitalen Binnenmarkt und zur Änderung der Richtlinien 96/9/EG und 2001/29/EG".

Diese Lizenzgebühr wird in zunehmendem Maße in Form von persönlichen Daten erhoben, der zwanzig Jahre alte Werbespruch für eine Kreditkartenfirma bekommt eine digital-totalitäre Note: „Bezahlen Sie einfach mit Ihrem guten Namen". Und mit Ihren Daten zum Konsumverhalten, möchte man inzwischen ergänzen. Wer nicht in irgendwelchen Datenbanken landen möchte, muss sein Verhalten anpassen, die Überwachung verinnerlichen, um mit Michel Foucault zu sprechen. Dies gilt auch für die simple Fortbewegung im städtischen Raum. Die Aktivistengruppe des „Institute of Applied Autonomy", die uns später im Zusammenhang mit Twitter noch einmal begegnen wird, entwickelte im Jahr 2001 die Webapplikation *iSee,* die es einem Flaneur ermöglichte, so auf den Boulevards von Manhattan zu laufen, dass man von möglichst wenigen Überwachungskameras erfasst wird.

2.3   Der überwachte Boulevard

Denn die einen sind im Dunkeln
Und die andern sind im Licht.
Und man siehet die im Lichte
Die im Dunkeln sieht man nicht.

Diese Schlussstrophe der Moritat von Mackie Messer fügte Bertolt Brecht für die Verfilmung von 1930 hinzu, wo die Beleuchtung der Szene maßgeblich zum Gesamtwerk beiträgt. „Man siehet die im Lichte" – doch die, die diese Lichter bereitstellen, die sieht man nicht. Bei meinem eingangs beschriebenen Spaziergang bin ich am Gaslaternen-Freilichtmuseum im Tiergarten vorbei gekommen, und erst durch die zahlreichen Hinweisschilder fiel mir auf, wie sehr die Straßenlaterne mittlerweile zum Stadtbild gehört, gerade hier in Berlin mit den wunderschönen Gaslaternen. Eigentlich blickt man zu ihnen auf, doch in jüngster Zeit mehren sich Ideen und Produkte rund um Überwachungskameras in Laternen, der Blick hinauf wird also erwidert. In der so genannten „smart city" Singapur beispielsweise sollen mehr als 100.000 Straßenlaternen mit Kameras ausgestattet werden, und auch hierzulande werben Hersteller wie das US-amerikanische „Wi-Fiber" damit, Straßenlaternen mit Kameras nachrüsten zu können. Diese Entwicklung ist eigentlich nur konsequent, wenn man bedenkt, dass die Instandhaltung der Laternen in großen Städten Sache der Polizei war und in einigen Städten nach wie vor ist. Dietmar Kammerer weist auf den ganz und gar nicht zufälligen Umstand hin, dass die erste Straßenlaterne im selben Jahr ihre Umgebung erhellte, in dem auch die erste Polizeibehörde eingerichtet wurde (Kammerer 2008, S. 19 ff.).

Er beleuchtet kurz die Geschichte der Einführung der ersten Straßenlaternen als Einleitung zu seinen Ausführungen zur Überwachung (Abb. 2.1). Zunächst einmal war die Beleuchtung Privatsache. Jeder Bürger hatte die Pflicht, für ausreichend Beleuchtung zu sorgen. Menschen ohne Laterne galten als Gefährder, wie man heutzutage sagen würde, waren also ohne Tatverdacht hinreichend verdächtig, um auf der Stelle verhaftet zu werden, denn nur lichtscheues Gesindel liebe die Dunkelheit.

Abb. 2.1 Eine Straßenlaterne auf dem Großen Stern in Berlin. (Public Domain. Eigene Aufnahme)

Moderne Straßenlaternen gehen noch einen Schritt weiter. Moderne Beleuchtungsanlagen an Kreuzungen oder Hauptverkehrsadern beherbergen seit den 1950er-Jahren in Deutschland neben dem Leuchtkörper auch

Überwachungskameras („Fernaugen" im damaligen Jargon).
Das Licht der Laterne dient somit sowohl der Sicherheit im
Sinne der Verkehrssicherheit *(safety)* als auch der Sicherheit
im Sinne eines Kontrollorgans *(security)*. Das Argument,
nur lichtscheues Gesindel liebe die Dunkelheit wird nun
also umformuliert: Wer gegen Überwachung ist, hat etwas
zu verbergen. Der Boulevard wird nun zu einem erhellten,
panoptischen Raum.

Der Begriff des panoptischen Raums beruht auf einem
Entwurf von Jeremy Bentham, der das Gefängniswesen
durch eine besondere Architektur der Gefängnisgebäude
reformieren wollte. Er nennt diese neue Art von Gebäuden
„Kontrollhäuser". Die zentrale Idee des Kontrollhauses ist,
dass sich beobachtete Leute angepasst verhalten. Wenn ein
Gefangener beispielsweise beobachtet wird, verhält er sich
so, wie es die Gesellschaft von ihm erwartet; wehe aber, er
fühlt sich unbeobachtet. Dann versucht er womöglich aus-
zubrechen oder Gefängniseigentum zu beschädigen oder gar
eine Schlägerei mit Mitgefangenen zu beginnen. Wenn das
Gefängnis aber nun so gebaut wird, dass in einem runden
Gebäude die Zellen so angeordnet sind, dass die Wärter im
Turm im Innenhof des Gebäudes jederzeit in die Zellen blicken können ohne gesehen zu werden, dann fühlen sich die
Gefangenen ständig beobachtet. Die Angst vor einer möglichen Überwachung hat den selben Effekt wie die tatsächliche
Überwachung.

Es greift zu kurz, das Panoptikum nur auf den Entwurf
eines Gefängnisses zu reduzieren. Doch selbst wenn wir bei
diesem einen Gebäudekomplex bleiben, so greift es auch hier
zu kurz, nur die Kontrolle der Gefangenen zu betrachten.
Nicht nur zu Benthams Zeiten waren die Gefangenen leider
allzu oft der Willkür der Wärter oder Gefängnisbetreiber
ausgesetzt. Wenn Bentham also fragt, wer denn die Wächter
bewacht oder die Kontrolleure kontrolliert, so spielt er damit
auf den Machtmissbrauch an:

Die Kontrolle der Macht durch die Untergebenen wird gehörig sein und um nichts weniger straff die Kandare, an welche die Kriminalität genommen wird. Den Unschuldigen wird das ein Schild sein, den Schuldigen eine Geißel. (Bentham 2013(1791), S. 33)

Die Ausführungen über die Kontrollen der Kontrolleure nehmen einen weit größeren Platz ein als die über die Gefangenenüberwachung. Bentham in Gedanken Gefängnisinspektionen durch, einmal in klassischen Haftanstalten und einmal in seinem Panoptikum. Im ersteren Fall könne ein Inspekteur unmöglich die Situation aller Gefangenen erfassen, das erlaubten weder Zeit noch Sicherheit, also könne nur eine Stichprobe genauer untersucht werden. Diese Momentaufnahmen liefern kein repräsentatives Bild, selbst unangekündigte Kontrollen helfen da nicht weiter:

So wie dieser Plan [des Gefängnisses] die Unannehmlichkeiten für die Aufsichtsbeamten senkt, so erhöht er kaum weniger auch die Effizienz ihrer Arbeit. Mag der Besuch des Aufsichtsbeamten auch vollkommen ohne vorherige Ankündigung erfolgen, mag er auch noch so flink vorgehen, in allen anderen Fällen wird doch immer genug Zeit bleiben, die wahre Lage der Dinge zu verschleiern. Nur eine nach der anderen dieser neunhundert Zellen kann er besuchen, während in der Zwischenzeit andere, die sich womöglich in einem üblen Zustand befinden, rasch zurechtgemacht werden; und auch die Häftlinge können eingeschüchtert und genau instruiert werden, wie sie ihm zu begegnen haben. (Bentham 2013(1791), S. 35)

Folgt man freilich dem *Plan,* so überblickt der Inspekteur mit „einem Schlag die ganze Szene". Doch nicht nur Beamte, auch interessierte Bürger sind jederzeit eingeladen, sich ein Bild von der Situation in dieser öffentlichen Institution zu machen:

Assistenten und Stellvertreter sind sie [dem Aufsichtsbeamten], wenn er seiner Pflicht getreu nachkommt, Zeugen und Richter, sollte er seine Pflicht vernachlässigen. Es ist daher völlig gleichgültig, welche Motive sie dazu brachten, das Gefängnis aufzusuchen [...] (Bentham 2013(1791), S. 35)

Die Türen der Einrichtung sollen „der Gesamtheit der Schaulustigen, diesem großen *offenen Gremium* des Gerichtshofs der Welt" (Bentham 2013(1791), S. 36) offen stehen. Die Öffentlichkeit als Kontrollinstanz gegen Machtmissbrauch, fließendes Trinkwasser und sanitäre Einrichtungen für Gefangene, keine körperliche oder seelische Gewalt nirgends – Bentham liest sich nicht als der Vordenker des Orwell'schen „Großen Bruders".

Jeremy Benthams Panoptikum war ein Projekt der Aufklärung, das wird besonders deutlich, wenn er sein Prinzip auf Krankenhäuser und Schulen anwendet. Es wurde jedoch fälschlicherweise als architektonisch-technisches Projekt verstanden, wie Christian Welzbacher (2013) im Nachwort zurecht bemerkt, und eben nicht als politisch-philosophisch-soziales Aufklärungsprojekt (worauf auch Kammerer (2008) fünf Jahre zuvor hingewiesen hat).

Benthams Motive sind natürlich stark von seiner utilitaristisch-kapitalistischen Denkweise geprägt, was ihn inzwischen zum Vorreiter moderner Überwachungstechnik macht. Einzig der Gestalter und Betreiber solcher Überwachungssysteme ist längst nicht mehr der Staat, es sind wenige große Firmen, die zwar auch das größte Glück der größten Zahl verfolgen, jedoch nur ihre Aktionäre und Anteilseigner damit meinen.

Der Privatmensch begibt sich sogar freiwillig in dieses digitale Kontrollhaus, weil er sich Vorteile für die hyperindividuelle Selbstoptimierung verspricht. Unter den Modebegriffen „Quantified Self" oder „Medical Self-Monitoring" tauchen wesentliche Elemente des Panoptikums auf. Wir als

Gefängnisbesitzer, Wärter und Gefangene in einem benötigen offensichtlich dringend Inspektoren, wenn es um unsere Gesundheit geht. Der *smarte* Schuh zählt die Schritte pro Tag, die noch ein wenig *smartere* Uhr am Handgelenk zählt Art und Menge der eingenommen Speise und der vollständig vernetzte Umweltsensor auf dem Balkon warnt uns vor Feinstaub oder Ozon. Auf dem Bildschirm des Heimcomputers können wir dann mit einem Blick unseren Gesundheitszustand erfassen.

Diese Selbstüberwachung wird zumeist zur Selbstdisziplin eingesetzt, also in bestimmten Situationen unseres Lebens, in denen wir aus Verhaltensmustern ausbrechen wollen. Oder aus Neugier, um bestimmte Prozesse besser verstehen zu können, beispielsweise den komplexen Vorgang der Entstehung eines Buches.

Bleiben wir einmal bei der Diätetik, so drängt sich eine Frage in den Vordergrund: Wer zieht aus den gewonnenen Erkenntnissen die entsprechenden Konsequenzen? Zunächst einmal derjenige, der die Daten über sich selbst erhoben hat. Er ist nur sich selbst gegenüber rechenschaftspflichtig, es drohen nur selbst auferlegte Sanktionen, die aber ebenso schnell wieder aufgehoben werden können. Diesem Dilemma der Pflichten gegen sich selbst haben sich die Philosophen aller Zeiten immer wieder angenommen. In Platons Politeia wird die Verinnerlichung der Sitte als Ideal beschrieben, der Einzelne soll sich unter die Herrschaft des „Göttlichen" und des „Verstands" stellen, am „liebsten zwar so, daß jeder es als sein eigenes in sich selbst habe, wenn aber nicht, dann daß es ihm von außen [jemand] gebiete, damit wir alle als von demselben beherrscht auch nach Vermögen einander insgesamt ähnlich seien und befreundet" (Platon 1994b, 590d, S. 503).

Sokrates zielt natürlich auf Gesetze und Staatsverfassung ab, er zeigt sein Argument aber am Beispiel der Ernährung auf und setzt dabei ganz auf den Vernunftmenschen. Jedoch weiß der Vernunftmensch zuweilen, dass er das Richtige unterlässt und das Schlechte verfolgt: „video meliora proboque deteriora sequor", wie ein Römer in einem frühen Asterixband gesteht (und dabei das siebte Buch aus Ovids Metamorphosen zitiert). Der innere Zwang ist manchmal nicht ausreichend, also statten wir andere mit Vollmachten aus und engen unsere Handlungsfreiheit ein wenig ein. Diese politische Idee eines Leviathan erfährt in der Informationsgesellschaft eine ungeheure Dimension: die technische. Widerstand gegen die Staatsgewalt wird sanktioniert, sie ist aber möglich. Der kybernetische Leviathan hingegen duldet keinen Widerspruch – *resistance is futile*.

Wie weit darf das mit einer solchen Vollmacht ausgestattete System gehen? Darf ein Pflegeroboter die Patienten verpfeifen, wenn sie beispielsweise ihre Medikamente nicht eingenommen haben? Gibt es zwei verschiedene Arten von Überwachung, eine gute und eine schlechte? „Überwachung" kann im Englischen mit „surveillance" und mit „monitoring" übersetzt werden. „Monitoring" meint beispielsweise die Beobachtung von Messwerten im Krankenhaus, „surveillance" meint hingegen die Überwachung durch Kontrollorgane des Staates bzw. von privaten Firmen.

Im Deutschen, daran erinnert Dietmar Kammerer, trägt das Wort Überwachung stets die Komponente der Übermüdung mit sich, die entsteht, wenn man am Lager eines Freundes „Wache hält" und dementsprechend die ganze Nacht wach bleiben muss (Kammerer 2008, S. 11). Kammerer verweist auf das Deutsche Wörterbuch von Jacob und Wilhelm Grimm, wo wir als erste Bedeutung von „überwachen" das lateinische Synonym „pernoctare", die Nacht durchwachen, präsentiert bekommen. Wir lesen die Warnung an den Überwacher, dass wer „ettliche nächt überwachen" müsste, wohl alsbald in „schwere krannckheyt fallen" würde.

In der Bedeutung bewachen (vigilare), beaufsichtigen, im Auge behalten findet es sich erst zu Beginn des 19.

Jahrhunderts, dann im Zusammenhang mit Gendarmen und *Polizey.* Beide Bedeutungen fallen in den modernen Kontrollräumen von Sicherheitsbeamten und – Überwachung ist längst keine rein staatliche Angelegenheit mehr – vor allem Angestellten von Sicherheitsfirmen zusammen. Übermüdet sind sie, was angesichts der unzähligen flimmernden Monitore, die sie ständig im Blick haben müssen, wollen sie ihren Auftrag erfüllen, nicht weiter verwundert. Das wache Blick-richten-auf ist einem müden Sich-berieseln-lassen-von gewichen; aus dem *vigilare* wurde wieder ein *pernoctare.*

Damit sind gleich zwei Orte der Öffentlichkeit beim Einsatz von Überwachungssystemen gefährdet: der zu überwachende Platz im öffentlichen Raum des Boulevards genau so wie der Platz des öffentlichen Überwachers. In Jeremy Benthams Panoptikum war der zentrale Raum des Gefängniswärters zwar nicht von den Gefangenen, sehr wohl aber von der interessierten Öffentlichkeit einsehbar, dem „great *open committee* of the tribunal of the world" (Kammerer 2008, S. 149).

Die politisch interessierte Öffentlichkeit ist also dazu aufgerufen, ihre Kontrollfunktion wahrzunehmen, aber wo und wie? Ich habe es ja mit der Straße versucht und eingangs darüber berichtet, auch weil es ja der sprichwörtliche Ort der Öffentlichkeit ist. Fragen wir den Menschen auf der Straße, heißt es in der Floskel. Was passiert dort eigentlich?

Auf dem Boulevard begegnen sich alle Bürgerinnen und Bürger, ungeachtet ihrer Standeshintergründe. Wobei dies auch nur für den Gehweg neben der Straße gilt: Dem sich ohne Automobil oder zumindest irgendeine Art von Fahrzeug bewegenden Bürger steht beispielsweise die Fahrbahn nicht zur Verfügung, da allein seine räderlose Anwesenheit als Verstoß gegen § 1 Abs. 2 StVO ausgelegt werden kann. Picknick-Tischchen in der Parkbucht sind ebenso selten zu sehen wie öffentliche Debatten auf dem Standstreifen. Mehr noch, eine Ansammlung auf öffentlicher Straße kann von den Behörden untersagt werden, wenn dies Sicherheitsrisiken nach sich ziehen könnte. Einzig der französische Künstler Rémi Gaillard wagt sich ab und zu, verkleidet als Schnecke oder Lokomotive, auf die Landstraße.

Bleibt also nur der Gehweg, oder, gehobener und in diesem Zusammenhang schlüssiger: der Bürgersteig als möglicher Versammlungsort jenseits von Plätzen und Parks. Das spielt aber keine allzu große Rolle, das soziale Leben findet in der Stadt ohnehin an anderer Stelle statt, in Pubs, Kneipen, Cafés und Shopping Malls. Im Bereich des Politischen galten die Londoner oder Wiener Kaffeehäuser in ihrer „Blütezeit zwischen 1680 und 1730" als Inkubatoren der öffentlichen Meinung, nachzulesen im berühmten „Strukturwandel der Öffentlichkeit" von Jürgen Habermas (Habermas 1990, S. 92).

Vielleicht werden diese Orte rückblickend etwas überbewertet. Wenn man sich zeitgenössische Abbildungen und Berichte über die Kaffeehausszene ansieht, lesen wir nicht von kühl geführten Debatten, sondern über erhitzte Streits, wo schon einmal der heiße Tasseninhalt seinen direkten Weg zum politischen Gegner nimmt (Abb. 2.2). Auf der anderen Seite wurden durch die Kaffeehäuser, genauer: durch den Kaffee, überhaupt erst Diskussionen möglich. Zuvor wurde in öffentlichen Gaststätten eher Bier und andere alkoholische Getränke ausgeschenkt, was ja auch sehr sinnvoll war, angesichts der Wasserqualität. Man(n) trank Bier, um nicht durch Wasser krank zu werden.

Der Zugang zu den politisch räsonierenden Kreisen war so einfach wie nie zuvor – aber dennoch exklusiv. Nicht nur, dass keine Frauen zur Kaffeegesellschaft zugelassen wurden, es wurde auch eine Eintrittsgebühr erhoben. Der Zugang kostete um 1700 einen Penny *(a penny for your thoughts),* eine Schutzgebühr, die sich der Londoner

Abb. 2.2   Ein kleiner Streit unter Kaffee-Enthusiasten. Dieses wohl nicht sehr akkurate Abbild der damaligen Situation wurde dem satirischen Gedicht „Vulgus Brittanicus" (1710) von Ned Ward entnommen

Mittelstand durchaus leisten konnte und wollte, aber eben die ärmere Hälfte (ca. 60 %) der Bevölkerung ausschloss.

In ganz Europa entwickelte sich eine Kaffeehauskultur, jedoch mit unterschiedlichen Ausprägungen. Der politische Aspekt war vielen Herrscherinnen und Herrschern nicht geheuer, im Venedig des jungen 18. Jahrhunderts etwa war es Kaffeehausbesitzern am Markusplatz verboten, mehr als fünf Leute gleichzeitig zu bedienen. Über die Entwicklung der Londoner Kaffeehauskultur hat Green (2013) einen sehr schönen Artikel verfasst.

Die netzpolitische Elite des jungen 21. Jahrhunderts hat sich die Cafés zurückerobert, zumindest in den urbanen Zentren. Sie liest dutzende Zeitungen und diskutiert über das Gelesene. Die Zeitungen liegen selbstverständlich digital vor und werden natürlich über das offene Funknetz des Kaffeehausbesitzers bezogen. Der fundamentale Unterschied ist jedoch, dass die Diskussionspartner in der Regel nicht im selben Lokal sitzen, sondern per Chat, Twitter oder (seltener in politischen Fragen) Facebook zugeschaltet sind. Selbst der Kaffee im Gesicht des politischen Gegners hat seine Entsprechung in Form einer eruptiven Flut von schriftlich vorgebrachten Beleidigungen.

Dass Orte der Öffentlichkeit im Digitalen nachgebildet oder durch das Digitale erweitert werden, ist begrüßenswert. Jedoch scheint es so, dass gerade Restriktionen penibel nachgebildet werden, wohingegen Macht in Frage stellende Praktiken nicht gewünscht sind. Eine „Digitale Ecke des Sprechers", analog zur *speaker's corner* im Londoner Hyde Park, explizit durch Gesetze geschützt, fehlt in den elektronischen Medien völlig oder ist dort „gezähmt" worden. In den Privaträumen von Facebook und Co. scheint es nur noch Schreihälse zu geben, die um Aufmerksamkeit buhlen. Die Betreiberfirmen mit kommerziellem Interesse schotten diese Diskursräume hermetisch ab, was beispielsweise die Arbeit der Polizei erschwert, etwa wenn es um Volksverhetzung oder sexuelle Belästigung geht. Es erschwert aber auch den Meinungspluralismus, wenn die normativ garantierte Meinungsfreiheit faktisch von den Allgemeinen Geschäftsbedingungen eingeschränkt werden kann.

Mark Zuckerberg musste sich im Jahr 2018 dem US-amerikanischen Senat stellen und (leider sehr harmlose) Fragen beantworten, welche politische Rolle das gesellige Netzwerk (social network) Facebook spielt. Im Laufe der Anhörung fielen technische Begriffe und Ausdrücke, die Sie auch als nicht-technische Leserinnen und Leser in letzter Zeit öfter gehört haben. Filterblasen (filter bubbles), Hassrede (hate speech) und Lügenpresse (fake news). Wir wollen diese Begriffe im nächsten Kapitel eingehend erörtern.

Literatur

Arendt H (2006) Vita activa oder Vom tätigen Leben. Piper, München

Bentham J (2013) Panoptikum oder Das Kontrollhaus. Matthes & Seitz Berlin, Berlin. (Aus dem Englischen von Andreas Hofbauer. Herausgegeben von Christian Welzbacher) (Erstveröfentlichung 1791)

Crouch C (2011) Postdemokratie. Suhrkamp, Frankfurt a. M

Green M (2013) The Lost World of the London Coffeehouse. Public Domain Review. http://publicdomainreview.org/2013/08/07/the-lost-world-of-the-london-coffeehouse/

Habermas J (1990) Strukturwandel der Öffentlichkeit: Untersuchungen zu einer Kategorie der bürgerlichen Gesellschaft; mit einem Vorwort zur Neuauflage 1990. Suhrkamp, Frankfurt a. M

Kammerer D (2008) Bilder der Überwachung. Suhrkamp, Frankfurt a. M

Neumeyer F (2012) Fassaden und Fenster: Die öffentliche Seite der Architektur. In: Kurbacher F, Igiel A, von Boehm F (Hrsg.) Inversion. Öffentlichkeit und Privatsphäre im Umbruch, 195–205. Königshausen & Neumann, Würzburg

Platon (1994a) Nomoi. Sämtliche Werke, Bd 4. Rowohlts Enzyklopädie, Reinbek bei Hamburg, S 143–574

Platon (1994b) Politeia. Sämtliche Werke, Bd 2. Rowohlts Enzyklopädie, Reinbek bei Hamburg, S 211–537

Welzbacher C (2013) Nachwort. In: Bentham J (2013) Panoptikum oder Das Kontrollhaus, Matthes & Seitz Berlin, Berlin, S 196–212 (Aus dem Englischen von Andreas Hofbauer. Herausgegeben von Christian Welzbacher) (Erstveröffentlichung 2013)

3

Öffentlichkeit

Ihnen wird hoffentlich aufgefallen sein, dass es äußerst schwer war, über den öffentlichen Raum und den politischen Boulevard zu sprechen, ohne das Internet zu erwähnen. In diesem Kapitel befinden sich die öffentlichen Räume der Stadt und die *virtual spaces* des Internets unter dem gleichen Metapherndach, wohl wissend, dass wir eine Trennung zwar zu Analysezwecken vornehmen können, diese aber im tatsächlich zu beobachtenden urbanen Leben nicht als absolut wahrnehmen. Im Flyer zur Ausstellung DEMO:POLIS im Jahr 2016 war zu lesen, dass Menschen nach „ernüchternden Erfahrungen mit der virtuellen Öffentlichkeit des Internets wieder real für ihre Belange auf die Straße" gehen. Im Verlauf der Diskussion vor Ort wurde jedoch klar gestellt: Menschen gingen schon immer für ihre Belange auf die Straße und werden dies auch in Zukunft tun. Die „ernüchternden Erfahrungen" mussten wohl eher Redakteure und Reporter machen, die den Digitalmedien des Internets einen überhöhten politischen Stellenwert gaben – gekürzte

© Springer Fachmedien Wiesbaden GmbH, ein Teil von Springer Nature 2020
S. Ullrich, *Boulevard Digital,*
https://doi.org/10.1007/978-3-658-24429-3_3

Reisebudgets und knappe Fristen lassen die instantan zugänglichen virtuellen Räume des Internets so attraktiv erscheinen.

Die 1889 gegründete „American Dialect Society" kürt seit 1990 ein „Wort des Jahres". Entscheidend sind Popularität, Neuheit und der Bezug auf ein wichtiges Thema der Öffentlichkeit. Als ich mein Studium der Informatik und Philosophie abschloss, kürten die Philologen „tweet" zum Wort ebendieses Jahres 2009. Die Besonderheit des Wortes bestand darin, dass es einerseits ein Substantiv beschrieb, andererseits ein Verb, *to tweet*. Im Gegensatz zum „information superhighway" (1993) oder dem „web" (1995) wird hier Phänomen und Handlungsmöglichkeit zugleich beschrieben. (Das Wort der Dekade war übrigens „Google", dies sei der Vollständigkeit halber erwähnt.)

Jedes Medium kann für politische Nachrichten verwendet werden, aber auch für belanglose oder technische Kommunikation, Twitter bildet hier keine Ausnahme. Die vermittelten Nachrichten sind kurz und zumeist textuell, was sie maschinell lesbar und für den menschlichen Geist schnell erfassbar machen. Tweets sind die Schlagzeilen der Informationsgesellschaft mit allen Vorteilen und Einschränkungen, die mit dieser Verkürzung einhergehen.

Verkürzt ist hier jedoch nicht nur der Inhalt, sondern auch der Vertriebsweg: Ohne Redaktion, Korrektorat, Lektorat, Verleger, Drucker oder Austräger kommt die Schlagzeile beim Abonnenten *(follower)* an. Geradezu unheimlich verkürzt sind die Antwortzeiten, bereits Minuten später folgen Lob, Kritik, Erwiderung oder Weiterleitung der Nachricht. In wenigen Stunden kann sich in der „Netzöffentlichkeit" ein Sturm der Entrüstung bilden und ebenso schnell wieder abflauen, oft verstärkt durch die Berichterstattung in den redaktionell betreuten Medien.

Des Aspekt der Vernetzung ist zentral für den modernen Menschen, ja, die Lebenswelt des Menschen war schon immer zu einem hohen Grad von Netzen und Vernetzung geprägt, man denke nur an *cursus publicus,* Aquädukt, Kanalisation, Eisenbahn, Elektrizität, Telegraphie, Datennetze und dergleichen mehr. Wenn wir also mit Manuel Castells von einer „network society" sprechen, so meinen wir damit einerseits, dass die moderne Lebensweise ohne Vernetzung nicht mehr zu denken ist und andererseits, dass sich inzwischen Metropolregionen gebildet haben, die nach den Prinzipien eines dezentralen Netzes organisiert sind, ganz anders als die klassischen Städte (Castells 2010, S. xxxv).

Ich weiß noch gut, wie ich angeschaut wurde, als ich nach dem Stadtzentrum von Berlin gefragt hatte. Berlin hat nicht ein Zentrum, sondern mehrere, wie alle Metropolregionen der Welt. Man kann diese Stadt auch, wie Castells es eben tut, als Netzwerkverbund betrachten, wo es sowohl Mobilitätsnetzwerke als auch Kommunikations- oder Informationsnetzwerke gibt. Falls Sie in einer Stadt mit relativ intaktem öffentlichen Personennahverkehr (ÖPNV) wohnen, wissen Sie, dass bestimmte Orte der Stadt besser zu erreichen sind als andere. Die Fahrtzeit hängt in diesem Fall dann eben nicht in erster Linie von der Entfernung zwischen Start- und Endpunkt ab, sondern hauptsächlich von der Entfernung zu den jeweiligen U-Bahn-Stationen, wie oft man umsteigen muss und ob die S-Bahn mal wieder streikt. Technische Erzeugnisse und Systeme legen sich nicht nur wie eine technische Folie *(overlay)* über einen bereits vorhandenen öffentlichen Raum, sondern sie formen und transformieren ihn auch. Dies gilt in besonderer Weise für Netze, die bereits in der Antike bestimmte Städte florieren ließen, weil sie an Handelszentren entlang der Wegenetze oder strategisch günstiger Buchten lagen.

Wir finden gewaltige Verkehrs- und Informationsnetze bei Augustus *(cursus publicus),* 500 Jahre zuvor auch in Persien, die neben dem Gütertransport eben auch der Kommunikation dienten. Der Kirchenhistoriker Christoph Markschies wagt sogar, für diese vergangenen Staatsgebilde die Bezeichnung „Informationsgesellschaft" heranzuziehen. Er stellt sich die Frage, ob

> es nicht doch so ist, dass der Kitt, der das Römische Reich zusammenhält, der also diese Einheit von Spanien über Nordafrika bis in den Nahen Osten zusammenhält, Informationen sind. Zumindest kann man sagen, dass dieser Kitt nicht das Militär war, denn das war nur eine vergleichsweise kleine Schicht von Leuten. Es wurde nicht durch militärischen Druck zusammengehalten, ebensowenig durch wirtschaftliche Zwänge. Ist der Kitt, der dieses riesige Reich mit minimalen Verwaltungsstrukturen zusammenhält, vielleicht die Information, der Informationstransfer? Rechtfertigt dies, dass wir das Römische Reich als „Informationsgesellschaft" – wenigstens in Anführungsstrichen – bezeichnen können? (Markschies 2006, S. 3)

Er begründet sein Wagnis mit drei Beispielen. Das erste handelt von der Geschichte der Wiedereroberung von Feldzeichen durch Augustus. In der Folge wurde nicht nur ein Triumphbogen in Rom errichtet, sondern auch Münzen geprägt, die dieses Ereignis festhielten. Wer immer diese Münzen in den Händen hielt, konnte den militärischen Erfolg des Augustus bestaunen – vorausgesetzt, er konnte lesen, wusste wer Augustus war *et cetera*. Zum Zweiten finden wir im Römischen Reich etwas vor, das wir heute als Werbung bezeichnen würden. Ein Gastwirt warb mit einem leicht zu merkenden Distichon für sein Haus in Lyon; dieser Werbespruch verbreitete sich schließlich im ganzen Reich. Sein drittes Beispiel handelt von der Synchronisierung des Osterfestes. In einem riesigen Reich ticken Uhren und Kalender unterschiedlich, müssen aber beim wichtigsten kirchlichen Fest in Einklang gebracht werden. Dies geschieht durch Information. Markschies schließt mit den Worten:

Die Informationen halten nicht nur das Römische Reich zusammen, sondern sie steuern auch ein gutes Stück die alltäglichen Lebenszusammenhänge in einer vereinheitlichenden Art und Weise für bestimmte Regionen. Alle kriegen den Osterfestbrief des Athanasius vorgelesen. Der wird in der Kirche vorgelesen. Die ganzen dort anwesenden Leute in Ober-, Mittel- und Unterägypten erfahren davon, und die Information verändert ihr Leben. Die Antike hatte auch deswegen eine globalisierte „Informationsgesellschaft", weil beispielsweise der berühmte Tatenbericht des Augustus an ganz vielen verschiedenen Orten in Stein gemeißelt an der Wand stand, und eine zentrale Behörde dafür sorgte, dass man überall in den Augustustempeln im Reich lesen konnte, was der Kaiser getan hat. Es gab also Instanzen, die für die Speicherung der Information sorgten. (Markschies 2006, S. 7)

Der öffentliche Raum des *Forum Romanums* war der materielle Ort der immateriellen Information. Doch was meinen wir mit „Information"? Für einen Informationstheoretiker wie Claude Shannon ist es lediglich ein Maß für Entropie mit der Einheit „bit", das für „binary digit" steht. Den Elektrotechniker Shannon interessiert der Inhalt nicht, sondern lediglich die Sicherheit der Übertragung von Information in einem Kanal. Der Menschenkenner Shannon warnt darüber hinaus vor einer Übertragung seines inzwischen berühmten Sender-Kanal-Empfänger-Modells (Abb. 3.1) auf zwischenmenschliche Phänomene. Mit dieser Warnung im Ohr könnte eine Definition politisch aufgeladen und in Hinblick auf das Gesellschaftswesen Mensch folgendermaßen lauten: *Information ist die in Wort, Schrift, Bild, Akt und Zahl kodierte Meinung eines Individuums oder einer Gruppe von Menschen.* Kodiert heißt in diesem Zusammenhang, dass die Meinung geäußert, niedergeschrieben, zur Schau gestellt, verkörpert oder digitalisiert wird. Es gibt besondere Meinungen, die wir aufgrund bestimmter Verfahren oder unmittelbarer Einsicht als Tatsachen bezeichnen oder als Gesetze. Sind diese

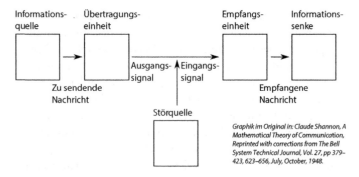

Graphik im Original in: Claude Shannon, A Mathematical Theory of Communication, Reprinted with corrections from The Bell System Technical Journal, Vol. 27, pp 379–423, 623–656, July, October, 1948.

Abb. 3.1 Das Sender-Empfänger-Modell, auch Shannon-Weaver-Modell. (Eigene Grafik, angefertigt nach Shannon 1948)

Verfahren nicht öffentlich, sprechen wir von Glaube oder Überzeugung.

Der Austausch der Meinungen scheint uns als Menschheit inzwischen ein so hohes Gut, dass es in zahlreichen Verfassungen, Verfassungszusätzen und nicht zuletzt in der Allgemeinen Deklaration der Menschenrechte zu finden ist (Art. 19): „Jeder hat das Recht auf Meinungsfreiheit und freie Meinungsäußerung; dieses Recht schließt die Freiheit ein, Meinungen ungehindert anzuhängen sowie über Medien jeder Art und ohne Rücksicht auf Grenzen Informationen und Gedankengut zu suchen, zu empfangen und zu verbreiten." Anders als im Grundgesetz der Bundesrepublik Deutschland („in Wort, Schrift und Bild"), heißt es hier explizit „Medien jeder Art". Das ist für den betrachteten „Boulevard Digital" wichtig, da es sich bei informationstechnischen Erzeugnissen wie Software weder um Wort, Schrift noch Bild handelt.

Doch auch wenn wir von Immateriellem wie Information sprechen, müssen wir die materiellen Voraussetzungen mitdenken. Schon Bertolt Brecht fragte provokativ in Hinblick auf die nationalsozialistische Bombardierung von Gernika (baskisch; spanisch: Guernica): „Wenn ein und derselbe gewalttätige Eingriff den Völkern die Butter *und* das Sonett entziehen kann, wenn also die Kultur etwas so Materielles ist, was muß dann getan werden zu ihrer Verteidigung?" (Brecht 1966, S. 304). Er beantwortet diese Frage am Ende der Rede selbst:

> Die Kultur, lange, allzu lange nur mit geistigen Waffen verteidigt, angegriffen aber mit materiellen Waffen, selber nicht nur eine geistige, sondern auch und besonders sogar eine materielle Sache, muß mit materiellen Waffen verteidigt werden. (Brecht 1966, S. 305)

Glücklicherweise befinden wir uns heute in diesem Land nicht in einer solchen Extremsituation, so dass sich Vergleiche nicht adäquat ziehen lassen. Dennoch, in der Wortwahl finden wir Martialisches, etwa, wenn Rechtsextreme in Deutschland zum weißen arischen Widerstand aufrufen oder sich Reichsbürger mit Waffen eindecken für die „finale Schlacht".

Aber auch im Zentrum der Demokratie wird die Wortwahl harscher: Bürgerrechtler rufen zur „Digitalen Selbstverteidigung" auf und politische Gruppierungen wie „Anonymous" bezeichnen sich als Legion oder Freiheits-Armee – von dem inflationär gebrauchten Begriff „cyber war" einmal ganz abgesehen. Der Hinweis auf die vermeintlich immaterielle Kultur sollte dazu dienen, die ebenfalls als immateriell geltende Öffentlichkeit auch als Teil der materiellen, sinnlich erfahrbaren Welt zu sehen. Nehmen wir eine besonders gut sichtbare Manifestation von Öffentlichkeit: Die Demonstration.

Zur Durchführung sind mindestens drei ganz materielle Voraussetzungen zu identifizieren. Zu einer politischen Demonstration aufgerufen wird die Bevölkerung von einer Gruppe Aktivisten. Der Aufruf wird über a) Informations- und Kommunikationsnetze verbreitet, zu der

Demonstration selbst reist man dank eines funktionierenden b) Verkehrsnetzes an. Sie selbst findet auf c) öffentlicher Straße statt.

Protestkundgebungen sind der manifestierte Ausdruck einer kritischen Öffentlichkeit, sie sind ein guter Prüfstein für den Zustand des politischen Lebens in einer Demokratie. Eine funktionierende Demokratie toleriert eine kritische Öffentlichkeit nicht nur, sie gewährleistet und fördert sie. Ähnlich wie bei der Barrierefreiheit könnte ein Kriterienkatalog gefunden werden, der qualitativ überprüfbar macht, wie es ein Staat mit der Demokratie hält. Inwieweit toleriert der Staat die Herausbildung einer kritischen Öffentlichkeit? In welchem Maße fördert der Staat eine solche Öffentlichkeit? Welche Prinzipien der Öffentlichkeit liegen dem staatlichen Handeln und seinen Institutionen zugrunde? Kurz: Gibt es das Recht auf Gewährleistung der informationstechnischen Grundbedingungen der Öffentlichkeit? Die Tab. 3.1 zeigt mögliche Kriterien, mit denen das „Demokratie-Maß" bestimmt werden könnte – und die jeweilige Bedrohung, die zur Abwertung führt.

Tab. 3.1 Kriterienkatalog für ein Demokratie-Maß

Kriterien	Bedrohung
Öffentlichkeit der Wahl	Wahlcomputer
Öffentlichkeit der Gerichtsverhandlungen	Geheimgerichte
Freie Meinungsäußerung	Zensur
Grundversorgung	Privatisierung
Freiheit der Andersdenkenden	Devianzüberwachung
Allgemeiner Zugang zu öffentlich relevanten Informationen	Copyright
Öffentlichkeit des Parlaments	Hinterzimmer-Verhandlungen
Unabhängigkeit von politischen Entscheidungen	Ökonomische Zwänge
et cetera	Alternativlosigkeit

Dieser Kriterienkatalog könnte dann als Testgrundlage dienen, was dringend geboten ist. Als Informatiker weiß ich um die Bedeutung von Tests bei der Systementwicklung, hier muss ich jedoch feststellen, dass politische Theorien nicht oder nur unzureichend getestet werden. Von Platons Philosophenrepublik bis zur Bundesrepublik Deutschland scheint es eine Präferenz zu geben: Kluge Köpfe machen sich kluge Gedanken zur klügsten Verfassung des möglichst besten Staates. Die so entstehende Verfassung beispielsweise einer demokratischen Republik ist jedoch völlig undemokratisch entstanden. Es wird argumentiert, dass ein vernunftbegabter Staatsbürger dem Gründungsdokument zustimmen können muss und es sinnvollerweise auch tut. Oder aber er widerspricht im „laufenden Betrieb", er protestiert gegen die herrschende Ordnung. Protestbewegungen können dementsprechend als Fehlermeldungen des politischen Systems gesehen werden: „Error 404 – democracy not found. Please reboot system". Die Bürger fordern Teilhabe und Mitbestimmung, doch wer ist eigentlich ein Bürger und was bedeutet diese Forderung nach Teilhabe im Einzelnen?

In der Antike galt als Bürger, wer an der beratenden oder richterlichen Gewalt teilnehmen konnte (Aristoteles 1995, 1275b, S. 79). Mit Montesquieu im Hinterkopf fällt auf, dass hier nur zwei Drittel der modernen Gewalten den Staat konstituieren: Parlament und Gericht. Die Regierung als ausführende Gewalt unterliegt der beratenden und richterlichen, in der Antike war die Verwaltung gar außerhalb des Politischen angesiedelt. Wird die aristotelische Definition eines Bürgers transzendental aufgeladen, ergibt sich eine Einschränkung, wen man denn Bürger nennen muss. Das Recht auf Teilnahme an parlamentarischen Entscheidungen setzt nicht zwingend die faktische Teilnahme voraus, wohl aber die Möglichkeit dazu – sofern wir Rechte als potentiell wahrnehmbar betrachten. Wie kann ein Bürger nun teilnehmen? Zum einen kann er sich in Parteien engagieren oder sogar

eine neue gründen (was zur Zeit bei fallenden Zustimmungs-
werten der so genannten Volksparteien erfolgversprechend
zu sein scheint), zum anderen kann er als Wähler direkt oder
indirekt Einfluss auf die personelle Zusammensetzung und
damit, in der Theorie, auch Einfluss in bestimmten Sachfra-
gen nehmen.

Dem potentiellen Einfluss steht in der Moderne jedoch
die obszön hohe Bedeutung der Exekutive entgegen. Die
Fraktion einer Partei, die im Parlament sitzt, vertritt dort *de
facto* nicht die Stimme des Wahlvolkes, sondern die Linie
ihrer Partei. Die Abgeordneten verkünden nach Entscheidungen diese an den Bürger, anstatt ihn vorher in den Bera-
tungsprozess des „Hohen Hauses" mit einzubeziehen, wie
der kürzlich verstorbene Publizist Roger Willemsen so unter-
haltsam wie lehrreich darlegte. In der Praxis ergeben sich
dennoch weitreichende Einflussmöglichkeiten, da der Abge-
ordnete nicht nur Mandatsträger, sondern ebenfalls Bürger
ist, mit seinen persönlichen Vorlieben und Interessen als
Mensch.

Die Politiker der Regierung reagieren empfindlich auf die
öffentliche Meinung – und das, obwohl sie keinen besonders
guten Ruf in der politischen Theorie und Praxis besitzt, sie
ist „gering geschätzt seit Heraclit", wie der Publizist Schäffle
(1896) schreibt. Doch dieser Reaktion lässt die Regierung
unter Umständen gar keine Taten folgen, wie denn auch, sie
ist ja nur die ausführende Gewalt und beruft sich daher zu
Recht auf das Parlament. Dort jedoch findet keine Untersuchung der öffentlichen Meinung statt, das Plenum – das
nur aus historischen Gründen mit „Vollbesetzung" bezeichnet wird – hört den Vortragenden demonstrativ nicht zu. Im
Parlament werden keine Handlungen mehr vollzogen, keine
Reden mehr gehalten, sondern lediglich Verhaltensweisen
zur Schau gestellt und lautes Vorlesen praktiziert. Dies beobachtete bereits Hannah Arendt, indem sie bemerkte, dass in
der Neuzeit die politische Handlung der Regierenden durch

ein „Sich-Verhalten" ersetzt worden ist bei gleichzeitiger Ent-
personifizierung der Herrschaft, die durch die Bürokratie
zu einer „Herrschaft des Niemand" wurde (Arendt 2006,
S. 57). Die Allgegenwärtigkeit informationstechnischer Systeme hat diese Herrschaft des Niemand ausgebaut.

3.1 Transformationen des Boulevards

Der Titel dieses Buches macht deutlich, dass wir uns hier
mit digitalen Medien beschäftigen; für das Verständnis der
Transformation des Boulevards blicken wir daher zunächst
auf die Transformation, die durch digitale Medien im Speziellen und informationstechnische Systeme im Allgemeinen
hervorgerufen wurde.

Jedes Buch, das sich mit den Internetmedien beschäftigt,
ist auf die eine oder andere Weise bereits mit seinem Erscheinen obsolet. Das liegt an der Natur des Internets, das nicht
„ist", sondern permanent entsteht. Große und kleine Firmen stellen Internetdienste in bestimmter Absicht bereit,
aber auch die Nutzerinnen und Nutzer dieser Dienste selbst
bestimmen durch ihre Praxis, was denn dieses Internet in
diesem Moment der Betrachtung eigentlich ist.

Nehmen wir die berühmten #hashtags des Mikroblog-
ging-Dienstes Twitter. Schlagworte wurden durch die Nutzerinnen und Nutzer mit einer Raute # (engl. hash) versehen
und dienten als Etiketten (tags) der Nachricht, um sie sor-
tieren zu können. Dann übernahmen die Entwicklerinnen
und Entwickler diese Praktik und andere, beispielsweise die
Adressierung von Namen mit Hilfe des @-Zeichens, das in
Deutschland früher Klammeraffe genannt wurde. Twitter
steht sehr gut für die beobachteten Transformationen der
Gesellschaft durch digitale Medien.

Die Boulevardisierung des Netzes wird beklagt, die intellektuelle Verflachung befürchtet. Die Kant'sche Lesewelt scheint nicht mehr zu lesen, sondern nur noch zu schreiben. Besonders deutlich zeigt sich dieser Befund in den hasserfüllten Äußerungen (vor allem weiblichen Autoren gegenüber) in Online-Kommentarspalten unter journalistischen Artikeln; der britische Guardian hat eine sehr lesenswerte Analyse dazu veröffentlicht (Gardiner et al. 2016).

Der für die Philosophie der Aufklärung so wichtige öffentliche Vernunftgebrauch setzt stets eine Leserschaft voraus. Natürlich diskutierte man in den Privatsalons und Kaffeehäusern mündlich; Wissensbasis und Diskussionsthemen schöpfte man jedoch in der Regel aus Zeitungsartikeln. Selbst heutzutage bestimmen Zeitungen und Zeitschriften nach wie vor, welche Themen breit diskutiert werden, auch wenn die Schlagzeilen über den Artikeln eine weitaus größere Rolle zu spielen scheinen als der eigentliche Text. Die Aphorismusmaschine Twitter zwingt Redakteurinnen und Redakteure inzwischen dazu, neben der ohnehin schon verkürzten Schlagzeile eine noch kürzere digitale Parole zu verwenden (#duweisstschon). Wie soll man seine Gedanken in 280 Zeichen ausdrücken können? Während der Kulturpessimist auch in diesem digitalen Diskussionsmedium einen Verfall der Diskurskultur ausmacht, antwortet der *Internaut* einfach mit dem „Shruggie": ¯_(ツ)_/¯.

Mit jedem neuen Medium setzt auch jedes Mal aufs Neue die Medienkritik ein, Twitter im Speziellen und das Internet im Allgemeinen bilden da keine Ausnahme. Die Schriftkritik im griechischen Mythos, die Kritik am Lesen von Abenteuerbüchern, die Angst der Eltern vor dem Fernsehgerät und nun die Sorge der Politikerinnen und Politiker aufgrund der weltweit vernetzten Digitalmedien. Die Ängste zielen dabei im Wesentlichen auf zwei Subjekte ab: 1) Das Individuum erfährt Nachteile (Vergessenheit, Isolation, Dummheit). 2) Die Gesellschaft erfährt Nachteile (Asoziales Verhalten,

Auflehnung, Sittenwidrigkeiten). In beiden Fällen werden Forderungen nach der Regulierung von Medienproduktion und -konsum laut. Begründet werden staatliche Eingriffe in den Medienkonsum zumeist mit dem Schutz des Individuums oder einer Gruppe von Individuen.

Angesichts der unterschiedlichen Interessenslage (Staat, Bürger, Familienmitglied) ist interessant zu unterscheiden, wer sich da eigentlich über einen angeblichen Verfall der Öffentlichkeit beschwert. Den Medien wird eine wichtige Rolle für den öffentlichen Vernunftgebrauch (oder seinen Niedergang) zugeschrieben, meist von den Medien selbst. Dabei ist das Zentrale der Aufklärung doch der Akt der Aufklärung, die Praxis des Vernunftgebrauchens. Daher plädiere ich dafür, nicht nur aus Respekt vor Kulturen, die mündliche Formen der Wissensweitergabe praktizieren, nicht die Schrift oder andere Kreationen in den Vordergrund zu stellen, sondern den Ausdruck *(l'expression).* Die entscheidende transzendentale Bedingung für das Langzeitprojekt „Aufklärung" ist die freie Kommunikation zwischen den Mitgliedern einer aufzuklärenden Gesellschaft.

Nach wie vor befinden wir uns mitten in diesem Langzeitprojekt, nun eben mit Unterstützung der partizipativ nutzbaren informations- und kommunikationstechnischen Systeme. Während es in der Anfangszeit der Informationsgesellschaft noch danach aussah, dass die Allzeitvernetzung wahlweise ein „global village" (Marshall McLuhan), eine „Netzgemeinde" (Sascha Lobo) oder eine „internet community" (reddit) hervorbringen würde, beobachten wir inzwischen bereits auf der begrifflichen Ebene, dass der moderne Mensch eine gesellschaftliche Art des Zusammenlebens wünscht, beispielsweise stand das Wissenschaftsjahr 2014 unter dem Motto „Die Digitale Gesellschaft". Auch die hier verwendeten Begriffe wie „Netzöffentlichkeit" sollen den hohen Stellenwert der Gesellschaft für das friedliche

Zusammenleben aller Menschen betonen, mit allen bürgerlichen Rechten und Pflichten, die damit einhergehen.

3.2 Konformität der digitalen Massen

Das Bild der „Filter Bubble" ist eine Neuauflage der (von
einer politisch interessierten Minderheit postulierten)
Öffentlichkeitsstratifikation. Der politische Aktivist Eli Pariser beschrieb in seinem 2011 erschienenen Buch, das eben
diesen Titel „The Filter Bubble" trägt, einen beunruhigen-
den Aspekt der allgegenwärtig zu beobachtenden Annäherung von Politik und Ökonomie.

Auf der einen Seite werde der Politiker zur Marke, zu
einem Konsum-Objekt, mit dem man sich selbst identifizieren möchte. Analog zu den Marken der haptischen
Konsumwelt, die „als Mittel zur Identitätsstiftung dienen,
müssen sie Personengruppen mit verschiedenen Identitäts-
wünschen gezielt ansprechen" (Pariser 2012, S. 167). In der
Folge zersplitterten die Marken („started to splinter"), um
so ihre Zielgruppe zu erreichen. In der Politik sei das nicht
anders, die personalisierte Ansprache garantiere mehr Stimmen. Pariser schiebt einen großen Teil des Erfolges von
Barack Obamas „Hope"-Kampagne auf seine Wandlungsfä-
higkeit. Der damalige Präsidentschaftskandidat (und inzwischen ehemalige Präsident der Vereinigten Staaten von Amerika) diente als „Leinwand" für die verschiedenen Hoffnun-
gen der potentiellen Wähler.

Auf der anderen Seite fragt sich Pariser, ob es denn
im Zeitalter der individualisierten Massenmedien das Luhmann'sche „wir" überhaupt noch gibt, wenn dieser schreibt:
„Was wir über unsere Gesellschaft, ja über die Welt, in der
wir leben, wissen, wissen wir durch die Massenmedien. […]

Andererseits wissen wir so viel über die Massenmedien, daß wir diesen Quellen nicht trauen können." (Luhmann 2009, S. 9). Es gebe kein gemeinsames „Wir-Wissen", es gebe nur ein „Ich-Wissen", denn im Gegensatz zu den *broadcast*-Medien des 20. Jahrhunderts unterscheidet sich das *Tableau* der Suchergebnisse bei Google von Nutzer zu Nutzer – oder eben gerade von Nutzerin zu Nutzer –, abhängig vom verwendeten Browser, dem Aufenthaltsort, der Suchhistorie und weiteren knapp 60 Faktoren (Stand 2011), die bei der Präsentation der Ergebnisse eine Rolle spielen. Der Rang hängt auch von nicht-personellen Faktoren ab, der Einfluss der Personalisierung liegt bei zehn Prozent, wie eine Forschergruppe der Northeastern University festgestellt hat (Hannak et al. 2013). Doch auch was streng genommen nicht „personalisierte Information" genannt wird, kann dennoch sehr persönlich sein. Die Nationalität und das Aufrufdatum entscheiden beispielsweise, ob an *Thanksgiving* bei der Suche nach „Turkey" eher das Land oder doch das Federvieh an oberster Stelle gezeigt wird. Der *Internaut,* um wieder einmal das viel schönere französische Wort an Stelle von „Internet-Surfer" zu verwenden, nutzt über Suchmaschinen hinaus noch weitere Internetdienste, die mehr oder minder personalisierte Sichten auf die digitale Welt präsentieren. In Verbindung mit dem psychologisch hinreichend untersuchten Effekt, dass man eher Dinge wahrnimmt, die das eigene Weltbild bestätigen, ist diese algorithmische *filter bubble* prägend für unsere Sichtweise auf die Welt.

Die deutschen Bundes- und Landtagsabgeordneten leben es dem Bürger vor, sie lassen sich auf Schritt und Tritt im digitalen Neuland „verfolgen". Twitter ist mittlerweile von Politikern wie Journalisten als Kommunikationskanal akzeptiert, der vorgeblich bidirektional ist: Der Bürger sei nun endlich Sender und Empfänger von politischen Botschaften, jubeln Vertreter des Staates und der Zivilgesellschaft gleichermaßen. Die Botschaften werden unter einer gemeinsamen Parole gesammelt, aktuelle politische Themen bekommen ihren #*hashtag* und werden so von Nachrichtenagenturen und Zeitungsredaktionen gut aufgefunden. In der Folge waren bestimmte Themen in den („klassischen" wie „neuen") Medien deutlich überrepräsentiert. Die Bundestagswahlen dienen in dieser Beziehung als Realitätsabgleich. Sie erinnern sich vielleicht an den Twitter-*Hashtag* #aufschrei, der den Grimme-Online-Award 2013 erhielt. Unter dieser Losung wurden Fälle sexueller Übergriffe und dem Versuch ihrer Verharmlosung publiziert, Mitte Oktober 2017 gab es eine ähnliche Bewegung unter dem Hashtag #MeToo. Doch ungeachtet der #aufschrei- und #MeToo-Debatten wurde eine Partei fast mit absoluter Mehrheit gewählt (Abb. 3.2), die für ein Betreuungsgeld für Hausfrauen wirbt, eine Quotenregelung in Führungsebenen von Firmen ablehnt und ein christlich-traditionelles Familienbild pflegt. Von anderen rückwärtsgewandten Parteien ganz zu schweigen.

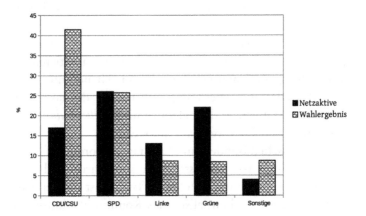

Abb. 3.2 Vergleich der Ergebnisse der Bundestagswahl 2013 mit der Parteipräferenz politisch Netzaktiver laut Umfrage von TNS Infratest. Nur die schließlich in den Bundestag gewählten Parteien sind hier angezeigt

Damit soll aber nicht auf die Wirkungslosigkeit von Internetmedien geschlossen werden, es war schlicht das falsche Medium hierzulande. Im Netz finden wir keinen repräsentativen Querschnitt der Bevölkerung. Die wenigen politisch Aktiven (ca. ein Viertel der Internauten) sind überwiegend männlich, mit einem formal höheren Bildungsabschluss und weniger konservativ als der Durchschnitt. Auch die Erstwähler sind deutlich unterrepräsentiert, dabei erwartet man insbesondere von ihnen informierte Wahlentscheidungen. Vielleicht erinnern Sie sich daran, wann Sie zuerst im damals Leitmedium genannten SPIEGEL die Umfragewerte der Beliebtheit von Politikerinnen und Politikern im Balkendiagramm abgebildet gesehen haben. Die Abbildung der Person thront dabei auf dem entsprechenden Prozent-Balken des Diagramms. Dort sind aber nicht nur die Beliebtheitswerte abgedruckt, sondern auch ein kleines Tortendiagramm mit Zahlen, das in der Legende erläutert wird: „Dieser Politiker ist mir unbekannt". Als Schüler ertappte ich mich dabei, dass ich viele der Minister tatsächlich nicht kannte, dafür aber alle Sänger und Musiker des Kultur- und Gesellschaftsteils. Heute ist es gerade umgekehrt.

Die Filterblase mag politisch problematisch sein, unter ökonomischen Aspekten ist sie bares Geld wert. Nicht nur Kundinnen und Kunden, auch Wählerinnen und Wähler können gezielt angesprochen werden, „micro targeting" nennt sich das Ganze. Ihnen wird zielgerichtete Wahlwerbung präsentiert, die auf Sie (oder genauer: auf Ihre Persona) zugeschnitten wurde.

„Auf Twitter finden sich noch weniger normale Leute als auf Facebook oder Instagram", berichtete jüngst ein befreundeter Publizistik-Professor. Dennoch ist das Mikroblogging bei (Daten-)Journalisten und Wissenschaftlerinnen sehr beliebt, bietet es doch automatische Abfragemöglichkeiten an. So lange nicht behauptet wird, dass es sich bei den Äußerungen auf Twitter um eine öffentliche

Meinung handelt, ist das auch nicht weiter problematisch. Wenn allerdings Politikerinnen und Politiker anfangen, sich auf Follower-Zahlen und Retweets zu beziehen, was übrigens geschieht, wie in den Protokollen der Parlamentssitzungen nachzulesen ist, dann ist das der Beginn eines Regimes des Quantitativen. Nicht der Inhalt des Wortes, sondern die Anzahl der Wörter sind in einem solchem Regime entscheidend. Dem muss sich die Humanistin entschieden entgegenstellen.

3.3 Flammenkriege und Empörungsfluten

Der Glaube an das wirkmächtige Wort findet sich vor allem in der bildungsbürgerlichen Elite, die sich einfach nicht vorstellen kann, dass es Bevölkerungsgruppen gibt, die zwar lesen, aber nicht verstehen können. Der Kabarettist Georg Schramm zitiert in seinen Auftritten gern aus offiziellen Dokumenten wie Regierungserklärungen, Gesetzesvorschlägen, politischen Studien und dergleichen mehr. Das meist bildungsbürgerliche Publikum einer solchen Lesung versteht zwar die einzelnen Worte, aber nicht den Zusammenhang. „Das sollen Sie auch gar nicht verstehen", echauffiert sich Schramms Kunstfigur Dombrowski, dies sei Herrschaftssprache, bewusst manipulierend eingesetzt. Auch der Linguist Martin Haase zeigt gern einem brüskiert-amüsierten Laienpublikum, wie Machtinnehabende den Sinn der Sprache pervertieren. Sprache wird nicht etwa als Verständigungsmittel zur Kommunikation eingesetzt, sondern als Abstandshalter und Mittel zur Gehirnwäsche.

Welche Sprache wird in Internetforen gebraucht und was enthüllt sie? Betrachten wir Online-Diskussionen in Internetforen auf dieser theoretisch-analysierenden Ebene, schöpfen wir Mut: Die Verschriftlichung könnte durchaus zu einer Egalisierung der Kommunikationspartner führen, denn im Gegensatz zum direkten Kontakt spielen Bildungsgrad oder Dialekt eine weitaus geringere Rolle gegenüber dem Inhalt als im direkten Gespräch. Hinter einer Computertastatur versteckt könnten sehr viele Unterschiede im Vorfeld einer Diskussion beseitigt werden. Dies geht so weit, dass wir unter Umständen nicht mehr sagen können, ob sich am anderen Ende tatsächlich ein menschlicher Kommunikationspartner befindet.

Alle Menschen eint, dass sie höchst reziproke Wesen sind. Menschen wollen verstehen und verstanden werden. Es gibt, humoristischen Zwischenrufen zum Trotz, wesentliche Unterschiede zwischen Affenhorden und Menschengruppen, das ist eine der zentralen Erkenntnisse der jahrzehntelangen Forschungsarbeit von Michael Tomasello. In seinen klugen Beobachtungen des Sozialverhaltens von Menschenaffen zeichnet sich das Bild des Kulturmenschen *ex negativo* als Kontur ab. Er prägte dabei den Begriff der „shared intentionality", der gemeinsam geteilten Absicht von Gruppen.

Der aus der evolutionären Anthropologie stammende, nun auch in Psychologie und Philosophie gebräuchliche Begriff der *Shared Intentionality* bezeichnet ein menschlichsoziales Phänomen von Gruppen. Es ist zu beobachten, dass einzelne Mitglieder den inneren Drang verspüren, anderen Mitgliedern bei der Verfolgung ihres Ziels zu helfen, indem eine gemeinsame Handlung vollzogen wird. Diese Hilfe wird oft unter dem Gesichtspunkt einer sozialen Konvention betrachtet, die beachtet werden muss, um nicht als geächtetes Individuum ausgegrenzt zu werden. Interessanterweise, und dem eben Genannten widersprechend, zeigt sich dieser innere Drang bereits bei Kleinkindern, die noch keine sozialen Konventionen als solche erfahren konnten.

Ob man nun im Lehnsessel durch reine Überlegung darauf stößt oder die empirischen Untersuchungen von

Tomasello als Ausgangspunkt nimmt: Die Fähigkeit zur Kooperation macht den Menschen einzigartig im Tierreich. Es ist nicht nur der opponierbare Daumen, der den hyper-kooperativen *homo faber* befähigt, Werkzeuge herzustellen, es ist vor allem der deiktische Zeigefinger, der andere dazu anleiten kann, seine Umwelt technisch beherrschbar zu gestalten. Und nicht zuletzt hinterlassen Individuen, die sich auf diese Weise altruistisch verhalten, mehr Nachkommen (Tomasello 2011, S. 183).

Die Kulturtechnik des Informationsaustauschs ist die Sprache. Der Sprechakt selbst ist eine Handlung des Zusammenlebens, wenn er in aller Öffentlichkeit ausgeübt wird, sogar ein politischer Akt. In der Antike waren Handeln und Sprechen in der Politik einander ebenbürtig, da sich die Politik durch Gewaltfreiheit auszeichnet (Arendt 2006, S. 36). Politisch zu sein hieß, dass alle Angelegenheiten des menschlichen Zusammenlebens vermittels überzeugender Worte geregelt wurden und ohne Zwang oder Gewalt. Gewalt ist stumm, ohne Logos, ohne Worte, ohne Vernunft.

Natürlich gab es auch schon damals Menschen, deren Leben außerhalb des Logos ablief, die dem Wort keinen allzu hohen Stellenwert zuwiesen oder die das Wort gar als gewaltsames Mittel einsetzten. Sie wurden „bar-bar"-Sager genannt, Barbaren. Die Nachfahren der Barbaren scheinen sich heute in den Kommentarspalten zu finden, ihr Ziel ist nicht die reziproke Anerkennung der Menschen, sondern die maximale Durchsetzungskraft des eigenen Wortes ohne Rücksicht auf den Anderen.

Es gibt eine weltweit bekannte berühmt-berüchtigte Belästigungskampagne namens „Gamergate", die 2014 begann und zahlreiche Frauen der Spieleindustrie attackierte. Die Kontroverse ist längst nicht beendet, was Sie daran erkennen können, dass die Wikipedia-Seite zu diesem Eintrag nicht editierbar ist. „Gamergate" ist die Manifestation eines Kulturkampfes auf dem Boulevard Digital.

Vordergründig ging es um eine private Angelegenheit. Die Trennung von der *indygame*-Entwicklerin und -Produzentin Zoë Quinn veranlasste ihren Ex-Freund, Persönliches in aller Öffentlichkeit auszubreiten. Das gab und gibt es schon im klassischen Boulevard, was wir mit einem kurzen Blick in die Zeitungen mit den besonders großen Überschriften erkennen können. Nach vereinzelten Reaktionen in der *indygame*-Szene twitterte der Schauspieler Adam Baldwin am 27. August 2014 die ganze Debatte unter dem Hashtag #gamergate. Als andere Spieleentwickler dem Exfreund Frauenfeindlichkeit vorwarfen, bekamen sie als Replik zu hören, nur Sprachrohr eines von feministischem Denken durchzogenen Regimes der politischen Korrektheit zu sein – daraufhin eskalierte der Diskurs. Neben Quinn wurden nun auch die Spieleentwicklerin Brianna Wu und die Medienkritikerin Anita Sarkeesian heftig angegriffen. Es vermischten sich misogyne Äußerungen mit berechtigter Kritik auf der einen, pauschale Verurteilungen mit berechtigter Kritik auf der anderen Seite.

Es gab viel Berichterstattung dazu, aus meiner Sicht am besten hat sich ein Blogger-Urgestein dazu geäußert. René Walter ist Gründer des in Fachkreisen sehr bekannten Nerdcore-Blogs, er schreibt bereits seit Jahren auch zu Themen rund um den Boulevard Digital, den er „Social-Web-Moloch" nennen möchte:

> Wir sind erst seit ein paar Jahren auf diesem einem Schulhof versammelt (Facebook) und haben dieselbe Raucherecke (Twitter). Alle haben die Wahrheit und alle haben innerhalb ihrer Weltsicht Recht, und wir schreien uns gegenseitig an […]. Die Social Web-Molochs und die Tweetfaceiphones haben alle alle alle in einen Maelstrom gepresst und die Lautstärke auf 11 gedreht. Die Nuancen zwischen „Funniest Cat ever" und „Most horrible Shit ever" sind zerstört und es wäre völlig absurd zu glauben, das habe keine Konsequenzen

für das Netz als Kommunikationsraum, vor allem wenn das Internet als Kopierverstärker eine „memetische Outrage-Bias" hat. […] Der gleiche Mechanismus also, der das Netz zum fantastischsten Tool für Community-Building um Partikularinteressen aller Zeiten macht – *Hello, Collectors of Original Japanese Captain-Future-Candy from the 70s, I love you!* –, führt in gesellschaftlichen Debatten häufig zu völlig übersteuerter Ignoranz, Ausgrenzung und Fingerpointing. (Walter 25. Juli 2015)

„Memetischer Outrage-Bias" bezieht sich auf die „Viralität" der kodifizierten Meinung, also der Wahrscheinlichkeit und der Rate, mit der beispielsweise Online-Artikel „geteilt" werden. Für Walter wenig überraschend löst die Emotion „Wut" eine höhere Bereitschaft aus, Hinweise auf bestimmte Artikel zu verschicken als „Bewunderung", „Betroffenheit" wirkt sich sogar negativ aus, wie eine Studie des Marketing-Departments der University of Pennsylvania nahelegt. Diese Betrachtungen sollten sinnvollerweise durch eine psychologische Untersuchung ergänzt werden, warum wir uns so anschreien und wie wir das unter Umständen vermeiden können.

Der Psychologe und Hacker Linus Neumann ist einer der Wenigen, der „Trollforschung" sowohl empirisch als auch theoretisch betreibt. Er untersuchte mit Michael Kreil von OpenDataCity, wie sich die Kommentare seines Portals „re:fefe" im Laufe von zweieinhalb Jahren bis Mai 2013 entwickelten. Neumann nahm das in technischen Kreisen berühmte „Fefes Blog" des Sicherheitsforschers Felix von Leitner, das keine Kommentarfunktion besitzt, und ergänzte eben diese Kommentarfunktion auf einer neuen Internetseite. Anschließend analysierten die Forscher die Texte mit Hilfe einer Software. Ihre Erkenntnisse stellten Neumann und Kreil auf der Konferenz re:publika 2013 vor.

Sie belegten empirisch, was der Anwalt und Autor Mike Godwin schon in den 1990er-Jahren formulierte: Je länger eine Online-Diskussion anhält, desto höher sei die Wahrscheinlichkeit für die Verwendung eines Vergleichs mit nationalsozialisitischen Praktiken oder allgemein für die Verwendung von beleidigenden Formulierungen. Dies deckt sich mit der Beobachtung der Trollforscher. Auch hier ist wieder der memetische Outrage-Bias zu beobachten. Auf Kommentare mit Schimpfwörtern wurde häufiger geantwortet als auf solche ohne.

Linus Neumann schlägt einige konkrete Maßnahmen zur Trollabwehr mit Hilfe der operanten Konditionierung vor. Anstatt auf Belohnung und Bestrafung zu setzen, schlägt er den gezielten Einsatz von Ignoranz vor. Dazu muss das vom Troll erwartete Resultat ausbleiben, dann passt er sein Verhalten dementsprechend an. Intermittierende Verstärkung sei dabei erfolgreicher als kontinuierliche.

Trolldrossel, so nennt Neumann seinen Lösungsansatz. Sie alle kennen sicher die berühmt-berüchtigten Abfragen im Internet, die mit Hilfe von verzerrten Buchstaben oder Bildrätseln feststellen wollen, ob Sie ein Mensch oder ein Roboter sind. CAPTCHA ist die Abkürzung für ein Verfahren, das man mit „vollautomatischer offener Turing-Test zur Unterscheidung von Computern und Menschen" übersetzen kann. Wenn Sie also einen Kommentar in einem Internetblog schreiben wollen, bekommen Sie ein Bild vorgesetzt, etwa *boulevard digital* . Dann tragen Sie „boulevard digital" in das Formularfeld ein und liefern damit den Beweis, dass Sie kein Roboter sind, so dass der Kommentar erscheinen kann.

Die Trolldrossel funktioniert aber ein klein wenig anders. Zunächst untersucht die Software, ob es sich bei dem Kommentar um einen Troll-Kommentar handelt, also einen Kommentar, der die Diskussion nicht führen, sondern zerstören will. Es gibt infantile Versuche des Störens, aber auch aggressive und hasserfüllte. Die Software ordnet nun jedem

Kommentar eine bestimmte „Trollwahrscheinlichkeit" zu, und mit dieser Wahrscheinlichkeit wird das CAPTCHA nicht gelöst werden, so korrekt die Wiedergabe der verzerrten Buchstaben auch war. Der Verfasser des Kommentars kann es beliebig oft versuchen, Neumann möchte niemanden ausschließen, nur eben dem erhitzten Gemüt die Gelegenheit geben, noch einmal darüber nachzudenken.

Eine aufmerksame Leserin meines Manuskripts wies darauf hin, dass nun eine Software bzw. ein Software-Entwickler darüber entscheidet, was denn geschrieben werden darf, bevor es erscheint. Das sei eine ziemlich starke Einschränkung der Meinungsfreiheit. Neumann und Kreil sind sich dessen wohl bewusst, daher programmierten sie bewusst keinen Filter, sondern erschufen lediglich eine stochastische Hürde. Mit einer gewissen Wahrscheinlichkeit ließ die Software ja auch Troll-Kommentare zu, nur war die Wahrscheinlichkeit eben geringer als bei Kommentaren, die als harmlos klassifiziert wurden. Dies funktioniert natürlich nur, wenn man nicht weiß, dass eine solche Trolldrossel zum Einsatz kam. Der Kommentator sollte der Meinung sein, er habe das CAPTCHA falsch gelöst.

Die norwegische Rundfunkgesellschaft „Norsk rikskringkasting" geht etwas anders vor, um es unpassenden Kommentaren zu erschweren, veröffentlicht zu werden. Sie verlangt von potentiellen Kommentatorinnen und Kommentatoren, dass sie sich erst inhaltlich mit dem Thema auseinandergesetzt haben. Dazu müssen sie eine Verständnisfrage zum Text korrekt beantworten, erst dann wird ihr Kommentar freigeschaltet. „Vil du kommentere? Svar på en quiz fra saken!"

In der in Abschn. 3.1 angesprochenen Analyse des britischen Guardian war eine zentrale Erkenntnis, dass den Kommentarschreibern oft nur die Schlagzeile genügt – und der Name der Autorin bzw. des Autors. Von den zehn Redakteuren, die die meisten Hasskommentare bekamen, waren acht Frauen und zwei Schwarze Männer. (Ich folge dem Hinweis von Noah Sow (2009, S. 19) und schreibe Schwarz groß, um deutlich zu machen, dass es kein Attribut, sondern eine politische Zuschreibung ist.) Gleichzeitig waren die zehn Empfänger von Lob ausschließlich Männer. Das haut allein statistisch nicht hin, auch ist die Art der (in der Folge geblockten) Kommentare *ad hominem,* sie beziehen sich also auf die Autorin, nicht auf ihren Artikel.

Jeder der hasserfüllten Kommentare war nur eine Schneeflocke in der großen Lawine „hate speech", wie es die Spieleentwicklerin Zoe Quinn einmal ausdrückte. Sie beschreibt damit die Eigendynamik von Online-Gemeinden, die sich anders verhalten kann als ihre konstituierenden Mitglieder vermuten lassen.

3.4 Online-Gemeinden des digitalen Boulevards

Tabulam Rasa vides.
Pixeli pone et expecta ante ponere aliud.
Solitarius creare potest.
Simul cum aliis plus ultra creare potest.

Eigentlich sollte es nur ein Aprilscherz sein. Die Betreiber der Internetplattform „reddit" präsentierten am 1. April 2017 eine weiße virtuelle Leinwand, die aus 1000×1000 Pixeln bestand. Eine Anleitung stand daneben: Du kannst einen virtuellen Mosaik-Stein legen, einen Bildpunkt, eben ein Pixel einfärben. Dann musst du fünf Minuten warten, bevor du einen weiteren platzierst. Insgesamt gibt es eine Million Bildpunkte, die eingefärbt werden können. Alleine kannst du etwas schaffen, ermuntert die Beschriftung. Aber wie viel mehr kannst du gemeinsam mit Anderen erschaffen!

Die 200.000 Internauten von /r/Place ließen sich das nicht zweimal sagen, sie sprachen sich untereinander ab und erschufen gemeinsam großartige Zeichnungen, etwa die Pixel-Version der „Mona Lisa". Sie müssen bedenken, dass selbst ein daumennagelgroßes Bild 64 × 64 Pixel, also 4096 Bildpunkte benötigt. Alleine müssten Sie also über viertausend Mal mit der Maus auf einen Punkt klicken und dazwischen jedes Mal fünf Minuten warten. Über zwei Wochen würden Sie also rund um die Uhr am Computer zubringen müssen. Zu zweit schaffen Sie das in einer Woche. In einer Gruppe von tausend Leuten haben Sie das Bildchen in unter einer halben Stunde gestaltet.

Doch bedenken Sie, jeder hat das gleiche Schreibrecht, es gab natürlich auch zerstörerische Gruppen, etwa die Nihilisten von „The Void", der Leere, die das ganze Bild schwärzen wollten. Sie müssen also „Ihr" Pixel verteidigen und bei Bedarf erneut einfärben. Das Ergebnis des Aprilscherzes lässt sich sehen: Neben der Mona Lisa wurde Regenbogen gezeichnet, ein Pony, ein Pokémon, ein Nautilus, immer wieder Flaggen und zum Schluss sogar ein riesiges Schild mit einer Botschaft darauf.

In diesem Experiment zeigt sich anschaulich das enorme Potenzial des Schwarms, der kollektiven Gestaltung einer selbstorganisierten Gruppe. Es bildeten sich hunderte von vernetzten Einzelnen, die sich ein Motto gaben. Das reichte von „Lasst uns eine Ecke blau malen" bis hin zu den ambitionierten „Starry Knights" oder dem „Mona Lisa Clan". Durch die von den Betreibern vorgegebene Limitierung war die Koordination entscheidend. Strategien und Maltechniken wurden entworfen, ausprobiert, verworfen.

Kulturtechnikforscher waren begeistert: Seht her, man kann mit dem Computer Kunst und Schönes hervorbringen. Das Kochrezept schien zu sein, die Ausdrucksmöglichkeiten künstlich zu limitieren. Die Vorgabe, nur ein Pixel pro 5 min platzieren zu können, wirkt als Trolldrossel. Es scheint, als ob die Online-Community sich irgendwie selbst reguliert hat und eine gemeinsame Erklärung mit Bildpunkten auf die virtuelle Leinwand gebracht hat.

Auch, wenn ich das nur allzu gern glauben mag, so liefert eine Betrachtung der Hausregeln von reddit ein differenzierteres Bild. Es gab ein Team von Moderatoren, die Beiträge auf Verträglichkeit mit der so genannten „Content Policy" von reddit verglichen. In diesem Online-Portal dürfen keine Inhalte verbreitet werden, die illegal, pornographisch, gewaltverherrlichend, beleidigend, ehrverletzend oder einfach nur Spam sind. Es sind wohl eher die Hausregeln und die Forcierung der Einhaltung dieser Regeln, die bestimmte Zeichnungen verhindert haben und nicht die kollektive Vernunft. Dennoch, in diesen drei Tagen ist gemeinsam etwas Großartiges erschaffen worden.

Könnte man bestimmte Dinge nicht auf die Informationsgesellschaft übertragen? Im Gegensatz zu Gemeinschaften, also einer Ansammlung von Individuen, die eine gemeinsame Voraussetzung zusammengeführt hat, setzt sich eine Gesellschaft kollektiv ein gemeinsames *Ziel*. Dieses Ziel und die Schritte dahin werden öffentlich kommuniziert, im gegenseitigen Einverständnis, eine gemeinsame Handlung durchführen zu wollen. Kurz gesagt: Gesellschaft ist (politisches) Zusammenlebenwollen, Gemeinschaft ist (unpolitisches) Zusammenlebenmüssen.

Zumeist jedoch gibt es nicht ein einziges gemeinsames Ziel, es gibt mehrere, die auch noch in Konflikt miteinander stehen. Die Idee hinter Demokratien ist auch, dass sich die Gesellschaft im Diskurs gemeinsam auf ein Ziel einschwingen kann, also gleichsam eine „Einmütigkeit von Herz und Geist" erschafft, wie der Sozialpsychologe Gabriel Tarde es formuliert. Tarde betont dabei den nicht-rationalen, bzw. den vor-rationalen Anteil, die wir in gesellschaftlichen Strömungen beobachten. Es scheint ein unsichtbares soziales Band zu geben, das die Interessen der Individuen miteinander verbindet. Dieses Band wird nicht künstlich am Reißbrett der Gesellschaft entworfen, es wird auch nicht kommuniziert. Diese „geistige Ähnlichkeit, welche gleichzeitig zehn und hundert Millionen Menschen annehmen" entstehe allmählich durch „Nachahmung" (Tarde 2009 (1890), S. 82).

Tarde erklärt seinen Ausdruck „Nachahmung" im Vorwort zur zweiten Auflage prägnant: „Ich verstehe unter Nachahmung jeden Abdruck zwischengeistiger Fotografie, sei sie nun gleichsam gewollt oder nicht, passiv oder aktiv." (Tarde 2009(1890), S. 10) Diesen zwischengeistigen Informationsaustausch kann man sogar im Tierreich finden, in der Folge sprechen viele auch von Ameisen-„Staaten", Bienen-„Völkern" et cetera. Tarde nimmt die ökonomisierende Sichtweise der Gesellschaft (Arbeitsteilung, gegenseitige Dienstleistungen) aufs Korn, so müsste man wohl das Zusammenleben der Quallen als höchste Staatsform betrachten, „wo die Arbeitsteilung so weit geht, daß die einen für die anderen essen, die wiederum für jene verdauen. Man kann sich keine größere gegenseitige Leistung vorstellen." (Tarde 2009(1890), S. 82).

Es ist bezeichnend, dass viele soziologische Betrachtungen vom Tierreich ausgehen, um die Besonderheit des Menschen herauszustellen. Auch Karl Steinbuch leitet ein bisschen ungelenk vom Schwänzeltanz der Honigbiene zu der differenzierten Sprache als wesentliches Kennzeichen des Menschen über. Sprache „ist die diffizilste und wirkungsvollste Technik menschlichen Informationsaustausches, sei es nun in Form gesprochener Sprache, sei es in Form geschriebener Sprache, also Schrift" schreibt er 1968, und da stimme ich Steinbuch voll und ganz zu, ebenso seiner Feststellung: „Information ist Anfang und Grundlage der Gesellschaft". (Steinbuch 1970, S. 99).

3.5 Sprechen, Handeln, Streiten

Die Rede, der Akt des Sprechens, ist seit der Antike *die* Technik des öffentlichen Vernunftgebrauchs, darauf weist Hannah Arendt in ihrem Werk Vita Activa hin:

> Von den Tätigkeiten, die in allen Formen menschlichen Zusammenlebens anzutreffen sind, galten nur zwei als eigentlich politisch, nämlich Handeln (πρᾶξις) und Reden (λέξις), und nur sie begründen jenen „Bereich der menschlichen Angelegenheiten", τὰ τῶν ἀντρώπων πράγματα, wie Platon zu sagen pflegte, aus dem gerade alles nur Notwendige oder auch nur Nützliche ausgeschlossen war. [...] Sprechen und Handeln galten als gleich ursprünglich und einander ebenbürtig, sie waren gleicher Art und des gleichen Ranges. Und dies nicht nur, weil ja offenbar alles politische Handeln, sofern es sich nicht der Mittel der Gewalt bedient, sich durch Sprechen vollzieht, sondern auch in dem noch elementareren Sinne, daß nämlich das Finden des rechten Wortes im rechten Augenblick, ganz unabhängig von seinem Informations- oder Kommunikationsgehalt an andere Menschen, bereits Handeln ist. Stumm ist nur die Gewalt, und schon aus diesem Grunde kann die schiere Gewalt niemals Anspruch auf Größe machen. (Arendt 2006, S. 35, 36)

Auf die stumme Gewalt werden wir später noch zu sprechen kommen, an dieser Stelle ist der Hinweis auf Politik als Abwesenheit von Zwang oder Gewalt elementar. Hannah Arendt weiter:

> Politisch zu sein, in einer Polis zu leben, das hieß, daß alle Angelegenheiten vermittels der Worte, die überzeugen können, geregelt werden und nicht durch Zwang oder Gewalt. Andere durch Gewalt zu zwingen, zu befehlen statt zu überzeugen, galt den Griechen als eine gleichsam präpolitische Art des Menschenumgangs, wie er üblich war in dem Leben

außerhalb der Polis, also im Umgang mit den Angehörigen des Hauses und der Familie, über welche das Familienoberhaupt despotische Macht ausübte, aber auch in den barbarischen Reichen Asiens, deren despotische Regierungsformen häufig mit der Haushalts- und Familienorganisation verglichen wurden. (Arendt 2006, S. 36–37)

Dem politischen (griechischen, freien, männlichen, erwachsenen) Menschen wurden die Barbaren gegenübergestellt, also Menschen, die nur „bar-bar" sagen können, Stammler. Sie galten in der Antike als Menschen ohne Logos,

was natürlich nicht heißt, daß sie nicht sprechen konnten, wohl aber, daß ihr Leben außerhalb des Logos verlief, daß das Sprechen als solches für sie ohne Bedeutung war, eben weil die griechische Lebensform sich dadurch auszeichnete, daß sie vom Reden bestimmt war und daß das zentrale Anliegen der Bürger das Miteinander-Sprechen war. (Arendt 2006, S. 37)

Zugegeben, die Bürger sprechen heutzutage (besonders bei emotional aufgeladenen Themen) viel aneinander vorbei, wie ein flüchtiger Blick in die im Fernsehen übertragenen und in den Mediatheken für eine Woche aufbewahrten Talkshows zeigt. Auch die Volksvertreter scheinen in Generaldebatten nicht miteinander, sondern zu ihren potentiellen Wählern (oder einem anderen Publikum) zu sprechen. Dies ist kein neues Phänomen, bereits in der Antike hat der Komödiendichter Aristophanes diesen Verfall der politischen Debatte geistvoll beschrieben, insofern sollte der Tiefpunkt längst erreicht sein.

Die politische Rede ist dessen ungeachtet die einzige Möglichkeit, ohne Anwendung von Gewalt die Angesprochenen zum Handeln zu bringen. Das muss man sich immer wieder klar machen. Was ist denn die Alternative? Daher ist die öffentliche Rede, gehalten in politischer Absicht vor einer versammelten Bürgerschaft, das mächtigste Werkzeug des politisch Aktiven. Sie fordert Zuspruch der Gleichgesinnten und vor allem Widerspruch der Andersdenkenden heraus. Damit ist die politische Rede strukturähnlich zur philosophischen Rede, auch dort finden wir das Prinzip der Rede und Gegenrede. In der Philosophie soll jedoch ein Betrachtungsgegenstand möglichst genau erkannt (oder gar die Wahrheit^{TM} herausgefunden) werden, wohingegen in der Politik die Mehrheit von einer Handlungsoption überzeugt werden soll. Dies birgt durchaus Gefahren, worauf schon Sokrates den Gorgias aufmerksam machte:

SOKRATES: Denn du sagtest eben, daß auch in Sachen der Gesundheit der Redner mehr Glauben finden würde als der Arzt.
GORGIAS: Das sagte ich auch; bei der Menge nämlich.
SOKRATES: Und nicht wahr, dieses „bei der Menge" heißt bei denen, die nicht wissen? Denn bei den Wissenden wird er doch nicht mehr Glauben finden als der Arzt?
GORGIAS: Darin hast du recht. […]
SOKRATES: Die Sachen selbst braucht [die Redekunst] nicht zu wissen, wie sie sich verhalten, sondern sie muß nur einen Kunstgriff der Überredung ausgefunden haben, so daß sie das Ansehen bei den Nichtwissenden gewinnt, mehr zu wissen als die Wissenden. (Platon 1994, 459a–c)

Platon setzt, wie viele Intellektuelle nach ihm, die „Menge" mit „Nicht-Wissenden" gleich. Die Vorstellung der fehlgeleiteten Menge, der dumpfen Masse, des aggressiven Mobs ist ein gängiges Vorurteil der sich selbst gebildet nennenden Gesellschaftsschichten. Diese „Menge" ist nicht Diskussionpartnerin, sie ist Zuhörerin des aufgeführten politischen Stücks auf öffentlicher Bühne, auf der Redner (und Gegenredner) sprechen. Diese Asymmetrie von aktiver Sprecherrolle und passiver Zuhörerschaft kommt den Massenmedien des 20. Jahrhunderts zupass, die auf *broadcast* ausgerichtet sind.

Die Aufgabe von (politischen) Rednern und Literaten ist nicht (lies: sollte nicht sein), die unwissende Menge hinter sich zu scharen und persönliche Forderungen an die Gesellschaft im Allgemeinen zu stellen, sondern im Gegenteil die gesellschaftlichen Wünsche und Sehnsüchte pointiert zu formulieren, um sie öffentlich diskutieren zu können. Damit stellen sie sich in direkte Opposition zu den Berufspolitikern, die mehr an ihrem Mandat als an gesellschaftlichen Problemen interessiert scheinen. Die gegenwärtige Krise der Politik liegt vor allem in der Haltung der politisch Aktiven begründet, es fehlt allerorten an Freimütigkeit.

Damit ist, wohlgemerkt, nicht die hetzerische Rede gemeint, die stets mit den Worten „das wird man wohl noch sagen dürfen" beginnt. Während dieser Text entstanden ist, konnte in der Bundesrepublik wieder eine zunehmende Fremdenfeindlichkeit beobachtet werden, auch rassistische und antisemitische Äußerungen und Handlungen in aller Öffentlichkeit nehmen zu, wie zuletzt Anfang April 2019 auf der Bundespressekonferenz von Vertretern der Opferberatungsstellen festgestellt wurde.

Wer den Vertreterinnen und Vertretern der Opferberatungsstellen aufmerksam zuhörte, konnte beunruhigende Parallelen zu den antisemitischen und fremdenfeindlichen Tendenzen des 19. und 20. Jahrhunderts feststellen. Historisch besonders gut aufgearbeitet und belegt ist die so genannte Dreyfus-Affäre, benannt nach einem jüdischen Offizier, der aufgrund eines Justizirrtums wegen Landesverrats verurteilt wurde:

Das Bestürzende an der Dreyfus-Affäre ist, daß nicht nur der Mob zu außerparlamentarischen Aktionen schritt, daß vielmehr die gesamte Politik Frankreichs sich während der

Krise außerhalb des Parlaments abspielte. Die Minorität, die für Parlament, Demokratie und Republik kämpfte, sah sich gezwungen, ebenfalls außerhalb des Parlamentes zu agieren, so daß man sagen kann, daß der Mob ihr bereits die Gesetze des Handelns diktierte. Nur war ihr Schauplatz nicht die Straße, sondern erst die Presse und dann der Gerichtshof. Das Parlament nahm die Affäre nicht ernst, auch dann nicht, wenn es geschlossen gegen Dreyfus stimmte. Es lief nur den jeweiligen Stimmungen nach, die außerhalb des Parlaments erzeugt wurden. (Arendt 1991, S. 263)

Wir werden auf die anderen Schauplätze Presse und Gerichtshof noch zu sprechen kommen, bleiben wir jedoch zunächst auf der Straße. Die auf der Straße ausgetragene Meinungsverschiedenheit haben wir als Fernsehzuschauer vor nicht allzu langer Zeit mitbekommen. In deutschen Städten kam es zu regelrechten Hetzjagden gegen Minderheiten. Zum Glück gibt es auch andere Massen, die sich für den Schutz dieser Minderheiten einsetzen: Als ich die Aufzeichnungen meines Spaziergangs anfertigte, fand ich mich plötzlich auf einer Demonstration, nein, *in* einer Demonstration wieder, die unter anderem von der Berliner Club-Szene organisiert wurde. In diesem Moment war ich gänzlich eingetaucht, war Teil einer Protestbewegung, ohne dass ich mich dafür entschied. Die Musik gefiel mir, die Leute waren mir sympathisch, die Sprüche auf den Schildern brachten mich zum Lachen. Das alles sind Erklärungen, die ich mir im Nachhinein überlegt habe. In dem Moment damals ging ich in der Masse auf.

3.6   Neue Massen

Nach 2 147 483 647 Aufrufen des YouTube-Videos „강남스타일" („Gangnam Style") des koreanischen Musikers Psy kam es zu einem arithmetischen Überlauf, der Zähler zeigte plötzlich eine negative Zahl an. Zwei Jahre zuvor knackte das Video die magische Marke von einer Milliarde *views,* d. h. eine Milliarde Geräte und Browser hatten dieses Video zu diesem Zeitpunkt abgespielt, so dass man davon ausgehen konnte, dass die gesamte Masse der *Internauten* die mittlerweile ikonischen Tanzbewegungen im kollektiven Gedächtnis abgespeichert hatte. Die Betrachter in Deutschland wurden dank des andauernden Rechtsstreits zwischen YouTube und GEMA von der restlichen Digitalwelt ausgeschlossen, daher erfuhren sie erst Monate später davon. Gegen Ende des Jahres 2012 tauchten plötzlich an den verschiedensten Orten so genannte *flash mobs* auf, spontane Versammlungen von Menschen, die sich über das Internet zum gemeinsamen Tanz verabredet hatten. Der Besucher der „piazza del popolo" oder der „jardins du trocadéro" fühlt sich an die Beschreibung bei Canetti erinnert:

> Eine ebenso rätselhafte wie universale Erscheinung ist die Masse, die plötzlich da ist, wo vorher nichts war. Einige wenige Leute mögen beisammengestanden haben, fünf oder zehn oder zwölf, nicht mehr. Nichts ist angekündigt, nichts erwartet worden. Plötzlich ist alles schwarz von Menschen. Von allen Seiten strömen andere zu, es ist, als hätten Straßen nur eine Richtung. Viele wissen nicht, was geschehen ist, sie haben auf Fragen nichts zu sagen; doch haben sie es eilig, dort zu sein, wo die meisten sind. Es ist eine Entschlossenheit in ihrer Bewegung, die sich vom Ausdruck gewöhnlicher Neugier sehr wohl unterscheidet. Die Bewegung der einen, meint man, teilt sich den anderen mit, aber das allein ist es nicht: Sie haben ein Ziel. Es ist da, bevor sie Worte dafür gefunden haben: Das Ziel ist das schwärzeste – der Ort, wo die meisten Menschen beisammen sind. (Canetti 1994, S. 14–15)

Canetti beschreibt natürlich die spontane, offene Masse, die sich alsbald wieder auflöst. Das Erstaunen des imaginierten

Besuchers über die Entität „Masse" bleibt davon unberührt: Was ist dieses eigenartige Gebilde aus ansonsten so einzigartig handelnden Individuen? Der Schriftsteller und Literaturnobelpreisträger wagt eine Annäherung, indem er die Phänomene möglichst genau beschreibt und daraus Haupteigenschaften ableitet: 1) *Die Masse will immer wachsen.* 2) *Innerhalb der Masse herrscht Gleichheit.* 3) *Die Masse liebt Dichte.* 4) *Die Masse braucht eine Richtung.* (Canetti 1994, S. 30) Im Folgenden teilt er die Massen nach dem tragenden Affekt ein in Hetzmassen (S. 54), Fluchtmassen (S. 59), Verbotsmassen (S. 62), Umkehrungsmassen (S. 65) und schließlich die Festmassen (S. 70), in die wir wohl die *gangnam style flash mobs* einordnen können. (Die Seitenzahlen in Klammern beziehen sich auf (Canetti 1994)).

Die Masse trägt ein bedrohliches Element in sich, aus der Festmasse der Loveparade-Besucher in Duisburg werden Fluchtmassen, aus einer organisierten Masse von Parteimitgliedern wird eine tobende Meute von Pogromhetzern. Was man den einzelnen Menschen an Intelligenz, Witz, Liebe und Einsicht auch zutrauen mag, dem Zusammenschluss solcher intelligenten, witzigen, liebenden und einsichtigen Individuen trauen wir solche Eigenschaften nicht zu. Nur der englischen Version namens „Crowd" schreibt man dann wieder positive Eigenschaften zu, etwa weise (Wikipedia), spendabel (Kickstarter) und findig (Vroniplag) zu sein. Die Masse ist bestenfalls dumm, meistens ignorant und schlimmstenfalls bösartig, etwa wenn sich der Mob als „Karikatur des Volkes" auf die Straße begibt:

> Der Mob setzt sich zusammen aus allen Deklassierten. In ihm sind alle Klassen der Gesellschaft vertreten. Er ist das Volk in seiner Karikatur und wird deshalb so leicht mit ihm verwechselt. Kämpft das Volk in allen großen Revolutionen um die Führung der Nation, so schreit der Mob in allen Aufständen nach dem starken Mann, der ihn führen kann.

Der Mob kann nicht wählen, er kann nur akklamieren oder
steinigen. (Arendt 1991, S. 247)

Mit Hannah Arendt sollten wir also nicht Volk und Mob verwechseln und vor allem nicht vergessen, dass es gerade auch
die Eliten sind, die ebenso wie der Mob für totalitäre Ideen
anfällig sind. Beide sind gesellschaftlich Ausgegrenzte, die
einen aus eigenem Entschluss, die anderen aus der Not heraus. Doch obwohl es dieses „zeitweilige Bündnis zwischen
Mob und Elite" (Arendt 1991, S. 702 ff.) nachweislich gibt,
hält es die Eliten nicht davon ab, einen unbändigen „Haß
auf die Massen" (so der Titel von (Carey 1996)) zu entwickeln und ihr die alleinige Schuld für negative Entwicklungen der Gesellschaft zuzuschreiben. Natürlich ist es leicht,
den Begriff „Massendemokratie" abwertend zu lesen. Kein
gescheiter Philosophenkönig, kein Rat der Weisen, keine
liebende Institution, allein die tyrannische Masse bestimmt
die Politik. Er findet sich in der Debatte zur so genannten
„Massenzuwanderung", „Massenüberwachung" oder eben
auch im Begriff „Massendemokratie". In allen Fällen findet
schon auf der sprachlichen Ebene eine Entindividualisierung
und damit eine Entmenschlichung statt.

Der Masse wird verwehrt, was dem Einzelnen zusteht;
ganz besonders deutlich zeigt sich dies in der öffentlichen Debatte um die „Massenmigration", die erschreckend
unaufklärerisch geführt wird. Die Hospitalität, also die
Gewährung der frei gewählten Zu- und Abwanderung des
Individuums, ist eine zentrale Forderung der europäischen
Aufklärung. Kant erinnert daran, dass die Oberfläche der
Welt nun einmal endlich sei und „ursprünglich aber niemand an einem Orte der Erde zu sein mehr Recht hat, als der
Andere" (Kant 1912, S. 358). Die größten Migrationsbewegungen finden wir übrigens im Tourismus, nur werden sie
dort nicht so genannt. Im aktuellen Diskurs über Menschen,
die von diesem Weltbürgerrecht Gebrauch machen, werden

Individuen zu Massen-Teilchen, sind Teil einer „Flut" oder „Welle" – die Hoffnung auf eine Annäherung an einen Zustand des ewigen Friedens wird durch die Annäherung der Frontex-Patrouillenboote zunichte gemacht.

Dem mit inhumanen Parolen geführten Diskurs folgt die inhumanistische Tat der politischen Architekten der „Festung Europa", einer in erster Linie informationellen Festung. Die Überwachung aller Personen, die sich auf europäischem Gebiet befinden, ein- oder ausreisen wollen, ruft praktischerweise bei den zu überwachenden Subjekten weniger Widerwillen hervor als die Überwachung eines einzelnen Individuums; wenn jeder betroffen ist, ist niemand betroffen, da es dann zur *nova conditio humana* gehört. Die Überwachung und Kontrolle soll jedoch nicht etwa die politische Union Europa und damit die europäische Öffentlichkeit schützen, da wären Kants Argumente zum „Ewigen Frieden" vielleicht schlüssiger, sondern die Wirtschaftszone Europa. Betrachtet man das Projekt Europa aus ökonomischer Sicht, so lassen sich viele Probleme als Organisations- und Logistikprobleme sehen – und dann ergibt die Totalüberwachung (i. S. v. *monitoring*) nicht nur der Güter, sondern auch der Menschen durchaus Sinn, ruft aber gleichzeitig Kritiker auf den Plan.

Bei „Massen-Überwachung" drängt sich sprachlich der Verdacht auf, dass überwachende Stellen die europäischen Bürger als Bedrohung wahrnehmen, auf die Acht gegeben werden müsse. Oder aber, etwas positiver, aber nicht minder paternalistisch, die Bürger gelten als unmündige Schutzbefohlene, die zu ihrem eigenen Schutz ständig überwacht werden müssen, so dass bei Bedarf schnell gehandelt werden kann. Am wahrscheinlichsten ist jedoch, dass der Übermacht der Exekutive in Europa schlicht kein kontrollierendes Pendant gegenüber gestellt wird, so dass sich Forderungen nach Ausbau von Polizei- und vor allem Geheimdienstbefugnissen in der Regel durchsetzen, meist mit der Begründung, die Sicherheit in einer Massendemokratie zu gewährleisten.

Versuchen wir einmal, den manipulativen Begriff der Massendemokratie zu vermeiden und beschreiben stattdessen, was damit ausgedrückt werden soll. Ganz offensichtlich ist damit zunächst die Tatsache gemeint, dass eine sehr große Zahl von Menschen bürgerliche Rechte besitzen und somit die Geschicke eines Staates bestimmen (können). Implizit verweist diese große Zahl auf eine damit einhergehende große Zahl unterschiedlicher Meinungen darüber, was denn das beste Geschick eigentlich sei. Noch subtiler dient er dazu, auf die Unmöglichkeit einer Einigung auf ein gemeinsames Ziel hinzuweisen.

Die Ziele werden in einer Massendemokratie also vorgegeben und der Bürger kann sich lediglich aus dem angebotenen Sortiment sein maßkonfektioniertes Leben aussuchen. Der prinzipiell autonome Mensch wird im Zusammenspiel mit seinem digitalen Pendant berechenbar. Eine Gesellschaft von nunmehr lediglich Auswählenden kann wunderbar technisch modelliert werden. Die Auswahl tritt an die Stelle der Entscheidung. Politische Dialoge werden dann einfach per Computer-Dialog geführt, mit den Auswahlknöpfen „Ja", „Nein", „Abbrechen" oder, etwas differenzierter, mit den verschiedenen Stimmungs-Buttons bei Facebook ( ).

Literatur

Arendt H (1991) Elemente und Ursprünge totaler Herrschaft (1955). Piper, München

Arendt H (2006) Vita activa oder Vom tätigen Leben. Piper, München

Aristoteles (1995) Politik. Philosophische Schriften, Bd 4. Meiner, Hamburg

Brecht B (1966). Rede zum ii. internationalen Schriftstellerkongreß zur Verteidigung der Kultur. Suhrkamp-Verlag zus. m. Elisabeth Hauptmann, 302–305. Berlin und Weimar: Aufbau-

Verlag. Ausgabe für die DDR, in Umfang und Text identisch mit Frankfurt: Suhrkamp 1966

Canetti E (1994) Masse und Macht. Hanser, München

Carey J (1996) Haßauf die Massen. Steidl Verlag, Göttingen

Castells M (2010) The Rise of the Network Society, 2. Aufl mit neuem, Vorwort edn. Wiley, Hoboken

Gardiner B, Mansfield M, Anderson I, Holder J, Louter D, Ulmanu M (2016) The dark side of guardian comments. Artikel vom 12. April 2016. https://www.theguardian.com/technology/2016/apr/12/the-dark-side-of-guardian-comments

Hannak A, Sapieżyński P, Kakhki AM, Krishnamurthy B, Lazer D, Mislove A, Wilson C (2013) Measuring personalization of web search. In: Proceedings of the Twenty-Second International World Wide Web Conference (WWW'13). Rio de Janeiro, Brazil

Kant I (1912) Zum ewigen Frieden, Bd VIII. Akademie Ausgabe, Berlin, S 341–386

Luhmann N 2009 Die realität der Massenmedien, 4. Aufl. VS Verlag, Wiesbaden

Markschies C (2006) Vergangene Informationsgesellschaften. oder: auch in der Antike gab es schon Kommunikationsmedien. Ein Beitrag zur Tagung „Shapes of Things to Come" am 15. 2. 2006. Transkribiert und redaktionell nachbearbeitet von Stefan Ullrich für turing-galaxis.de. Erstellt am am 9. Februar 2012

Pariser E (2012) Filter bubble. Wie wir im Internet entmündigt werden. Hanser, München

Platon (1994) Gorgias. Sämtliche Werke, Bd 1. Rowohlts Enzyklopädie, Reinbek bei Hamburg, S 343–452

Schäffle A (1896) Bau und Leben des socialen Körpers. Laupp, Tübingen

Shannon C (1948) A mathematical theory of communication. Bell Syst Tech J 27:379–423623656

Sow N (2009) Deutschland Schwarz Weiß. Wilhelm Goldmann, München

Steinbuch K (1970) Falsch programmiert: Über das Versagen unserer Gesellschaft in der Gegenwart und vor der Zukunft und was eigentlich geschehen müßte, 8. Aufl. Deutsche Verlags-Anstalt, München

Tarde G (2009) Die Gesetze der Nachahmung. Suhrkamp, Frankfurt a. M. (Erstveröffentlichung 1890)

Tomasello M (2011) Die Ursprünge der menschlichen Kommunikation. Suhrkamp, Frankfurt a. M

Walter R (25. Juli 2015) There will be blood. wie Hate-speech das netz verändert – und das Netz Hate-speech. http://www.nerdcore.de/2015/07/25/there-will-be-blood-wie-hate-speech-das-netz-veraendert/

4

Techniken der Aufklärung

Unter Technik soll in dieser Arbeit nicht nur die Gesamtheit der technischen Artefakte oder Systeme verstanden werden, sondern auch Handwerk, Handwerkskunst und sogar Geisteshaltungen, Gedankenketten sowie Algorithmen – ganz wie es die Etymologie des griechischen Wortes τέχνη verrät (Parry 2008). Mit Technik ist Wissen eng verbunden, so gehört zur namensgebenden Kulturtechnik Ackerbau nicht nur das Können, ein Feld zu bestellen, sondern auch das Wissen, wann man aussät, wie man den Pflug einsetzt und ihn herstellt. Darüber hinaus sollte der potentielle Käufer eines Stück Landes auch in der Lage sein, die Geometrie so weit anzuwenden, dass er weiß, wie viel er nun pro Flächenstück letztendlich bezahlt. Auch dieses Vermessen ist eine technē.

Wie weit der Begriff gefasst ist, sehen wir auch an den Beispielen, die Sokrates (bei Xenophon, später bei Platon) unter den *technai* versteht: Harfenspielen, Steuern eines Schiffs, Kochen, Heilkunde praktizieren, Staaten führen, Schmieden, Teppiche weben, Malen, Töpfern und, neben weiteren

© Springer Fachmedien Wiesbaden GmbH, ein Teil von Springer Nature 2020
S. Ullrich, *Boulevard Digital,*
https://doi.org/10.1007/978-3-658-24429-3_4

Beispielen, das Rechnen. Sie alle eint, dass sie Praktiken sind, die (mehr oder weniger profundes) Wissen voraussetzen.

Das Wort „Handwerk" trifft den Sinn schon ganz gut, auch wenn dann der künstlerische Aspekt, die Wissensdimension sowie die Absicht hinter dem Werk etwas zurücktreten. Auch die Kunst der Staatenlenkung ist schon bei Platon ein Handwerk, eine *techne* der *politike arete,* die lehr- und erlernbar ist. Sie beinhaltet zugleich die Kunst der guten Politik und das Wissen über die beste aller möglichen politischen Entscheidungen. Die Kunst des Regierens bestehe darin, eben nicht auf die Stimmen der Stärkeren (der Mehrheit) zu hören, sondern auf das Wohl der Regierten (Platon 1994d, 338a–342e).

Die Technik befreit den vorausdenkenden Menschen aus naturgegebenen Notwendigkeiten und Zwängen in einer Weise, die bereits in der Antike ungeheuer wirkte, wie der Chor der Thebanischen Alten am Anfang des zweiten Aktes von Sophokles' Antigonae besingt.[1] Der Techniker beackert das Feld, treibt Verkehr mit Ross und Schiff, fängt Wild und Vögel, bewohnt die höchsten Gipfel. Er ist allbewandert, besitzt von der technē mehr als er hoffen kann – nur leider von der Weisheit etwas zu wenig.

4.1   Freimütige Dialoge

Der öffentliche Vernunftgebrauch ist in erster Linie ein Sprechakt, der die eigenen politischen Gedanken ordnet, sie im Moment des Sprechens gleichsam herstellt (oder verfertigt, um mit Kleist zu sprechen). Diese Gedanken werden nun mitgeteilt, es findet ein Informationsaustausch statt, eigentlich ein ungeheuerlicher Vorgang: Ein innerster

---

[1] SOPHOKLES: Antigone, in der Übersetzung von Friedrich HÖLDERLIN (1804) online unter https://de.wikisource.org/wiki/Antigonae/Zweiter_Akt.

Zustand, ein Gedanke, eine Idee, wird durch Sprache zur äußerlich wahrnehmbaren Tat. Die Zunge bewegt sich, der Sprecher äußert sich. Dies steckt auch im Wort der Äußerung: etwas Inneres wird nach außen getragen.

Die Worte stehen nun im Raum und können somit diskutiert, gelehrt oder gelernt werden. Sie können auch aufgeschrieben werden, wobei die Verschriftlichung einer Rede diese transformiert. Man mag kritisieren, dass Schrift und ihre Erzeugnisse zwar „als lebend" dastehen, jedoch trotz Redeaufforderung „gar ehrwürdig still" schweigen (Platon 1994c, 275d, S. 604). Mit Sicherheit jedoch sorgen sie dafür, dass Gedanken über Generationen hinweg bewahrt werden können, die „intellectuelle Thätigkeit [...] erhält durch die Schrift einen bleibenden Körper" (von Humboldt 1963, § 35, S. 191).

Die von Platon (bzw. seinem Übersetzer Schleiermacher) „Redeaufforderung" genannte Praktik ist Bestandteil einer Erörterung, wobei ein Sachverhalt ausgebreitet (lateinisch: discurrere) wird. Einen erörternden Vortrag, der im politischen Sinne vor und mit einer interessierten Öffentlichkeit gehalten wird, nennen wir Diskurs. Der Begriff des Diskurses ist natürlich stark von Jürgen Habermas und Michel Foucault geprägt, die sich beide (unter anderem) mit Machtstrukturen in politischen Aushandlungsprozessen beschäftigt haben.

Im Habermas'schen Ideal setzt sich in einem Diskurs stets das beste Argument durch. Wie das geschieht, kann Habermas nicht erklären, er beobachtet lediglich diesen zwanglosen Zwang des besseren Arguments. In der Schule und in Hochschul-Seminaren haben wir gelernt, dass zu einem produktiven Austausch von Argumenten gehört, die persönliche Ebene außen vor zu lassen und lediglich Sachargumente vorzubringen. Liest man jedoch in den dialogischen Urtexten nach, wie Sokrates mit seinen Gesprächspartnern umgegangen ist, so sieht man schnell, dass nicht das beste Argument im Sinne des wahren Arguments sich durchsetzt, sondern das am besten vorgebrachte, das schlüssigste, das überzeugendste. Die Rhetorik als eine ῥητορική τεχνή (rhētorikē téchnē) besitzt eben wie jede Technik einen Doppelcharakter: Als Redekunst kann sie von der Wahrheit ablenken oder ihr Aufdeckungswerkzeug sein.

Es ist verführerisch, den Austausch von Argumenten zwischen vernunftbegabten Wesen zu einer epistemologischen Methode zu erklären, als ob die Teilnehmer stets nur die Wahrheit im Blick hätten. Die technē des Argumentierens besteht eben nicht in einer epistēmē, einer Erkenntnis des Wahren, sondern in der Kunst des Überzeugens. Der Diskursteilnehmer verfolgt stets politische Absichten. Daher stehen Politik und Wissenschaft in einem unauflösbaren Konflikt, worauf auch Michel Foucault hinweist. Er erhebt das Aussprechen der Wahrheit in der freimütigen Rede (parrhesía) zu Pflicht. Nicht die Überzeugung des Anderen, sondern der offene Gebrauch der Vernunft soll der Antrieb des wahrheitsliebenden Menschen sein, ganz im Sinne des Gorgias-Dialogs.

Im Gegensatz zum privaten Gebrauch der Vernunft, der ja durchaus für den eigenen Vorteil eingesetzt werden kann, ist der öffentliche Gebrauch der Vernunft „gerade der Gebrauch, den wir von unserem Verstand und unseren Fähigkeiten machen, insofern wir uns auf einen universellen Standpunkt stellen, insofern wir als universelles Subjekt gelten können" (Foucault 2012, S. 57).

Foucault beschäftigt sich die ganze Vorlesung mit dem Begriff der *parrhesía*, er selbst gibt eine Zusammenfassung am Ende der zweiten Vorlesung (Foucault 2012, S. 93). Auf der Tagung „Shapes of Things to come" im Informatikjahr 2006 fasste Rafael Capurro die Kerngedanken Foucaults zur *parrhesía* prägnant zusammen:

Parrhesia wird im Englischen mit *free speech*, im Französischen mit *franc-parler* und im Deutschen mit *Freimütigkeit* übersetzt. [Der Übersetzer der Suhrkamp-Ausgabe, Jürgen Schröder, gebraucht den Terminus „Freimütige Rede", Anm. d. Autors.] Der *parrhesiastes* ist derjenige, der die Wahrheit sagt, etymologisch: der allen („pan") etwas sagt („rhema"). Der parrhesiastische Sprecher möchte so klar und deutlich wie möglich seine Gedanken mitteilen. Er sagt aber nicht nur etwas, sondern er tut das […], indem er sich selbst in die Aussage bringt oder sich engagiert und zwar in einem Kontext, der für ihn riskant oder sogar lebensgefährlich sein kann. […] Gemeint sind hier vor allem politisch riskante Situationen. Der parrhesiastische Sprecher will nicht die Wahrheit beweisen, sondern Kritik gegenüber seinem Adressaten ausüben, wobei er sich in der Situation des Unterlegenen befindet, etwa einem Tyrann gegenüber oder aber auch in der demokratischen Auseinandersetzung, wenn der Athener Bürger, der sich in Besitz bestimmter moralischer Qualitäten wähnt, der Mehrheit trotzt. Das Risiko war die Verbannung. Mit anderen Worten, die Wahrheit zu sagen, wird als eine politische Pflicht betrachtet, mit dem Ziel, anderen und/oder sich selbst zu helfen. Sie ist der Kunst der Überzeugung entgegengesetzt […] (Capurro (2006))

Die freimütige Rede ist also als Ergänzung zum Recht eines jeden Bürgers auf Meinungsfreiheit (isegoría) zu sehen. Ihr Bezug auf Wahrheit ist abhängig vom Bildungs- und Informationsstand des Redners. Platon kritisiert in seiner Politeia, dass „der Staat förmlich überquillt von Freiheit und von Schrankenlosigkeit im Reden (parrhesías) und daß jeder ungehindert tun kann, was ihm nur immer beliebt" (Platon 1994d, 557b). Ähnlich kritisch äußert sich auch Brecht in seinen Schriften zur „Radiotheorie": *„Man hatte plötzlich die Möglichkeit, allen alles zu sagen, aber man hatte, wenn man es sich überlegte, nichts zu sagen"* (Brecht 1966, S. 128).

Brecht kritisiert hier ausdrücklich die zu beobachtende Nutzung (bzw. gerade die Nicht-Nutzung) der Publizitäts-Medien, nicht die durch sie eröffneten Möglichkeiten. Ihre Mittlerrolle wird heute mehr denn je benötigt: Wenn etwa der Adressat nicht mein direktes Gegenüber ist, sondern ein mögliches Publikum an einem anderen Ort oder gar in einer anderen Zeit – kurz, wenn eine gedachte Öffentlichkeit adressiert wird, benötigen wir andere Praktiken des öffentlichen Vernunftgebrauchs, eben solche, die von Dauer sind. Die berühmte Schriftkritik von Theuth-Sokrates-Platon ist uns nur bekannt, weil sie verschriftlicht worden ist.

Im Boulevard Digital allerdings stellt sich die Frage, ob wir durch die ganzen Spracherkennungssysteme um uns herum nicht auch Firmen Zugang zu unseren inneren Gedanken verschaffen. Wenn die Verfertigung der Gedanken beim Sprechen durch Alexa, Siri und andere „smart devices" abgehört wird, können zukünftige Entscheidungen maßgeblich beeinflusst werden.

4.2   Öffentliches Schreiben

Der Vorgang des Aufschreibens hat etwas Mystisches, er ist nicht weniger geheimnisvoll als die plötzliche Veräußerung der Gedanken. Im Aufschreiben kann sich ein Gedanke ebenso manifestieren wie beim Kleist'schen Sprechen, getreu dem Motto „ich denke mit der Feder auf dem Papier" (Wittgenstein 2005, S. 173). Nach diesem im Wortsinn okkulten Vorgang des Denkens steht die Schrift nun verortbar im Raum, man kann darauf zeigen. Erst mit der Schrift wird Geschichte möglich, sind sich Historiker aller Schrift-Kulturen einig. „Unter allen, die da werken, gibt es keinen, dessen Arbeit gleicht der hohen Kunst des Schreibens, die Gott Enki einst erschuf" kann man bereits in einem spätsumerischen Lehrgedicht *lesen* (Haarmann 1990, S. 13).

Der sumerische Gott der Weisheit, der Technik und der Magie, Enki, ist zudem der Besitzer der Schicksalstafeln (ṭuppi šimāti), auf denen nicht nur die Schicksale der Menschen und Götter *geschrieben* stehen, sondern auch die Dekonstruktionsanleitung des Universums zu finden ist.

Nun ist Herrschaft über Mensch und Umwelt keine Sache, die Göttern vorbehalten ist; wir kennen das ikonische Bild: Zwei (vermeintlich oder tatsächlich) gleichberechtigte Politiker sitzen an einem großen Tisch und unterschreiben – öffentlich – Dokumente. Verträge werden durch den Akt der Unterschreibens geschlossen und sind ab diesem Zeitpunkt einzuhalten, was man oft auf Latein sagt, damit es verbindlicher klingt. Die Schrift des modernen Menschen ist nicht mehr lapidar, sie ist gesetzt und damit Gesetz. „Wir haben das schriftlich!"

Die Vorstellung, dass man durch das Aufschreiben (und anschließenden Vorlesen) von Sitten- und Moralvorstellungen der jeweiligen Gesellschaft nun jeden Streit schlichten kann, findet sich bereits auf der fast dreitausend Jahre alten Stele des Hammurabi. Dort liegt auch der Ursprung des Prinzips „Auge um Auge", das ja nicht martialisch gemeint ist und zur Verstümmelung aufruft. Es geht um das rechte Maß der gesellschaftlich geforderten Vergeltung. Auch Handelsregeln wie Zinssätze auf Schulden aller Art waren dort eingemeißelt. Mehr noch, dieser Kodex sollte gar das Amt des Schlichters übernehmen können (Harper 1904, S. 100–101).

Der Kodex Hammurabi ist zwar nicht der älteste Gesetzestext (wenn er überhaupt ein Gesetzestext ist; alles deutet eher auf ein Handbuch von einem Bürgeranwalt für Bürger hin), er drückt aber die Hoffnung aus, dass es möglich ist, das gesellschaftliche Zusammenleben des urbanen Menschen mit Hilfe von Kodices regeln zu können. Im Idealfall liegen die moralischen Forderungen einer Gemeinschaft mit dem positiven Recht der jeweiligen Gesellschaft übereinander; Grundbedingungen wie das Recht auf Leben finden sich auch in Gemeinschaften ohne Gesetze (aus Gemeinschaften kann man jedoch auch ausgeschlossen werden, dann hat man dieses Recht verwirkt). In einer Gesellschaft gelten die Regeln für alle Bürger, die spannende Frage der vergangenen Jahrhunderte war demzufolge auch, wer denn eigentlich als Bürger zu gelten habe. Je vielfältiger und umfangreicher die Inklusion aller Menschen als Weltbürger gelang, desto stärker war die Legitimation der Gesellschaft und desto schwerer ist die Aberkennung des Bürgerstatus.[2]

Bürgerschaft ist etwas Ausgehandeltes, und damit dieser Aushandlungsprozess nicht bei jeder Begegnung stattfinden muss, hat sich das Symbolwesen Mensch besondere Insignien überlegt: Bemalte oder tätowierte Haut, angehängte Orden oder Sterne sowie nicht zuletzt entsprechende *Papiere*. Der Schrift haftet etwas Objektives an, oder zumindest durch den Akt des Aufschreibens so stark Gefiltertes, dass dies dem Ausdruck der Vernunft näher kommt als die direkte Rede. Schrift ist nicht dialogisch, wenn man die Buchstaben befragt, so schweigen sie ehrfürchtig still. Der Schriftsteller Julio Cortázar führte 1963 in Rayuela einem breiten Publikum vor, dass das erneute Lesen des selben Kapitels einen anderen Sinn erfährt. Allerdings ist nicht zu erkennen, dass sich die Schrift durch den Vorgang des Lesens ihrerseits ändert, insofern fehlt wohl der Dialogpartner. Der Techniker mag auf diesen Einwand eine technische Lösung vorbringen und eine Art von *chat*-System entwerfen, wo auf den Kommunikationspartner eingegangen wird. Doch auch in diesem scheinbar objektiven System Schrift beobachten wir Bestrebungen, die Diskussion auf die persönliche Ebene zu bringen.

---

[2]Asoziale Vorschläge von Politikern aller Couleur, die eine solche Aberkennung fordern, finden sich leider immer wieder in der jüngsten Geschichte, konstruktive hingegen beispielsweise bei Kleisthenes von Athen in Bezug auf die Phylenreform.

In der schriftlichen Kommunikation spielen dann Dinge wie Rechtschreibung und Ausdrucksvermögen eine große Rolle. Wer ein vorgebrachtes Argument mit Internet-Jargon-Ausdrücken kontert, wird nicht ernst genommen. Dabei meint ein den Dialog verkürzendes LOL nur das, was bei Platon ein „lachte sehr spöttisch laut auf" ist. Die nun seit knapp 30 Jahren im Netz gebräuchliche Abkürzung LOL steht für *laughing out loud,* die antike Entsprechung findet sich beispielsweise in der Politeia (Platon 1994d, 337a), wo es über einen Dialogpartner heißt: „Er nun, als er das hörte, lachte sehr spöttisch laut auf [...]". Die Kunst, in diesem Fall die des Sokrates, besteht nun darin, den unsachlich argumentierenden Gesprächspartner wieder in die Diskussion einzubeziehen. Für den Boulevard Digital mag das vielleicht einen Hinweis geben, wie wir mit dem modernen Troll umgehen sollten, der „gar schöne Antworten" besitzt, „große Lust zu reden" hat und „Beifall zu erwerben" trachtet: Mit Geduld und Ironie.

4.3   Angeletik: Öffentliche Verkündung

In Abschn. 3.5 haben wir von der Ebenbürtigkeit von Handeln und Reden in der Antike gelesen, nun ergänzen wir mit dem Philosophen Peter Janich: Die Rede ist ein Spezialfall der Handlung, wenn wir für sie verantwortlich gemacht werden können (Janich 2006, S. 148–150). Für Janich gibt es in der Natur keine „Information", sondern allein in der menschlichen Sprache. In seinem Werk wendet er sich gegen die Naturalisierung von Information und die Vereinnahmung des Begriffs durch andere Disziplinen, vor allem durch Techniker, die Kommunikation ganz gelöst von sozialen Implikationen betrachten, eben so, wie Shannon es in seinem grundlegenden Aufsatz über die Theorie der Kommunikation formuliert:

> Das grundlegende Problem der Kommunikation besteht darin, an einem Punkt entweder genau oder annähernd eine Nachricht, die an einer anderen Stelle ausgewählt wurde, wiederzugeben. Oft haben die Nachrichten *Bedeutung*, das heißt, sie beziehen sich auf bestimmte physikalische oder begriffliche Größen oder befinden sich nach irgendeinem System mit ihnen in Wechselwirkung. Diese semantischen Aspekte der Kommunikation sind irrelevant für das technische Problem. Der entscheidende Aspekt ist, daß die tatsächliche Nachricht *aus einem Vorrat* von möglichen Nachrichten *ausgewählt* wurde. (Shannon 1948, 2. Absatz)

Kommunikation ist für den sozialen Zusammenhang von fundamentaler Bedeutung. Diese sozial wirksame Ebene werde jedoch in den ingenieurstechnischen Fächern nicht genügend betrachtet, so Peter Janich weiter. Für die Informatik trifft seine Kritik im Großen und Ganzen zu, besonders jetzt, da viele Lehrstühle des Forschungsprogramms „Informatik und Gesellschaft" nach der Emeritierung der Professorinnen und Professoren nicht weiter besetzt werden. Kommunikation ist eben nicht nur ein technisch beschreibbares Phänomen, sondern der Kitt der Gemeinschaft. Welche Rolle Kommunikation für uns Menschen spielt, lässt sich besonders gut im Vergleich zu unseren entfernten Verwandten im Tierreich zeigen.

Der bereits erwähnte Michael Tomasello entwickelte für die Beschreibung des Kommunikationsvorgangs bei Affen und Menschen die Unterscheidung zwischen „Kommunikations-Display" und „Kommunikations-Signal", die darauf beruht, dass wir im zweiten Fall eine Absicht verfolgen. Wenn hier die Rede von öffentlicher Verkündung ist, dann ist damit die absichtsvolle Variante des Signals gemeint.

Der fluchende Politiker, der übersah, dass er noch ein Funkmikrophon am Revers trug, übermittelt seine verbalen Entgleisungen potentiell einem Weltpublikum (zumindest, wenn die Aufnahme den Weg zu YouTube findet); dies ist jedoch keine öffentliche Verkündung.

Wenn sich ein Redner vor einem Publikum versammelt, möchte er ihm eine Botschaft verkünden, das gilt insbesondere für den Kant'schen Aufklärer vor der Leserwelt. Der Schrift, wir denken in diesem Kapitel eigentlich ständig an den Phaidros-Dialog, fehlt jedoch das Lebendige, das Diskursive, sie kann nicht verkünden; sie hält nur die in einem bestimmten Symbolsystem kodierte Botschaft fest. Der Leser ist nun aufgefordert, den starren *code* zu prozessieren, ein aufwändiger Vorgang, der an anderer Stelle (z. B. von Atkin (2013)) nicht minder aufwändig beschrieben wurde. Nun ist aber das geschriebene Wort keine Denkanweisung mit voraussagbarem Ergebnis, je nach Kontext, Vorbildung oder anderweitig individueller Prägung des Lesers machen die vom Autor geschriebenen Ausdrücke einen anderen Eindruck beim Rezipienten.

Im idealisierten Fall treten Leser und Autor trotz der trennenden Jahrzehnte in eine Art Hermeneutikspiel miteinander ein, sie nähern sich dem gemeinsam wahrnehmbaren Sinn („was will uns der Autor damit sagen", „was könnte der Leser an dieser Stelle einwenden"), sie erkennen die Positionen des Anderen und erahnen im Idealfall sogar die Denkprozesse, die zu diesen Positionen führten.

Die Verständigung darauf, dass eine solche Annäherung an einen gemeinsam wahrnehmbaren Kern auch ohne das direkte Gespräch („vis-a-vis") möglich ist, erfolgt nicht normativ – es gibt schlicht keinen verbindlichen Autor-Leser-Vertrag. Sie erfolgt performativ durch das wechselseitig akzeptierte Interpretationsspiel. In der direkten Unterhaltung tritt dieses Sich-Verstehen-Wollen deutlicher zu Tage, es ist eine der Grundbedingungen des geselligen Kulturwesens Mensch.

Ein Autor muss eine gewisse Portion Größenwahn mitbringen, wenn er tatsächlich glaubt, dass seine Gedanken für zumindest einen Leser so wichtig sind, dass dieser wertvolle Muße auf die Lektüre verwendet – und noch mehr Dankbarkeit und Demut im Gepäck haben, wenn der Text schließlich doch (vor-)gelesen wird. Manchmal ist es nur der Autor selbst, der zum Adressaten wird (wie bei Augustinus Bekenntnissen). Als Informationstechniker springt einen beim Nachdenken über Botschaften („messages") das Shannon'sche Sender-Kanal-Empfänger-Modell förmlich an, auch wenn Shannon ja gerade davor warnt, sein Modell auf die soziale Wirklichkeit mit ihren semantischen und pragmatischen Ebenen anzuwenden, wie wir einleitend gelesen haben.

Im Kontext dieser Arbeit ist die Intention entscheidend, wir können daher mit Rafael Capurro den Botschaftsbegriff präzisieren:

Eine Botschaft findet also dann und nur dann statt, wenn das Verhältnis zwischen Sender und Empfänger so ist, dass der Sender in der Absicht handelt, den Empfänger in seinem oder ihrem Handeln und/oder Denken mitzubestimmen. (Capurro 2001, 1. Abschnitt)

Rafael Capurro verwendet den Begriff „Angeletik" und stellt dabei die griechische *angelia,* die Botschaft zwischen Menschen in einer Gesellschaft, in den Vordergrund. Im Gegensatz zur himmlischen Verkündung durch einen Engel oder speziell berufene Menschen prägte die zwischenmenschliche Botschaftsverkündung das politische Leben in der Antike. Der kritische Dialog und das mäeutische Verfahren der Sophisten und Philosophen setzen im Kern auf den *lógos,* der nach einer dunklen Periode der Religiosität erst wieder in der Renaissance aufgenommen und in der Aufklärung sogar zum Leitmotiv wurde.

Das Speicher- und Verbreitungsmedium des *lógos* ist spätestens mit Gutenbergs Erfindung des Verlagswesens das Buch. Nach der spirituellen Manuskriptkultur der Mönche trat nun mit dem Buchdruck auch zum ersten Mal der Autor in den Vordergrund, ja überhaupt scheint dies eine Schreib-Epoche von autonomen Individuen auszulösen. Nicht nur Bücher, auch Briefe wurden geschrieben, wenn auch nur für eine neu entstandene Elite von Bürgern, denn die Rezeption von gedruckten oder geschriebenen Botschaften setzt eine informationstechnische Kompetenz voraus: Literalität.

Erasmus von Rotterdam schrieb seine inhaltlich brillanten und humorsprühenden Briefe auf Griechisch oder Latein, demgegenüber veröffentlicht Martin Luther „Gottes Wort" auf (derbem) Deutsch. Beide, der Humanist und der Reformationist, begründeten durch ihre Botschaften neue angeletische Öffentlichkeiten. Der Historiker Peter Dürmüller schrieb über diese neue Brieföffentlichkeit noch als Student:

Der humanistische Brief war kein privates, sondern ein öffentliches Medium, das sich als privat inszenierte. [...] Die Öffentlichkeit ist dem humanistischen Brief eingeschrieben, weil er nie Themen berührt, die nicht gesellschaftsverträglich wären und niemals nur einen Inhalt hat, der nicht von öffentlichem Interesse wäre. Der humanistische Brief ist von vornherein für die Veröffentlichung geschrieben; im Wissen darum, dass der Brief nach der Niederschrift durch viele Hände gereicht wird. (Dürmüller 3. Dezember 2009)

Der Bildungsauftrag der Humanisten an eine aufzuklärende Öffentlichkeit ist stets präsent, was vielleicht am deutlichsten in Philipp Melanchtons Briefwechseln zu sehen ist. In knapp zehntausend Briefen äußert er sich zu den aktuellen Ereignissen der Reformation und zu möglichen Bildungsreformen

und neuen didaktischen Methoden.[3] Der von Capurro angesprochene Übergang einer vertikalen zu einer horizontalen
Botschaftsstruktur zeigt sich in der Anrede des Briefes, ein
vertrautes „Du" liest auch der vermeintlich nur versehent-
lich angesprochene Dritte. Keine höhere Macht bestimmt
die Inhalte; die autonom handelnden Subjekte der Neuzeit betreiben den freien Austausch von Meinungen, die
im öffentlichen Interesse liegen. Die freie Zirkulation der
(öffentlichen) Meinung entwickelt sich immer stärker zu
einem Menschenrecht.

Im Grundgesetz der Bundesrepublik Deutschland ist im
Artikel zur freien Zirkulation der kodifizierten Meinung
im letzten Absatz die Wissenschaft erwähnt. Im Geist des
Gesetzes soll damit der Zensur oder einem anderen verfas-
sungswidrigen Eingriff vorgebeugt werden, die Platzierung
in der Nähe der Meinungsfreiheit und der Hinweis auf die
öffentlichen Quellen könnte man freilich auch als Auftrag
verstehen: Die Öffentlichkeit wissenschaftlicher Arbeit ist
Adressat, Geldgeber und schlussendlich auch die Legitima-
tionsbasis der freien Wissenschaft. Wissenschaft im modernen Sinn findet in der und für die Öffentlichkeit statt, auf
dem Boulevard – und eben nicht nur für die dem inneren
Bereich Zugehörigen im Elfenbeinturm (Esoterik).

4.4 Technik und politische Bildung

„La città del Sole" ist ein um 1602 verfasstes Werk von
Tommaso Campanella, in dem er den Aufbau einer idea-
len Gesellschaft beschreibt. Es verwundert nicht, dass er als
Dominikaner ausgerechnet die Priesterkaste festlegen lässt,
worin das Ideal dieses Stadtstaates besteht. Die Stadt selbst

---

[3] Die HAW-Forschungsstelle Melanchthon-Briefwechsel der Uni Heidelberg stellt
eine komfortable Volltextsuche in den Digitalisaten bereit unter http://www.haw.
uniheidelberg.de/forschung/forschungsstellen/melanchthon/projekt.de.html.

liegt schon klimatisch ideal an einem Hang, nicht zu warm oder kalt und stets von einer frischen Brise umweht, ein wahrer *locus amoenus*. Mehrere konzentrisch um den Tempel herum angeordnete Mauern sichern die Stadt vor Feinden, sie besitzen jedoch noch eine andere Funktion: Auf den Mauern ist das gesamte Wissen der Welt abgebildet. Jeder Bürger ist gleichberechtigt (unter den priesterlichen Herrschern versteht sich), allerdings dürfen Frauen nur in militärischen Dingen geschult werden und nicht in wissenschaftlichen. Der „Genuese" berichtet also seinem wissbegierigen Zuhörer über die Verfassung des Sonnenstaates:

Der oberste Fürst bei ihnen ist ein Priester, den sie in ihrer Sprache Sol (Sonne) nennen; wir würden ihn in unserer Sprache Metaphysikus nennen. Er ist der höchste Machthaber in geistlichen und weltlichen Dingen; alle Angelegenheiten und Streitigkeiten werden durch sein Urtheil entschieden. [...] Ihm stehen drei andere Häupter gleichberechtigt zur Seite: Pon, Sin und Mor, in unserer Sprache, Macht, Weisheit und Liebe.

Dem „Macht" liegen die Interessen des Krieges und Friedens ob, so alle militärischen Angelegenheiten; darin ist er unbedingter Herr, doch nicht über dem Sol. Er hat die Oberaufsicht über die militärischen Behörden, über das Heer, über die Kriegsvorräthe, die Befestigungen, die Belagerungen, die Kriegsmaschinen und über alle dahin einschlägigen Dinge.

Dem „Weisheit" unterstehen die freien und die mechanischen Künste und die Wissenschaften, die betreffenden Behörden und die Unterrichtsanstalten. Es gibt einen Beamten, der Astrolog heißt, desgleichen einen Kosmographen, einen Geometer, einen Historiographen, einen Dichter, Logiker, Rhetor, Grammatiker, Arzt, Physiker, Politiker, Moralisten.

Sie haben nur ein einziges Buch, das sie „Weisheit" nennen, ein Compendium aller Wissenschaften, die mit wunderbarer Leichtigkeit zusammengefaßt sind. Dieses lesen sie dem Volke nach der Weise der Pythagoräer vor. (Campanella 2001, 9. Abschnitt)

Über dieses klassische pädagogische Mittel der Vorlesung hinaus gibt es ein öffentliches Wissen in den sieben Mauern der Stadt. Auf der Innenseite der Mauer des ersten Kreises sind beispielsweise „alle mathematischen Zeichen und Zahlen abgebildet, in bei weitem größerer Anzahl als Archimedes und Euklid deren entdeckt haben; sie sind in einem bestimmten Größenverhältniß zur Mauer angebracht und ein erklärendes Verschen ist beigegeben, das eine Definition enthält". Auf der Außenseite findet sich die „Beschreibung der ganzen Erde", inklusive der Gesetze eines jeden Volkes nebst ihrem Alphabet. Für den Techniker interessant ist natürlich der 11. Abschnitt, wo „alles die mechanischen Künste Betreffende gemalt und die zu ihrer Ausübung benöthigten Werkzeuge […] nach ihrer Wichtigkeit geordnet" dargestellt sind. Die Schüler lernen so „ohne Mühe und fast spielend alle Wissenschaften auf rein geschichtlichem Wege noch vor ihrem zehnten Jahre" (Campanella 2001, Zitate aus dem 9.–12. Abschnitt).

Bei Campanellas Sonnenstaat handelt es sich um eine Utopie, die ja nicht als Bauanleitung für eine bessere Gesellschaft gedacht ist, sondern ein paar grundsätzliche Gedanken anstoßen soll. Man kann sicher darüber streiten, ob das Wissen der Welt tatsächlich auf Wände der sieben Mauern passt. In meiner Kindheit passte es zumindest nicht in die 24 Bände des Brockhauses, dort stand nur eine kleine Auswahl des Weltwissens. Und heute? Können wir Wikipedia als Weltenzyklopädie bezeichnen? Ganz allgemein gesprochen: Was kann man mit Hilfe digitaler Medien lernen und erfahren, und was nicht?

Zur Bildung im Jahre 18 n. W. (nach Wikipedia) gehört auch die Vermittlung dessen, was in Förderprogrammen mit „Medienkompetenz" beschrieben wird. Wie an anderer

Stelle ausgeführt wurde, kann der Einsatz von Computern zur Förderung der Bildung von Grundschulkindern beitragen, besonders, wenn er nicht als Konsum-, sondern als Kreativitätsmaschine verwendet wird (Klumpp 2009). Alan Kay und Seymour Papert, um zwei Pioniere der computergestützten Bildung zu nennen, verfolgen den konstruktivistischen Lernansatz „Learning by Making", in Abgrenzung zur reinen Ausbildung „Learning by Doing". Medienkompetenz sollte nicht darauf beschränkt werden, das Universalmedium Computer mit den Standard-*Office*-Programmen bedienen zu können, zumal heutzutage ein grundlegendes Verständnis von Technik für die Teilhabe am gesellschaftlichen Leben vorhanden sein muss. „Enlighten by Making" könnte in diesem Sinne das konstruktivistische Motto eines *homo faber politicus* lauten. In Abwandlung der berühmten Antwort könnte man auf die erneute Frage, was denn „Aufklärung" eigentlich sei, formulieren:

Aufklärung ist der selbst geschaffene und tatsächlich wahrgenommene Ausgang aus einer selbst verschuldeten, technisch bedingten Unmündigkeit.

Der Satz richtet sich in moralischer Hinsicht an die Techniker, die gewollt oder aus Faulheit eine digitale Unmündigkeit begünstigt haben, an die Architekten der informations- und kommunikationstechnischen Systeme, die mit allen menschlichen Tätigkeiten inzwischen untrennbar verbunden sind. Wie konnten sie – wir – es zulassen, dass sich der vernetzte Universalcomputer, dieses Aufklärungswerkzeug *par excellence* von einem Produktions- in ein Konsumgerät entwickelte? Gleichzeitig kritisieren sie – wir –, dass sich der typische zeitgenössische Nutzer ohnehin mehr für das „K" in „IuK-Technik" interessiert. Zum „Informieren" gehört auch das „In-Form-Bringen-Können", also sollte es sie – uns – nicht verwundern, wenn die jüngste Generation der

IuK-Nutzer vornehmlich zur Kommunikation bestimmte Geräte und Dienste für die Informationsverarbeitung nutzt.

Diese Nutzung erzeugt Daten, die Begehrlichkeiten wecken. Die „Erste Generation" der Datenschützerinnen und Datenschützer, also die Generation, die das Recht auf informationelle Selbstbestimmung so hart erkämpft hatte und die ihr folgende Generation, die sich im und mit dem Internet neue Kulturtechniken und Umgangsformen im Digitalen beibrachte, schauen beide auf die sorglose „Dritte Generation" der nach der Einführung des *world wide web* Geborenen. Doch was ist schlecht an der Sorgenfreiheit? Die so genannten „digital natives" sind nicht so „digital-naiv", was ihre Datenspuren und den Umgang mit persönlichen Daten betrifft, sie haben, wenn überhaupt, höchstens ein naives Menschenbild.

Das Narrativ der Millenials, die selbst Schuld an der Datenausbeute sein sollen, ist falsch und dreht auf infame Weise die Schuldfrage um. Nicht die Generation Snapchat ist schuld, dass Datenspuren entstehen und diese zur Profilbildung genutzt werden, die Schuldigen sind die beiden Vorgänger-Generationen. Sie sind es, die Personal und Geld für die Totalüberwachung bereitstellen und sie sind es auch, die für die Sicherheits- und Datenschutzlücken der achtlos entworfenen Systeme verantwortlich sind.

So albern und fremd uns die selbstentblößenden „Selfies" oder die Fotos von gefüllten Tellern vorkommen mögen, vielleicht bewirkt gerade dieser sorglose Umgang mit intimen und angeblich belanglosen Daten ein Umdenken. Vielleicht erwächst daraus sogar eine Chance, die Totalüberwachung gesellschaftlich in Frage zu stellen, wie Wolfgang Coy hofft:

> Die vormals äußerliche technisierte Überwachung ist auf dem besten Weg, zur verinnerlichten, zugleich aber veröffentlichten Selbstüberwachung zu werden – eine aktualisierte

> Technik des Selbst, um mit Foucault zu sprechen. Diese Ver-
> innerlichung [...] mag aber auch ein Moment der Befreiung
> in sich tragen. Was verinnerlicht wurde, erlaubt die Nach-
> frage nach den äußeren Zwängen. Deren brüchige Rechtfer-
> tigung wird so wieder diskutierbar. (Coy 2008, S. 52)

Die ersten Computerpioniere gingen sehr sorglos mit ihren
Daten um, weil sie wussten, dass die Systemadministratoren
und andere Personen mit *root shell* ebenfalls Hacker, Hip-
pies oder andere Idealisten waren. Die Gestalter des Internets übernahmen diese Sorglosigkeit und institutionalisier-
ten sie, man denke nur an die E-Mail-Protokolle POP und
SMTP. Sie alle rechneten nicht mit der Gier der Konquista-
doren dieses neu geschaffenen „El Dato Dorado", wurden
eines Besseren belehrt (oder selbst zu Datenhehlern) und
wollen diese Erfahrung nun den „digital na(t)ives" erspa-
ren. Der Diskurs über den Stellenwert des Digitalen für das
Gemeinwesen wird glücklicherweise breit geführt, die dabei
entstehenden Forderungen finden nach und nach Einzug in
nationales Recht. Das Grundrecht auf Gewährleistung der
Vertraulichkeit und Integrität informationstechnischer Systeme beispielsweise ist sehr weitsichtig formuliert, nur fehlt
es der momentan an der Macht befindlichen Generation
der Mut, es auch durchzusetzen. Der Tatendrang der jüngsten Generation hingegen ist noch ungebremst. Sie besitzt
eine Freude am Handeln und kämpft für Informationsfrei-
heit und den unbegrenzten Zugang zu allem, was ihr zeigen
kann, wie diese Welt funktioniert: Informationelle Bildung
ist *die* „res publica" der modernen Demokratie.

4.5 Technik und Demokratie

Die Überschrift ist nicht sonderlich mutig gewählt, „Demokratie trotz Technik" oder auch andersherum „Technik

trotz Demokratie" würden sicher mehr Leserinnen und Leser ansprechen. Technik und Demokratie stehen in einem Spannungsverhältnis. Sie wissen, dass Technik sowohl zur Förderung wie auch zur Unterminierung der Demokratie beitragen kann. Doch auch umgekehrt lässt sich feststellen, dass sich bestimmte informationstechnische Artefakte und weltumspannende Systeme gar nicht erst entwickelt hätten, wenn alles nach demokratischen Prinzipien hätte konstruiert werden müssen. Der Informatikpionierin Grace Hopper wird der Satz zugeschrieben, dass es einfacher sei, hinterher um Verzeihung zu bitten, anstatt vorher um Erlaubnis zu fragen. Die Befragungen von Mark Zuckerberg vor dem US-Kongress im April 2018 belegen die Richtigkeit dieser Aussage. Das von Facebook bis 2014 vertretene Motto „Move fast and break things" ist die disruptive Fortsetzung dieser ingenieurstechnischen Denkweise.[4]

Eine Demokratie scheint nun das genaue Gegenteil zu sein. Sie bewegt sich langsam, um möglichst wenig zu zerbrechen. Allerdings bewegt sie sich selbst dann langsam, wenn schnelles Handeln massive Grundrechtsverletzungen verhindern würden. Es benötigt dann gewaltige Anstrengungen, um dieses schwere Schiff zu lenken. Am Beispiel der Datenschutzgrundverordnung lässt sich das wunderbar zeigen. Für juristische und technische Laien sei hier auf den Film „Democracy – Im Rausch der Daten" verwiesen, der den demokratischen Prozess der Entstehung der Datenschutzgrundverordnung DSGVO porträtiert und nebenbei schöne Einblicke in die Funktionsweise des europäischen Parlaments liefert.

---

[4]An dieser Stelle muss ich mich bei Grace Hopper entschuldigen; ich hatte lange überlegt, ob ich die Informatikpionierin wirklich in die Nähe eines Datenhändlers setzen soll. Hopper hatte stets die digitale Mündigkeit im Blick, wie ein Blick in ihre Vorlesungen zeigt – Zuckerberg verdient sein Geld gerade mit der digitalen Unmündigkeit seiner Opfer.

Nicht nur diese Langsamkeit der Demokratie erregt Missmut, das gesamte Konzept der Demokratie ist schon seit der Antike ein suspektes Konzept; Cicero beispielsweise folgert aus der faktischen ungerechten Verteilung von Besitz, Wissen und Fähigkeiten unter den Menschen in einem Volk, dass eine Demokratie nur eine Scheindemokratie sein kann, in der Zwietracht und Missgunst herrschen. Und selbst wenn lautere Motive unterstellt werden, so ist die Demokratie nicht vor dem „Irrtum der Masse" gefeit (Cicero 2001, S. 151).

Die mutige Schlussfolgerungen aus seinen Gedanken deutet er freilich nur am Rande an: gleiches Recht für alle, gerecht verteilter Besitz, Schulung des Geistes und der Urteilskraft (würden wir heute mit Kant ergänzen)! Übrigens hielten sich auch damals in der Antike schon die klugen Köpfe nicht an ihre klugen Empfehlungen. Das Festhalten an der eigenen Macht bekam den Optimaten unter Sulla bekanntlich nicht gut, das Ende der Optimatenherrschaft bedeutete das Ende der *res publica*. Diese Forderungen sind also sehr alt und wirken angesichts des technischen Fortschritts erst recht antiquiert. Gibt es keine *App*, die uns in der neuen Ära der gesellschaftlichen Beziehungen hilft?

Wie oben schon erwähnt, war die Technik bis zur Neuzeit eigentlich unsichtbar. Auch heutzutage wird Technik erst dann sichtbar, wenn sie nicht recht funktioniert. Der Mensch bringt technische Artefakte und soziotechnische Systeme hervor, die ihm dann zur zweiten Natur werden, der er sich liebend gern unterwirft.

Dampf und Elektrizität haben die Bedingungen, unter denen Menschen sich miteinander verbinden, mehr verändert als alle Kräfte, welche die menschlichen Beziehungen vor unserer Zeit [1927] beeinflußt haben. Da gibt es jene, welche die Schuld für all die Übel unseres Lebens dem Dampf, der Elektrizität und den Maschinen zuschieben. Es ist immer bequem, sowohl einen Teufel als auch einen Erlöser zu haben, um die Verantwortungen der Menschheit zu tragen. In Wirklichkeit kommt das Unheil eher von den Ideen und dem Mangel an Ideen, in Zusammenhang mit denen die technologischen Faktoren wirken. Geistige und moralische Überzeugungen und Ideale verändern sich langsamer als äußere Bedingungen. (Dewey 2001, S. 123)

Die von Dewey angesprochenen Überzeugungen und Ideale werden intergenerationell sowohl tradiert wie auch in Frage gestellt. Dabei bildet sich ein Kanon bildungsrelevanter Themen, die nach und nach („langsamer als äußere Bedingungen") auch in den Lehrplan Einzug finden. Politische Bildung ist nicht länger einer Elite vorbehalten, sondern Teil der allgemeinen Schulbildung in modernen Demokratien. Sie ist eine zentrale Voraussetzung für den Fortbestand eines jeden Verfassungsstaates, wie schon Aristoteles im fünften Buch seiner „Politik" ausführt:

Das Wichtigste aber für den dauernden Bestand der Staatsform, wichtiger als alles bis jetzt Angeführte, was gleichwohl gegenwärtig überall vernachlässigt wird, ist eine der Verfassung angemessene *Erziehung*. Die heilsamsten Gesetze, hervorgegangen aus einmütiger Entschließung aller Staatsbürger, fruchten nichts, solange nicht Sorge getragen wird, daß die einzelnen sich in sie hineinleben und im Geist der Verfassung erzogen werden, [also] demokratisch erzogen werden, wenn die Gesetze demokratisch [...] sind. (Aristoteles 1995, 1310a, S. 194)

Doch wie so vieles, was in der Schule gelehrt wird, scheint auch für die politische Bildung zu gelten: „non vitae sed scholae discimus". Der Schüler mit den besten Noten würde sogar ergänzen: Nicht für das Leben, auch nicht für die Schule, sondern für den Lehrer lernen wir. Ein sachlich geführter Streit mit dem Lehrer für politische Bildung sollte als notwendige Bedingung für eine mit „sehr gut" bewertete Leistung in diesem Fach gelten und nicht Konformität. In einer Gruppe jedoch wird gruppenkonformes Verhalten belohnt und Störenfriede an den Rand gedrängt. Zu den Kennzeichen einer offenen Gesellschaft gehört, die Andersdenkenden und -handelnden zu integrieren, also offen zu sein für abweichlerisches Verhalten.

Doch genau das ist in unserer hochtechnisierten Welt der Hypernormalisation schlicht nicht vorgesehen.

4.6   Die Kosten der Bürgerschaft

Bürgerinnen und Bürger mussten schon immer über Besitz und Reichtum verfügen, um überhaupt als solche wahrgenommen zu werden. Wie eingangs erwähnt, galt für die Antike nur das als politisch, was frei von Zwängen war. Die Hungrigen, die Habenichtse, die Sklavinnen und Sklaven, sie alle waren außerhalb der Sphäre der Freiheit, also bestenfalls Objekt politischer Debatten, aber nie handelndes Subjekt. Mit Geld jedoch konnte sich das ändern: Frauen können sich davon falsche Bärte kaufen und an eigentlich Männern vorbehaltenen Versammlungen teilnehmen, wie sehr schön bei Aristophanes im Theaterstück „Frauen in der Volksversammlung" beschrieben ist.

Im Jahre 10 n. B. (nach Bitcoin) ist jedoch eine andere Währung wichtiger geworden als Gold und Edelsteine: Daten. Um eine vollwertige Bürgerin zu sein (engl. citizen), wird nun neben Geld und Status auch noch eine informationstechnische Dimension benötigt, der citizen wird zum „cytizen", die Bürgerin also zur „Cybürgerin".[5]

---

[5]Natürlich sind damit auch Bürger gemeint, aus Gründen der Lesbarkeit habe ich hier nur die weibliche Form gewählt.

Der Cyborg, also der kybernetische Organismus, ist uns aus der phantastischen Literatur bekannt. Dieses Wesen ist halb Mensch, halb Maschine, und in den Geschichten spielt der Punkt der Entscheidungsfreiheit eine große Rolle. Bei *Star Trek* beispielsweise sind die Borg jeglicher Individualität beraubt und handeln stets als Kollektiv, bei *Ghost in the Shell* fragen sich die Cyborgs immer wieder, ob ein Konzept wie „Seele" Bestand hat im technischen Zeitalter.

Die Cybürgerin ist nun ganz analog die kybernetische Bürgerin. Die Cybürgerin wird von den Betreibern großer Dienste und Medienkonzerne massiv konditioniert, sie nimmt sich in erster Linie als Konsumentin von Informationen wahr. Die Produktion von informationstechnischen Artefakten wird in die Hände von großen Organisationen gegeben, die Liebe zur Hervorbringung gilt als *geeky*. Nutzerinnen hantieren mit sterilisierten *Tablets* herum, dazu verurteilt, durch einen Spiegel nur rätselhafte Umrisse ihrer Umwelt zu sehen.

Die technische Unmündigkeit der meisten Nutzerinnen wird jedoch nicht als solche empfunden. Natürlich können auf einem *Tablet* auch Facebook-Posts oder Snapchat-Bildchen erstellt und verschickt werden – jedoch kann die Software, die das ermöglicht, nicht ohne Erlaubnis von Apple, Google und Co. programmiert werden. Auch hier geht es wieder um die Hoheit, diesmal um die Produktionshoheit, nicht um die faktische Produktion von Inhalten. Rein technisch sind die Barrieren so niedrig wie nie zuvor, die Hürden hingegen scheinen zuzunehmen. Betrachten wir als erstes Beispiel einmal die Übertragungskosten der Wissensweitergabe.

Technikerinnen und Techniker meinen mit Kosten nicht nur den ökonomischen Wert einer Sache, sondern auch den Aufwand. Eine Berechnung etwa „kostet" den Computer Speicher oder Rechenoperationen. Die Kosten der Übertragung von Gedanken steigen sehr hoch, wenn etwa

Gesprächspartner nicht über die gleiche Sprache verfügen oder wenn sich Gedanken nur schwer fassen lassen. Die Kosten steigen weiter, wenn zur Fixierung und danach zur Rezeption technische Mittel eingesetzt werden.

Nehmen wir als Beispiel für Übertragungskosten mal einen Text, dessen Genese zwar spannend, aber in diesem Kontext nicht wichtig ist. Die Bibel ist einer der meistkopierten Texte der Menschheitsgeschichte. Manche nennen Teile davon Tora, andere ordnen die Geschichten in Suren der Länge nach an – im Folgenden ist nur wichtig, dass es ein populärer Text ist. Es gab und gibt Menschen, denen es wichtig war und ist, dass der Text der Bibel von einem Träger zum anderen verlustfrei kopiert werden sollte, was technische Sorgfalt und bestimmte Produktionsbedingungen voraussetzte. Wenn etwa der Text in Altgriechisch vorlag, sollte der Kopist des Griechischen mächtig sein – oder besser eben nicht, damit er nicht in Versuchung kommt, etwas zu interpretieren? Was ist mit der Fehlerkorrektur? Unabhängig davon ist der zeitliche Aufwand erheblich: Ein Kopist im Mittelalter schaffte es gerade einmal, drei bis fünf Manuskriptseiten zu vervielfältigen, bevor es in seinem Scriptorium wieder dunkel wurde.

Mit der Erfindung des Buchdrucks (Abb. 4.1) – und vor allem später mit der Erfindung des Drucks mit beweglichen Typen – wurde der Kopiervorgang erheblich beschleunigt. Der Zeitaufwand dieser „Schwarzen Kunst" bestand nun darin, universell verwendbare Typen herzustellen und die zu druckende Seite zu setzen. Im Mittelalter kursierten Bibel-Exzerpte, die im simplen Holzdruckverfahren hergestellt und mit Bildern versehen waren, auf dem Boulevard verkauft wurden, preiswert und auf günstigem Papier hergestellt waren und daher auch Armenbibeln (biblia pauperum) genannt wurden. Das ist ein starker Hinweis auf die Kosten, die für ein Bibelmanuskript oder auch eine gedruckte

Gutenberg-Bibel aufzubringen waren. Die Pergament-Ausgabe der 42-zeiligen Gutenberg-Bibel benötigte für die hochwertige Pergamentart Vellum sicher um die 100 Kälber (wenn man die knapp 1300 Seiten auf Pergament-Quadratmeter umrechnet), das konnten sich nur wohlhabende Menschen leisten. Die Zahlen variieren von Quelle zu Quelle, was natürlich auch an den unterschiedlichen Größen eines Kalbes liegt. Wenn wir zeitgenössischen Abbildungen hinsichtlich geometrischer Darstellungen trauen können, konnte man im günstigsten Fall neun Bogen pro Tierhaut herstellen. Also stecken in einer Folio-Format-Bibel (30 × 40 cm, zwei Seiten pro Bogen) mindestens 72 Jungtiere. Die Kosten für eine Druckerpresse und die dazugehörige Logistik des Vertriebs sind ebenfalls nicht zu unterschätzen.

Marshall McLuhan nennt die Neuzeit „Gutenberg-Galaxis", er betont damit die Rolle des Buches als Leitmedium für die europäische Kultur. Es lässt sich schwer sagen, wie erfolgreich das Reformationsprojekt Martin Luthers ohne „sein" Medium Buch verlaufen wäre. Auf jeden Fall

Abb. 4.1 Die früheste Darstellung einer Druckerei in Europa: „Danse macabre", 1499/1500. Aus: Michael Giesecke, Der Buchdruck in der frühen Neuzeit. Frankfurt a. M. 1998, S. 70

wären ihm irgendwann die Kirchentüren ausgegangen. Auf der reinen Vertriebsebene betrachtet lässt sich jedoch zweifelsohne sagen, dass mechanische Vervielfältigung eines Werks höhere Auflagen ermöglicht, größere Reichweiten erzielt und insgesamt weit geringere Übertragungskosten aufweist. Nehmen wir als Gegensatz dazu einmal den Humanistischen Brief eines Erasmus von Rotterdam. Selbst wenn wir davon ausgehen, dass Erasmus nicht alle Briefe selbst geschrieben hat, so wäre der Aufwand, eine gewisse Zahl an Lesern in ganz Europa erreichen zu wollen, für den Autor geringer gewesen, wenn er die Dienste eines umtriebigen Verlegers wie Gutenberg in Anspruch genommen hätte.

Das Buch war das erste Massenmedium der Geschichte, ihm sollten Zeitung, Rundfunk und Fernsehen folgen. Mit dem Aufkommen der so genannten „neuen Medien" oder „digitalen Medien" spricht viel dafür, dass die Ära der Massenmedien als Leitmedien einer ganzen Kultur vorbei ist. Interessanterweise scheint sich die Idee des Buches als Distributionsmedium länger zu halten als die des Fernsehens mit seinen obsoleten Konzepten wie Sendeplatz und seinen obskuren Messmethoden wie Quote. A propos Fernsehen: Noch vor einigen Jahrzehnten war das (öffentlich-rechtliche) Fernsehen auch ein großer Produzent von Inhalten, nicht nur Distributor oder Infrastrukturbetreiber.

Zur Produktion von Inhalten gehört neben der kreativen Arbeit auch und gerade die Finanzierung. Die Art und Weise der Finanzierung von Inhalten hat sich im Laufe der Jahrhunderte mehrfach geändert, auch aktuell beobachten wir neue Formen wie *crowd funding,* die Produktion der Inhalte übernimmt also in gewisser Weise das Publikum selbst. An die Stelle der gesellschaftlichen Wichtigkeit (wenn wir den Selbstanspruch der BBC nehmen) tritt die Beliebtheit als Leitdifferenz, die über Existenz oder Nichtexistenz von Inhalten entscheidet. Für Daniel Bell ist dies eine logische Folge der post-industriellen Gesellschaft. Er schreibt, dass unsere Gesellschaft eine Verdienstgesellschaft sei, wir würden bestimmte Fähigkeiten und Fertigkeiten belohnen, die eine arbeitsteilige Gesellschaft für sinnvoll erachtet (Bell 1973, S. 409).

Und auch wenn die Kosten der Produktion und Distribution in monetärer Hinsicht geringer geworden sind, bleiben bestimmte undemokratische Elemente auch in der medientechnisierten Gesellschaft bestehen, zu den armen und unmündigen Bürgern gesellen sich die nicht-funktionierenden, nicht-erfassbaren *sans e-papiers*.

4.7   Technik und Teilhabe

Betrachten wir zunächst einmal die technische Mündigkeit bzw. Unmündigkeit des Cybürgers in der Telepolis. Die Telepolis soll das Ideal einer informierten Gesellschaft bezeichnen, ein idealer Ort, um politische Entscheidungen treffen zu können, die von allen getragen werden und vor allem von allen getragen werden können. Über den Vorgang des Informierens muss noch zu sprechen sein, denn auch das ist ja schneller geschrieben als verstanden. Vielleicht erinnern Sie sich an die ersten Seiten des Romans „Per Anhalter durch die Galaxis", wo beschrieben wird, wie die Erde einer Weltraumumgehungsstraße Platz machen soll. Auf die Entrüstung der Erdenbewohner antworten die Bauarbeiter, dass die Pläne dazu doch seit Jahrzehnten zur Einsicht und Widerspruch fordernd auslagen. Freilich nicht auf diesem Planeten, was die faktische Umsetzung der theoretischen Widerspruchsfrist unmöglich macht.

Die offen einsehbare Information selbst reicht also für den Vorgang des Informierens nicht aus, wir benötigen „Reiseleiter" zu den Orten der offen sichtbaren Information. Ich möchte für diese Reiseleiter den Begriff „Publikaner" verwenden, allerdings in einem aktualisierten Sinne.

Die Publikaner der alten Römer waren nicht hoch angesehen; zum einen, weil sie unbeliebte Staatsaufgaben (wie die Steuereintreibung) übernahmen, zum anderen, weil sie die Aufgaben nicht zur vollsten Zufriedenheit der Auftraggeber ausführten. (Dies kann man heute noch in so genannten *public-private-partnership*-Projekten beobachten.) Im 18. Jahrhundert wandelte sich in England der Begriff des *publicans*, er wurde nun für die Betreiber der öffentlichen Häuser, der *public houses,* kurz: *pubs* verwendet. Ein Publikaner diente der Öffentlichkeit, indem er ihr Getränke ausschenkte und ein trockenes Plätzchen bot.

Die neuen Publikaner des Boulevard Digital sind die Betreiber von Internetdiensten für die allgemeine Bevölkerung, allen voran Facebook, das von kritischen Informatikern gern als „Fotoalben-Bereitsteller mit Datenhandel" bezeichnet wird. Was in der stofflichen Welt der Alkohol ist, ist in der virtuellen der leicht konsumierbare und die Sinne benebelnde *content,* das trockene Plätzchen ist die *filter bubble* des Nutzers, ein virtueller Raum, in der Umweltereignisse nur abgebildet werden, soweit Heuristiken und Algorithmen dies zulassen.

Es wird oft ironisch eingeworfen, dass Facebook speziell und das Internet im Allgemeinen nur zur Verbreitung von Pornographie, Katzenbildern und sinnentleerter Kurznachrichten diene. Besonders politisch Engagierte ärgern sich über die Lethargie ihrer Mit-User in den geselligen Netzwerken *(social networks).* Der Ärger, aber auch die Belustigung rührt wohl auch daher, dass mit der wachsenden Popularität des allgemein zugänglichen Internets auch das immense Potential zur Politisierung ganzer Horden von Nutzern gesehen wird. Das *World Wide Web* schien das fehlende Puzzlestück auf dem Weg in ein aufgeklärtes Informationszeitalter der vereinigten Weltbürger zu sein. Die 1990er-Jahre waren geprägt von gesellschaftlichen Umbrüchen: der Eiserne Vorhang fiel, aus zwei getrennten Ländern mit deutschsprachiger Bevölkerung wurde eine vereinigte Bundesrepublik; in Chile endete die grausame Militärdiktatur, ebenso in Polen. Ehemalige Feinde wurden zu Freunden, ehemalige Verbündete (wie der Irak) zu Angriffszielen.

In diesem Umbruch musste allein der Name „World Wide Web", weltweites Netzwerk, verlockend erscheinen. Ist die Informationsgesellschaft gar eine transnationale? Dem Kyniker Diogenes wird zugeschrieben, dass er als erster Mensch auf die Frage, woher er eigentlich stamme, antwortete: „Ich bin ein Weltbürger [*kosmopolitês*]". (Laertius 1925, Buch VI, 63. Originaltext auf S. 64, die Übersetzung von Hicks auf S. 65).

Für die Philosophen der Aufklärung, allen voran Immanuel Kant, ist das Weltbürgertum ein von der Menschheit anzustrebendes Ziel auf dem Weg zum ewigen Frieden. Freizügigkeit, Freiheit des Handels und Hospitalität sind die grundlegenden Kennzeichen des Weltbürgertums. Doch während Kant die Staaten per Reformen auf den Weg zur Weiterentwicklung der Menschheit schicken möchte, wollen transnationale politische Aktivisten nicht so lange warten. Sie beschreiten den Weg gemeinsam und stellen sich unter das Banner einer gemeinsamen Idee, die sie untereinander und der Welt vermitteln. Nicht die Staaten – die Zivilgesellschaft scheint sich zur treibenden Kraft auf dem Weg zum Weltbürgertum zu entwickeln. Die Telepolis ist für einen Teil der Menschheit längst Wirklichkeit, allerdings ist ihre Existenz prekärer als erhofft, erfordert es doch zeitlichen und materiellen Aufwand, sie zu gestalten.

An erster und oberster Stelle scheint die Programmierung von informationstechnischen Systemen zu treten, große zivilgesellschaftliche Institutionen wie die Gesellschaft für Informatik fordern daher seit Langem, in Schulen ein Pflichtfach Informatik einzuführen. Kann es wirklich so einfach sein? Schon vor über dreihundert Jahren freute sich der Universalgelehrte Gottfried Leibniz über die Allgegenwart von

Bits und Bytes. Das Bildnis der Schöpfung ist binär, man kann Alles (die Eins, 1) aus Nichts (die Null, 0) erschaffen. Nicht nur an den offensichtlichen Stellen des alltäglichen Lebens, sondern auch in den grundsätzlichen politischen Denkweisen erkennt er unverkennbar einen deterministischen Zug. Das ist in bestimmten politischen Zusammenhängen fatal für die Freiheit, etwa bei ergebnisoffenen Diskussionen. In der effizienten Welt der globalen Technokratie scheint das Ergebnis berechenbar zu sein, bei bestimmter Eingabe erfolgt eine bestimmte Ausgabe.

Die Telepolis darf nicht als ein Ort der totalen und totalitären Berechenbarkeit verstanden werden, sie ist keine Politikmaschine. Das *bon mot,* der Jurist liebe nichts so sehr wie den Sachverhalt, die Zukunft sei jedoch kein solcher, lässt uns nur deshalb schmunzeln, weil wir an die Unbestimmtheit oder überhaupt an die Zukunft glauben. Eine in der Theorie beschriebene Maschine jedoch läuft außerhalb der vom Menschen erfassbaren Zeit, wenn man überhaupt von einem Lauf sprechen kann.

Die Gesellschaft wurde schleichend informatisiert, allerdings in einem passiven Sinne. Gesellschaftliche Aufgaben, wie die Mandatsbestimmung durch Wahlen, sind längst Gegenstand der Forschung innerhalb der informations- und kommunikationstechnischen Studiengänge geworden. Es herrscht der Glaube, dass alles berechenbar, alles algorithmisierbar sei. Dabei bewies Alan Turing bereits 1936, dass nicht algorithmisch entschieden werden kann, ob ein Computerprogramm nach getätigter Eingabe mit der Berechnung irgendwann fertig wird, also zu einem Endergebnis kommt. Dieses fundamentale Prinzip der theoretischen Informatik wird von Programmierern und vor allem deren Auftraggebern regelmäßig ignoriert, als sei es dadurch nicht mehr vorhanden. Ob Staatstrojaner oder Wahlcomputer: Es kann nicht entschieden werden, ob bestimmte Berechnungen von der Software *nicht* vorgenommen werden. Das Vorhandensein von Funktionen einer Software kann in endlicher Zeit festgestellt werden – ihre Abwesenheit nicht. „Bluescreens" nach Absturz des Betriebssystems, Schach spielende Wahlcomputer oder per Staatstrojaner ferngesteuerte Rechner sind eindrucksvolle Belege aus der Praxis für das von Turing formulierte theoretische Problem.

Caesar steht nicht über der Grammatik, Gesetzgeber nicht über der Mathematik. Dieser Allgemeinplatz scheint angesichts der Debatte über die Sicherheit von De-Mail in Vergessenheit geraten zu sein, wird doch dort die Sicherheit einfach postuliert. Der akkreditierte Diensteanbieter hat durch technische Mittel sicherzustellen, dass die angebotenen De-Mail-Dienste „einen sicheren, vertraulichen und nachweisbaren Geschäftsverkehr für jedermann im Internet" darstellen, wie es im De-Mail-Gesetz vom 28. April 2011 heißt. Worin die technischen Mittel bestehen sollen, wird nicht näher benannt. Wie denn auch, jeder moderne Computer, und dazu zählt natürlich auch trotz irreführendem Namen das Smartphone, besitzt die Fähigkeiten einer universellen Turing-Maschine. Eine Einschränkung dieser Universalität kann technisch-logisch nicht vorgenommen werden, ohne den Computer funktionsunfähig zu machen. Die Tatsache, dass es dennoch versucht wird, lässt tief blicken und zeugt sowohl von technischer Ignoranz als auch von allmachtsphantastischer Arroganz. Ob diese Erkenntnis sich durchsetzen wird, kann leider nicht in endlicher Zeit entschieden werden.

4.8 Digital Commons: Boulevard für Alle

Die Idee einer Allmende ist einleuchtend: Eine Gruppe von Dorfbewohnern verpflichtet sich, ein gemeinsames Feld zu bestellen oder ein Stück Wald gemeinsam zu erhalten, damit genügend Holz zur Verfügung steht et cetera. Der Begriff wurde im Mittelalter geprägt, aber das Prinzip ist so alt wie die Kulturtechnik Ackerbau. Die Allmende (engl. *commons*) wurde von den Bauern *(commoners)* durchaus respektiert, was man von den Herrschern des 16. Jahrhunderts nicht behaupten kann: Der Allmende-Raub, also die Enteignung von Weideflächen und Jagdgründen, die Abschaffung von Holzschlag- und Fischereirechten, gilt als eine der Ursachen für den Bauernkrieg.

> Der erste, der ein Stück Land eingezäunt hatte und es sich einfallen ließ zu sagen: dies ist mein und der Leute fand, die einfältig genug waren, ihm zu glauben, war der wahre Gründer der bürgerlichen Gesellschaft [société civile]. Wie viele Verbrechen, Kriege, Morde, wie viel Not und Elend und wie viele Schrecken hätte derjenige dem Menschengeschlecht erspart, der die Pfähle herausgerissen oder den Graben zugeschüttet und seinen Mitmenschen zugerufen hätte: „Hütet euch, auf diesen Betrüger zu hören; ihr seid verloren, wenn ihr vergeßt, daß die Früchte allen gehören und die Erde niemandem." (Rousseau 1755, S. 173)

Der flammende Appell Rousseaus im Zweiten Diskurs von 1750 richtet sich natürlich gegen das feudale Kontinental-Europa und seinen Umgang mit Landbesitz. Damit hat er auch den dort typischen Subsistenz-Landwirtschaftsbetrieb vor Augen. Auf der anderen Seite des Kanals jedoch hört niemand auf den warnenden Ruf, vielleicht auch, weil die einsetzende landwirtschaftliche Revolution derartige Ernte-Überschüsse beschert, dass es keine Rolle spielt, wem das Land schlussendlich gehört. In England nahm der Einfluss der *commoner* bis zum 17. Jahrhundert weitgehend ab, der der Großgrundbesitzer *(Gentry)* hingegen zu. Die Allmende-Rechte wurden im Zuge der *enclosure movements* schließlich ganz abgeschafft, unter anderem auch um den Rotationsplan der Felderwirtschaft umsetzen zu können.

Nun sag, wie hast du's mit der Allmende? Die ideale Allmende verbindet zwei Kernbereiche der Lebensgestaltung, zum einen die Versorgung mit dem Lebensnotwendigen, zum anderen stellt sie auch die Teilhabe am Zusammenleben in den Vordergrund. Die Allmende verbindet, mit Brecht gesprochen, das Fressen *und* die Moral.

Elinor Ostrom, bislang einziger weibliche Preisträger des Alfred-Nobel-Gedächtnispreises für Wirtschaftswissenschaften, widerlegte in ihrem Hauptwerk „Governing the Commons" das eingängige Narrativ von einer „Tragik der Allmende". Der Begriff des englischen Ökonoms William Lloyd ist Ende der 1960er-Jahre durch Gerret Hardin wieder in Mode gekommen und bezeichnet hauptsächlich den Raubbau an der Natur durch die Handlungen von eigennützigen Individuen. Lloyd argumentiert beinahe schon spieletheoretisch *(avant le mot)*, wenn er schreibt, dass Menschen aus reiner Risikovermeidung heraus sehr egoistisch handeln und stets nur die Gegenwart im Blick haben und somit zu einer nachhaltigen Wirtschaft gar nicht im Stande sind als Individuen (Lloyd 1833, S. 20).

An anderer Stelle führt er aus, dass bei n beteiligten Mitgliedern der Allmende-Gemeinschaft zwar nur ein Anteil von $\frac{1}{n}$ an der Gesamtarbeit von jedem Einzelnen verlangt wird, dass dieser aber eben auch nur $\frac{1}{n}$ des gemeinsam erwirtschafteten Gutes bekommt. Lloyd dreht das clever um, wenn er formuliert, dass dies im Umkehrschluss bedeutet, dass man durch Nichtstun lediglich einen Schaden von $\frac{1}{n}$ des Gesamtwertes in Kauf nehmen muss.

Ostrom lässt das Argument nicht gelten, da es von isolierten Individuen ausgeht, die sich nicht absprechen oder gegenseitig auf die Finger schauen. Doch genau das geschehe doch in Gemeinschaften, es würden Absprachen zur Selbstverpflichtung getroffen.

Allmendegüter in diesem Sinn verwendet sind Güter, die so zugänglich sind, dass eine Einschränkung des Zugangs nicht oder nur mit großem Aufwand möglich ist und zudem Güter, die einen Bestand haben, der weniger wird, je mehr Leute ihn nutzen. Die Hochseefischerei wäre ein solches Beispiel. Dann gibt es öffentliche Güter, die zugänglich sind, aber von allen gleichzeitig verwendet werden können, wie etwa Deiche oder der öffentlich-rechtliche Rundfunk.

Und wie sieht es mit immateriellen Gütern aus? Sie werden zwar nicht weniger, wenn man sie teilt, der Zugang zu Informationen kann jedoch sehr gut technisch geregelt werden – und genau das geschieht auch. Die interessantesten immateriellen Güter sind so genannte Club-Güter, also Güter, die nur an bestimmte Club-Mitglieder weitergegeben werden.

Wissen und Information sollten in einer Gesellschaft, die sich manchmal Informations- und manchmal Wissensgesellschaft nennt, eigentlich öffentliche Güter sein. Zugegeben, das sage ich als Wissenschaftler, denn ich habe verinnerlicht, was bereits seit Jahrhunderten für unsere Profession gilt: Wir sind gleichsam Zwerge, die auf den Schultern von Riesen Entfernteres als diese sehen können.

Nicht jedem Zwerg ist es möglich, die Schulter zu erklimmen. Zunächst muss er schließlich von der Existenz eines oder mehrerer Riesen wissen. Man könnte sich ein Verzeichnis vorstellen, ein Gelbe-Seiten-Buch für Riesen mit Schultervakanz. Solche Kataloge gibt es seit der Erfindung des Buchdrucks; einerseits waren Verleger wie Garamond daran interessiert, möglichst viele Käufer zu gewinnen, andererseits war die Kirche in großer Sorge um die schädlichen Auswirkungen durch das Lesen von „verbotenen Büchern". Dies zeigt sich gut bei der Entwicklung des europäischen Urheberrechts und seinem französischen Vorläufer, dem *droit d'auteur*.

In elitärer Einigkeit verteilten Könige und Kirchen im Europa des 16. Jahrhunderts Druckprivilegien, um eine gewisse Kontrolle über die zirkulierenden Schriften zu wahren. Die verschiedenen Interessen von Autor, Verleger, Leser, Kirche und Staat führen zu den unterschiedlichen Sichtweisen auf die Rechte des Autors in Hinblick auf ein veröffentlichtes Werk. Als Extrempositionen formuliert könnte das französische *droit d'auteur* dem angelsächsischen *copyright* gegenüber gestellt werden.

Im französischen Urheberrecht bemüht sich der Berichterstatter Isaac René le Chapelier 1971 höchstinstanzlich, um die besondere Art des geistigen (geistlichen?) Eigentums festzustellen:

> La plus sacrée, la plus légitime, la plus inattaquable, et, si je puis parler ainsi, la plus personnelle de toutes les propriétés, est l'ouvrage fruit de la pensée d'un écrivain; cependant c'est une propriété d'un genre tout différent des autres propriétés. Lorsqu'un auteur fait imprimer un ouvrage ou représenter une pièce, il les livre au public, qui s'en empare quand ils sont bons, qui les lit, qui les apprend, qui les répète, qui s'en pénètre et qui en fait sa propriété. (Worms 1878, S. 16)

Das Werk eines Schriftstellers sei also das heiligste, das legitimste, das unangreifbarste und das persönlichste aller Eigentümer, ein Eigentum ganz anderer Art als die anderen. Es soll geschützt werden, aber nur einen begrenzten Zeitraum, es solle danach der Öffentlichkeit auf dem Boulevard zugänglich gemacht werden, „à éclairer l'esprit humain" (S. 85), um an der Aufklärung der Bevölkerung mitzuwirken.

Auch ein immer größer werdendes Netzwerk von Wissenschaftlerinnen und Wissenschaftlern möchte seinen Teil zur Aufklärung beitragen und wissenschaftliche Erkenntnisse möglichst barrierearm an die Weltbevölkerung weitergeben.

Unter dem Schlagwort „Open Science" werden fundamentale Annahmen des Wissenschaftsbetriebs in Frage gestellt. Beispielsweise wird bis zum heutigen Tage einer Wissenselite mit Hilfe von Steuergeldern ermöglicht, auf die digitalen Archive und Publikationsserver von Wissenschaftlern zuzugreifen, was den meisten Bürgern verwehrt wird.

Universitäten waren schon immer Stätten der Forschung und Lehre. Die Weitergabe der wissenschaftlichen Erkenntnis gehört ebenso wie ihre Akquirierung zu den Grundaufgaben der *scientia*. In Zeiten von Inkubatoren (Brutstätten für die Vermarktung wissenschaftlicher Erkenntnisse) und Patenten auf triviale Gedankengänge, wirkt die Feststellung von Wolfgang Coy geradezu rebellisch: „In the long term all published ideas and expressions belong to the public." (Coy 2005, S. 10).

Die Weitergabe von Erkenntnis und das Teilen von Wissen findet nun auch außerhalb der Schulen und Hochschulen statt, auf dem Boulevard Digital. Sei es, dass öffentlich gehaltene Vorträge zusätzlich im Netz *gestreamt* werden oder dass Print-Medien eine *Online*-Version ihrer Artikel zur Verfügung stellen – das Wissen von der Welt erhalten wir verstärkt über die „magischen Kanäle" des Internets.

Literatur

Aristoteles (1995) Politik. Philosophische Schriften, Bd 4. Meiner, Hamburg

Atkin A (2013) Peirce's theory of signs. In: Zalta EN (Hrsg) The stanford encyclopedia of philosophy. http://plato.stanford.edu/archives/sum2013/entries/peirce-semiotics/

Bell D (1973) The coming of post-industrial society. Basic Books, New York

Brecht B (1966) Radiotheorie 1927–1932, Hrsg. Suhrkamp-Verlag zus. m. Elisabeth Hauptmann, 119–134. Berlin und

Weimar: Aufbau-Verlag. Ausgabe für die DDR, in Umfang und Text identisch mit Frankfurt: Suhrkamp 1966

Campanella T (2001) Sonnenstaat (la città del sole, 1602). In: Ernesto G (Hrsg) Rowohlt Taschenbuch, Reinbek bei Hamburg, S 111–169

Capurro R (2001) Theorie der Botschaft. Beitrag zum Symposion: „Transdisziplinäre Kommunikation", Universität Salzburg, 25.–26. April 2001. http://capurro.de/angeletik.htm

Capurro R (2006) Ethik der Informationsgesellschaft. Beitrag zur Tagung „Shapes of Things to Come" an der Humboldt-Universität zu Berlin, 15.–17. Februar 2006. http://capurro.de/parrhesia.html

Cicero M (2001) De re publica/Vom Gemeinwesen. Reclam, Stuttgart

Coy W (2005) Sharing ideas and expressions in global communities. Berichte des Instituts für Informatik der Humboldt-Universität zu Berlin. http://edoc.hu-berlin.de/docviews/abstract.php?id=26375

Coy W (2008) Ich habe nichts zu verbergen. In: Gaycken S, Kurz C (Hrsg) Technische Überwachung in Zeiten des Internet. Transcript, Bielefeld, S 47–52

Dewey J (2001) Die Öffentlichkeit und ihre Probleme (1927). Philo, Berlin

Dürmüller P (3. Dezember 2009) Der humanistische Brief. Das öffentliche Leitmedium der Humanisten. Erstmals erschienen in Denkbilder 1/2010. http://www.logos.li/2009/12/der-humanistische-brief-das-offentliche_03.html

Foucault M (2012) Die Regierung des Selbst und der Anderen (vorlesungen am Collège de France 1982–1983). Suhrkamp, Frankfurt a. M

Haarmann H (1990) Universalgeschichte der Schrift. Lizenzausgabe Tolkemitt Verlag bei Zweitausendeins. Campus Verlag, Frankfurt a. M

Harper RF (1904) The Code of Hammurabi. The University of Chicago Press, Chicago

Janich P (2006) Was ist Information? Suhrkamp, Frankfurt a. M

Klumpp S (2009) Die Gelbe Kurbel. Der Einsatz von Computern zur Förderung von Bildung in Entwicklungsländern. Diplomarbeit zum Erwerb des akademischen Grades Diplom-Informatiker am Institut für Informatik der Humboldt-Universität zu Berlin bei Prof. Wolfgang Coy

Laertius D (1925) Lives of eminent philosophers. William Heinemann, London

Lloyd WF (1833) Two Lectures on the Checks to Population: Delivered Before the University of Oxford, in Michaelmas term 1832. J. H, Parker

Parry R (2008) Episteme and Techne. In: Zalta EN (Hrsg) The Stanford Encyclopedia of Philosophy. First published Fri Apr 11, 2003; substantive revision Sun Oct 28, 2007. http://plato.stanford.edu/archives/fall2008/entries/episteme-techne/

Platon (1994c) Phaidros. Sämtliche Werke, Bd 2. Rowohlts Enzyklopädie, Reinbek bei Hamburg, S 543–609

Platon (1994d) Politeia. Sämtliche Werke, Bd 2. Rowohlts Enzyklopädie, Reinbek bei Hamburg, S 211–537

Rousseau J-J, Discours sur l'inégalité (1755) Meier H (Hrsg) 6. Aufl. Ferdinand Schöningh, Paderborn, S 1–383

Shannon C (1948) A mathematical theory of communication. Bell Syst Tech J 27:379–423623656

von Humboldt W (1963) Ueber die Verschiedenheit des menschlichen Sprachbaus und ihren Einfluss auf die geistige Entwicklung des Menschengeschlechts (1836). Zitiert nach Wilhelm von Humboldt: Werke in fünf Bänden. Bd 3, Darmstadt

Wittgenstein L (2005) The Big Typescript (TS 213). Blackwell Publishing. Kritische zweisprachige Ausgabe, herausgegeben und übersetzt von C. Grant Luckhardt und Maximilian A. E. Aue

Worms F (1878) Étude sur la propriété littéraire. Alphonse Lemerre

5

Die elektrisierte Welt

Die Möglichkeit, Licht und Wärme nach Lust und Laune zu erzeugen, befähigt den Menschen, seine Umgebung nach seinem Willen zu gestalten. Durch das elektrische Licht der Fabriken war der Mensch nicht länger an die Tageseinteilung durch die Sonne gebunden. Selbst in der Nachtschicht drehten sich die Räder der hell erleuchteten, elektrisch betriebenen Maschine.

Der elektrische Strom ist heutzutage nicht nur Lichtbringer und Massenbeweger, sondern gerade auch Informationsträger. Damit der Strom fließen kann, benötigt er Leitungen. Das 19. Jahrhundert war durch die Verkabelung geprägt, der Strom sollte in jeden Haushalt gelangen, so die Vision von Thomas Alva Edison. Gigantische Unterseekabel wurden zwischen Europa und dem nordamerikanischen Kontinent gelegt, die Welt wurde nicht nur verkabelt, sondern *vernetzt und elektrisiert.*

Damit waren die Grundlagen zum globalen Austausch von Informationen und Meinungen gelegt, aber auch für den von Geld und Gütern, sofern letztere auch in

© Springer Fachmedien Wiesbaden GmbH, ein Teil von Springer Nature 2020
S. Ullrich, *Boulevard Digital,*
https://doi.org/10.1007/978-3-658-24429-3_5

nicht-materieller Form vorliegen. Die Idee des globalen Wissensaustausches war zu dieser Zeit bis ins junge 20. Jahrhundert sehr populär. Mundaneum, Esperanto, Isotype – sie alle spielten mit der Vision der Volksaufklärung durch die vernetzte Informations- und Kommunikationstechnik (der jeweiligen Zeit).

Die Übertragungskosten einer politischen Idee scheinen marginal zu sein. Ein Druck auf die Morsetaste und die telegraphische Depesche wird im selben Moment am anderen Ende geschrieben (tēle gráphein). So beeindruckend diese Technik ohnehin schon ist, wenn dieses Fernschreiben auch noch per Funk erfolgt, ist sie von Magie kaum mehr zu unterscheiden: Elektromagnetische Wellen sind ebenso wirksam wie unsichtbar.

Der schottische Physiker James Clerk Maxwell hatte ihre Existenz postuliert (Maxwell 1865), der damals 30-jährige Heinrich Hertz sie dann experimentell nachgewiesen. Doch erst mit der praktischen Anwendung und vor allem dank der Kommerzialisierung durch Guglielmo Marconi und seiner seit 1900 nach ihm benannten Firma „Marconi's Wireless Telegraph Company" setzte sich die Funktechnik weltweit durch. In den Anfangsjahren des 20. Jahrhunderts hatte die eigens für die Seefahrt gegründete „Marconi International Marine Communication Company" quasi ein Monopol, sie entwickelte auch den ersten Notrufcode für Seefahrer: CQD – *Seek you. Distress.* Zwischen dem ersten abgesetzten Funkspruch auf der „RMS Republic" im Jahre 1909 und dem Untergang der „RMS Titanic" im Jahre 1912 wurde diese Art der Seenotrettung weltweit bekannt, besonders der Funker der „Republic" wurde zum Helden.

Die interessierte Weltöffentlichkeit erfuhr davon ganz klassisch aus der Tageszeitung. Die informierte Gesellschaft war eine lesende, keine dialogische, auch wenn die Technik nun existierte.

Die Funktechnik ist vorzüglich geeignet zur Förderung der Meinungsvielfalt; ohne teure Druckerpresse, ganz ohne den komplizierten Vertrieb und am wichtigsten: ohne Vervielfältigungskosten auf Produktionsseite konnte technisch und finanziell jeder eine Radiostation betreiben, um eine gewisse Anzahl an Bürgern zu erreichen. Sende- und Empfangsgerät sind strukturell ähnlich, aber natürlich nicht in ihren Abmessungen, außerdem gibt es physikalische Grenzen der Übertragung.

Auf der Empfangsseite war die Zugänglichkeit noch einfacher: Ein paar Kupferdrähte um einen Kristall gewickelt, Antenne, Kopfhörer und schon besitzt man ein Radio. Diese ersten Radios benötigten keine externe Stromversorgung. Die Kristalle bestanden zumeist aus Zinkoxid oder aus Galenit, auch Bleiglanz genannt, einem der ältesten Erzmineralien der Kulturgeschichte. Galenit wird bereits in der Antike erwähnt und wurde auch schon zuvor von mehreren Kulturen verwendet.

In den Vereinigten Staaten von Amerika und Großbritannien entwickelte sich eine Hobby-Szene von Technikbegeisterten, die Radios herstellten und auch Sendeanlagen betrieben. Das Radio der 1920er-Jahre war, zumindest in den Ländern mit Radio-Tüftlern, ein echtes Bürgermedium. Es war dezentral organisiert und der staatlichen Kontrolle entzogen. Der US-amerikanische Rechtsprofessor Tim Wu schreibt begeistert, dass das Radio der 1920er- und 1930er-Jahre das größte offene Medium gewesen sei, vergleichbar mit dem Internet der 1990er Jahre. Er beschreibt, wie einfach der Normalbürger auf Sendung gehen konnte. (Wu 2010, S. 35–36).

Wie immer, wenn ein neues Medium die Gesellschaft transformiert, melden sich Intellektuelle zu Wort. Sie begrüßen das neue Medium als Panazee aller sozialen Probleme – oder als ihre Ursache. Der Ingenieur Alfred Goldsmith sah vor allem das enorme Potential dieser neuen Technik.

Als Forschungsdirektor der *Radio Corporation of America*
schwebte ihm eine „Radio-Universität" vor, eine „People's
University of the Air" mit einer größeren Studentenschaft
als die aller Universitäten zusammengenommen (Wu 2010,
S. 38). Dieser (selbst oder staatlich) erteilte Bildungsauftrag
zieht sich wie ein roter Faden durch die gesamte Rund-
funkgeschichte bis zum heutigen Tag, zusammen mit allgegenwärtigen Hinweisen auf die Gefahren eines eventuellen
Missbrauchs dieses barrierearmen Massenmediums:

> Ausschlaggebendes Ereignis [in Deutschland] für die Ent-
> wicklung des Mediums war der sogenannte „Funkerspuk":
> Am 9. November 1918 besetzten nach russischem Vorbild
> revolutionäre Arbeiter die Zentrale des deutschen Presse-
> nachrichtenwesens und verkündeten irrtümlich [sic, gemeint
> ist irreführend] den Sieg der radikalen Revolution in Deutsch-
> land. Daraufhin entstanden erste Kontrollgesetze, um den
> Missbrauch des neuen Mediums zu verhindern. (Meinel und
> Sack 2009, S. 60)

Doch was war der korrekte Gebrauch dieses neuen Mediums? Die Radio-Universität eines Goldsmith? Für den Gene-
raldirektor der 1922 gegründeten *British Broadcasting Company*, John Reith, war die Mission klar: *Broadcasting as a
Public Service* – Sendung als öffentlicher Auftrag. Die BBC
unter Reith sollte kein profitorientiertes Unternehmen sein,
ihr Programm sollte für all diejenigen sein, die den Wunsch
hatten, zuzuhören; die Firma sollte ein Gespür für die moralische Verpflichtung ausbilden und nicht zuletzt finanziell
unabhängig sein durch öffentliche Förderung (Briggs 1995,
S. 214, 215, 217). Das Medium Radio solle das Beste im
Menschen hervorbringen, den Charakter stärken, die Moral
heben. Es solle der Öffentlichkeit geben, was sie braucht –
und nicht, was sie will. Es solle sie eben bilden und sie dabei
nie unterschätzen, sondern im Gegenteil eher überschätzen

und das Niveau entsprechend hoch halten, wie der Historiker Asa Briggs in seinem umfassenden Werk zur Geschichte des britischen Rundfunks beschrieb (Briggs 1995, S. 217–218).

Die Haltung von John Reith ist keine basisdemokratische, sie entspricht eher der eines platonischen Philosophenkönigs oder der gutmütig-paternalistischen Einstellung eines Marc Aurel. Dazu passt auch seine Forderung nach einem Quasi-Monopol der öffentlichen Bildung. Er sah die BBC (und damit Radio insgesamt) auch nicht als Massenmedium, sondern erinnerte daran, dass sich die Masse ja aus Individuen zusammensetzt, die je nach Kontext nicht nur eine Öffentlichkeit („public") bilden, sondern mehrere Öffentlichkeiten („publics"), die zusammengenommen „the great audience", das großartige Publikum der BBC stellen. Diese Öffentlichkeiten sollten nicht als Werbezielgruppe („targets") für den Sponsor betrachtet werden, sondern als Publikum mit wechselnden Interessen, ein Publikum, das sich nicht in ein Schema pressen lässt, sondern eines, das sich stets weiterentwickelt, weil es sich ständig weiterbilden möchte.

Die BBC beließ es nicht bei Worten, in den 1980er-Jahren startete das „BBC Computer Literacy Project". Kernstück war ein Mikrocomputer, der zum Jahreswechsel 1981/1982 auf den Markt gebracht wurde und im Vereinigten Königreich bis zu 80 % Marktanteil an Schulen und Bildungseinrichtungen erreichte. Auch das Nachfolgeprojekt „BBC Micro Bit" von 2015 erfreut sich einer großen Beliebtheit und einer noch größeren Fangemeinde.

In der ersten großen Studie zum Einsatz des inzwischen „micro:bit" genannten Minicomputers an Schulen zeigte sich, dass sich Schülerinnen und Schüler, aber auch Lehrerinnen und Lehrer deutlich positiver über das Programmieren äußerten. Besonders bei den Schülerinnen wirkte sich der Einsatz des micro:bit auf das Nachdenken über die zukünftige Studien- und Berufswahl aus. Während 23 % der befragten Mädchen vor dem Einsatz darüber nachdachten, „was mit Computern" zu machen, steigerte sich der Anteil auf 39 % hinterher (Bunting 2018, S. 15).

5.1 Der Volksempfänger

Was denn nun das Bedürfnis im Bereich der Bildung für die Öffentlichkeit(en) ist, darüber lässt sich trefflich streiten. Im Deutschen hat das Wort Bildung (im Gegensatz zum Lateinischen *educare*) auch die Bedeutung von Formung oder Gestaltung. Wenn wir also von einem „Bildungsauftrag" sprechen, so hat das auch angesichts unserer Vergangenheit eine hässliche Nebenbedeutung. Noch vor der Machtergreifung der Nationalsozialisten liest man etwa in der Rundfunkreform des Reichskanzlers Franz von Papen aus dem Jahre 1932 (Fischer 1957, S. 85–86):

1. Der Rundfunk arbeitet mit an den Lebensaufgaben des deutschen Volkes. Die natürliche Einordnung der Menschen in Heimat und Familie, Beruf und Staat ist durch den deutschen Rundfunk zu erhalten und zu festigen.
2. Der deutsche Rundfunk wahrt christliche Gesinnung und Gesittung und die Achtung vor der ehrlichen Überzeugung Andersdenkender. Was das Christentum entwürdigt und Sitte und Kultur des deutschen Volkes gefährdet, ist vom Rundfunk ausgeschlossen.
3. Der Rundfunk dient allen Deutschen innerhalb und außerhalb der Reichsgrenzen. Er verbindet die Auslandsdeutschen mit dem Reiche und läßt die innerdeutschen Hörer am Leben und Schicksal der Auslandsdeutschen teilnehmen. Die Pflege des Reichsgedankens ist Pflicht des deutschen Rundfunks.

4. Der Rundfunk nimmt an der großen Aufgabe teil, die Deutschen zum Staatsvolk zu bilden und das staatliche Denken und Wollen der Hörer zu formen und zu stärken.

5. Die verehrungswürdigen, aus der Vergangenheit des deutschen Volkes und des deutschen Reichs überlieferten Kräfte und Güter sind in der Arbeit des Rundfunks zu achten und zu mehren.

6. Aufgabe aller Sender ist es, das Gemeinsame der Lebensgemeinschaft des deutschen Volkes zu pflegen. Die Landessender gehen dabei von den landsmannschaftlichen Besonderheiten ihres Sendebereichs aus und vermitteln auch das reiche Eigenleben der deutschen Stämme und Landschaften.

Die Geschichte des Radios in Deutschland ist eng mit der Gründung des „Reichsministeriums für Volksaufklärung und Propaganda" (RMVP) im Jahr 1933 verbunden. Wie in der Rundfunkreform in Punkt 4 gefordert, sollte das Deutsche Volk von nun an nach dem Bild der Nationalsozialistischen Deutschen Arbeiterpartei (NSDAP) geformt werden. Dienten die Presseerzeugnisse des Rüstungs- und Medienunternehmers Alfred Hugenberg dazu, den Antisemitismus salonfähig und einzelne Kandidaten der rechten Parteien in der Weimarer Republik bekannt zu machen, so schickte sich der Rundfunk an, zum totalitären Propaganda-Werkzeug zu werden. Bereits im Wahlkampf der NSDAP kamen öffentlich aufgestellte Lautsprecher zum Einsatz, bis zum Krieg sollte der Bestand auf 6000 „Reichslautsprechersäulen" anwachsen. (Sösemann 2003, S. 390)

Auf der 10. Funkausstellung von 1933 wurde ein preiswerter Röhrenempfänger vorgestellt, der Volksempfänger VE 301. Der relativ niedrige Preis von 76 Reichsmark konnte sogar in Raten beglichen werden, die Werbung von damals war Feststellung und Aufforderung zugleich: „Ganz Deutschland hört den Führer mit dem Volksempfänger".

Die Vorgabe des RMVP an die Hersteller war, dass zumindest der Deutschlandsender auf 191 kHz zu empfangen war. So konnte der eingerichtete „Generalstab Volksaufklärung" sich an seine Aufgaben machen, „die Hand am Pulse des Volkes [zu] halten", „Mißverständnisse" auszuräumen, „verzwickte Dinge [zu] vereinfachen" und einfache Dinge „reichhaltig" zu machen (Sösemann 2003, Fußnote 65, S. 391).

Für den Reichsminister für Volksaufklärung und Propaganda, der nicht nur dem RMVP, sondern auch der „Reichspropagandaleitung der NSDAP" vorstand, war das Radio das modernste und damit attraktivste „Massenbeeinflussungsinstrument". Seine Forderungen an die Programmgestaltung hören sich zynisch und menschenverachtend an, wie der Historiker Bernd Sösemann zu Recht findet. Der Reichspropagandaminister hat ein bestimmtes Bild von seinem Publikum, an das er sich am 21. Januar 1937 wendet:

Das Programm des Rundfunks muß so gestaltet werden, dass es den verwöhnten Geschmack noch interessiert und dem anspruchslosen noch gefällig und verständlich erscheint. Es soll in einer klugen und psychologisch geschickten Mischung Belehrung, Anregung, Entspannung und Unterhaltung bieten. Dabei soll besonderer Bedacht gerade auf die Entspannung und Unterhaltung gelegt werden, weil die weitaus überwiegende Mehrzahl aller Rundfunkteilnehmer meistens vom Leben sehr hart und unerbittlich angefaßt wird [...] und Anspruch darauf hat, in den wenigen Ruhe- und Mußestunden auch wirkliche Entspannung und Erholung zu finden. Demgegenüber fallen die wenigen, die nur von Kant und Hegel ernährt werden wollen, kaum ins Gewicht. [...Die] Propaganda muss sich in ihren Aufklärungstendenzen auf einen bestimmten Nenner festlegen. Dieser muß so gehalten sein, daß der Kleinste noch mitkommt, und sie für den Größten immerhin noch interessant erscheint. (Sösemann 2003, Fußnote 92, S. 395)

In zeitgenössischen Bildern sieht man Familien oft geradezu andächtig vor den Empfängern sitzen, wenn „der Führer spricht". Dabei sollte festgehalten werden, dass es sich bei den Radioempfangsgeräten nicht um hypnotisierende Suggestivmaschinen handelte, die Begeisterung für den „böhmischen Gefreiten" und seinen hinkenden Propagandisten war echt, sie entsprach dem Zeitgeist. Die NSDAP war nicht die einzige rechte oder antisemitische Partei der Weimarer Republik. Auch die Sehnsucht nach einem starken Führer im „Tausendjährigen Reich" findet sich ja bereits bei den frühen Christen, ebenso der Antisemitismus. Sowohl die katholische Kirche als auch Luther bedienten sich den jeweils modernen Massenmedien Flugblatt und Buchdruck.

Es ist jedoch eine technische Komponente, die eine segmentierte, ja, geradezu fragmentierte Massengesellschaft wieder vereinen sollte: Gleichschaltung. Die virtuelle Teilnahme an Großveranstaltungen stiftete Sinn in dieser wirtschaftlich und politisch unsicheren Zeit. Das Radio als erstes Massenmedium schuf einen Gemeinschaftssinn, die politischen Errungenschaften einer meinungspluralistischen Gesellschaft waren Hindernisse auf dem Weg ins Paradies. Der Reichspropagandaminister verabscheute die Pressefreiheit und generell die Ambiguität. Wiedererkennung, Klarheit, Einfachheit waren die politischen Leitbilder. Die Werbesprache ist nicht zu überhören, die Politik muss gleichsam zur Marke werden, um Erfolg zu haben. In einem erheblichen Maß gilt dies nach wie vor für das Fernsehen.

5.2 Televisionen

Das Medium des erschöpften Arbeiters (und besonders des müden Arbeitslosen) ist das Fernsehen. Es lässt unser Gehirn in das Stadium des wohlverdienten Feierabend-Leerlaufs übertreten, ganz ohne die Anstrengung, eigenständig denken oder gar handeln zu müssen. Oder es betäubt uns tagsüber, damit wir nicht ständig über unsere Situation nachdenken müssen. Gerade das Fernsehprogramm am Tage scheint für den Boulevard wie gemacht zu sein. Der Begründer der Medienwissenschaften Marshall McLuhan schreibt über das Fernsehen:

> Als kühles Medium habe das Fernsehen, wie manche glauben, das Gemeinwesen in eine Art *rigor mortis* versetzt. Nur das außergewöhnliche Ausmaß von Publikumsmitwirkung beim Medium Fernsehen erklärt seine Unfähigkeit, heiße Eisen anzufassen. (McLuhan 1995, S. 468)

Ohne auf seine Unterscheidung zwischen „heißen" und „kalten" Medien näher einzugehen, meint McLuhan mit Publikumsmitwirkung die geistige Beteiligung am Medium Fernsehen. „Das Fernsehen will nicht Kulisse sein. Es nimmt uns ganz in Anspruch", schreibt er (McLuhan 1995, S. 471). Und weiter: „Das Fernsehen ist eher ein Medium des Reagierens als des Agierens." (McLuhan 1995, S. 484).

Die von McLuhan beschriebene Unfähigkeit des Fernsehzuschauers zu agieren beschreibt auch Sennett:

> Die Massenmedien steigern das Wissen der Menschen von dem, was in der Gesellschaft vor sich geht, erheblich, zugleich jedoch schränken sie die Fähigkeit, dieses Wissen in politisches Handeln umzusetzen, erheblich ein. Auf das, was der Fernseher verlautbart, kann man nichts erwidern, man kann ihn nur abstellen – eine unsichtbare Handlung. (Sennett 2008, S. 494)

Die von Sennett beschriebene Handlung ist so unsichtbar nicht, wenn wir an „intelligente" Stromzähler oder an die Live-Streams der Fernsehanstaltswebseiten denken, von den spionierenden Fernsehempfangsgeräten ganz zu schweigen. Im Internet gibt es keinen *broadcast,* jeder Zugriff wird an irgendeiner Stelle protokolliert, die Anonymität des Zuschauers gibt es nicht mehr.

Doch was heißt schon Zuschauer in einem Medium wie YouTube? Mit wenigen *clicks* kann man der Weltöffentlichkeit zeigen, was passiert, wenn man Pfefferminzdragées in eine Flasche mit dunkler Brause wirft – oder was auf Demonstrationen wirklich passiert ist. YouTube lädt zum Mitmachen ein: *you tube,* du errichtest den Kanal, du bestimmst die Botschaft. Das Sendungsbewusstsein trägt eine politische Komponente in sich. Es ist daher naheliegend, den Zusammenhang von Partizipationsmöglichkeit aktuell verbreiteter Medien mit der Partizipationsbereitschaft an der Politik zu vergleichen. Der Mitherausgeber der *Blätter für deutsche und internationale Politik,* Claus Leggewie, führt die Beteiligungsschwächen repräsentativer Demokratien unter anderem auf technische Bedingungen des Mediums Fernsehen zurück:

> Nach über vierzig Jahren wirkungsmächtiger TV-Geschichte erkennt man die Ambivalenz dieses Mediums für die politische Öffentlichkeit: Es hat sie erheblich erweitert, aber auch, unabhängig vom umstrittenen Effekt der sozialen Isolierung und der Erosion politischer Gemeinschaften, in Richtung „Zuschauerdemokratie" modifiziert. Wie kein anderes Medium suggeriert das Live-Fensehen unmittelbares Dabeisein bei unter anderem politischen Events. Es unterstützt damit eine Als-Ob-Politik, bei der ein hohes emotionales Engagement in den politischen Betrieb die erhebliche soziale Distanz zu ihm verdeckt und so die Illusion oder Schwundform einer massendemokratischen Mitwirkung erzeugt. (Leggewie 2003, S. 119)

Inzwischen findet eine technische Transformation des Mediums Fernsehens statt, der Livestream im Browser oder die Aufzeichnung in der Mediathek erlauben nun Fernsehen ohne Fernseher. Zudem besitzt das Medium Fernsehen mit den Internetmedien inzwischen einen Rückkanal, die Sendungsempfängerin wird zur Botschafterin.

5.3   Vom Sendungsempfänger zum Teilnehmer

Ein Empfänger nimmt aktiv etwas Entgegenkommendes auf. Das können unerwartete, aber zum Glück noch rechtzeitig am Horizont erspähte Gäste sein, die herzlich empfangen werden; das kann auch ein Brief sein, den ein Sender seinem Metzger auf seiner Reise zum Markt mitgegeben hat; das kann aber auch ein technisches Gerät sein, das entgegenkommende elektromagnetische Signale aufnimmt und für einen Menschen in eine Botschaft umwandelt.

Die aktive Funktion des Empfängers scheint inzwischen eine immer geringere Rolle zu spielen. Bereits im Althochdeutschen ist die „Empfängnis" – gänzlich konträr zur Beobachtung – etwas Passives. Auch das Empfangen des heiligen Sakraments Taufe scheint doch eher passiv abzulaufen. Mehr noch, ein Sakrament gilt dann als empfangen, wenn der Empfänger dem nicht entgegenwirkt (siehe dazu das Schlagwort *ex opere operato*).

Spätestens mit dem Aufkommen des Fernsehgerätes scheint sich ein neuer Modus des Botschaftsempfangs etabliert zu haben: Das Sich-Berieseln-Lassen von audiovisuellen Informationsfetzen scheint die kühnsten Befürchtungen von Medientheoretikern wie McLuhan zu bestätigen. Gespräche werden während der Fernsehsendung nicht geführt; wer einmal am Sonntagabend in eine Kneipe stolperte, in der gemeinsam der „Tatort" angesehen wird, kann die angespannte Stille beschreiben, die von den vom Programm gefesselten Zuschauern ausgeht. Es ist schwer, einen solchen Ort des „public viewing" als Ort der politischen Diskussion zu sehen. Das liegt vielleicht aber auch daran, dass dem Autor kein „Öff-Guck" von Bundestagsdebatten oder dergleichen bekannt ist (außerhalb der Tribünen der Parlamente).

Wie soll unter diesen Umständen eine politische Partizipation erfolgen, also die Einflussnahme Einzelner oder von Gruppen auf politische Entscheidungen, wenn die größte Einflussnahme das Ausschalten des Empfangsgeräts bedeutet? Bei genauer Betrachtung ist dies jedoch keine Eigenart des Mediums Fernsehen, sondern eher der Kulturtechnik Fernsehen. Doch genau diese wandelt sich gerade, im oben beschriebenen Beispiel der Krimi-Serie „Tatort" wird während der Sendung tatsächlich debattiert – allerdings auf einem zweiten Kanal, auf Twitter. Auch Bundestagsdebatten werden *live* auf Twitter und anderen Medien des so genannten *Web 2.0* kommentiert.

Das jüngste Beispiel eines Debattenbeitrags auf einem anderen Kanal ist das inzwischen über 15 Mio. Mal abgerufene Video „Die Zerstörung der CDU" des Informatikers und Videoproduzenten „Rezo". Auf seinem Kanal namens „Rezo ja lol ey" veröffentlichte er ein 55 min langes Video, in dem er vor der Europawahl 2019 zum Wählen derjenigen Parteien aufrief, die nicht lügen, inkompetent oder beratungsresistent seien – was die Wahl der CDU füglich ausschließen würde. Die so herausgeforderte Unionspartei reagierte mit einem elfseiten Brief, was ihnen Spott bei der „Generation YouTube" einbrachte, jedoch meines Erachtens zunächst eine ganz legitime Form des Debattenbeitrags darstellt. Doch unter einem so analog verfassten Brief kann die interessierte Bürgerin keinen Kommentar hinterlassen, im Gegensatz zu Rezos Video, das nun über 215.000 Kommentare aufweist.

Dies ist die Besonderheit des Boulevard Digital: Aus der politischen Einzelmeinung wird durch die

Zusammenführung im allgemein zugänglichen Medium Internet eine öffentliche, diskutiert und kommentiert von Mitgliedern der Zivilgesellschaft. Eine Meinung, die in einem Prozess des öffentlichen Vernunftgebrauchs geformt wird, wird durch eben diesen Prozess zu einer öffentlichen. Die dafür genutzten Dienste und Podien im Internet werden zwar von privaten Personen oder privatwirtschaftlich handelnden Unternehmen betrieben, aber das wurden die Salons der Leseöffentlichkeit der vergangenen Jahrhunderte auch. Nicht die Privatisierung der virtuellen Diskussionsräume gibt Anlass zur Sorge, es sind die mit den digitalen Medien verbundenen technischen Zwänge. So mag vielleicht ein Betreiber eines Kaufhauses explizit politische Demonstrationen verbieten – vor Ungehorsam schützt die Hausordnung nicht.

Anders jedoch im Technischen: Ein gegen die *digital community guidelines* verstoßender Kommentar wird gar nicht erst veröffentlicht, der Kommentator hat darauf keinen Einfluss. Die Teilhabe an der Zivilgesellschaft ist für den Cybürger nur noch mit technischer Hilfe möglich, sei es, um am sozialen (Telefon) oder am privatwirtschaftlichen (Banksysteme) Leben teilzunehmen. Im Digitalen ist eine Konvergenz der Techniken zu beobachten, so dass dem Internet, also dem Zusammenschluss von verschiedenen Computersystemen, eine besondere Rolle zukommt, was sogar die Rechtsprechung bereits feststellt:

> Die Nutzbarkeit des Internets ist ein Wirtschaftsgut, dessen ständige Verfügbarkeit seit längerer […] Zeit auch im privaten Bereich für die eigenwirtschaftliche Lebenshaltung typischerweise von zentraler Bedeutung ist und bei dem sich eine Funktionsstörung als solche auf die materiale Grundlage der Lebenshaltung signifikant auswirkt. […] Zudem wird es zunehmend zur Anbahnung und zum Abschluss von Verträgen, zur Abwicklung von Rechtsgeschäften und zur

Erfüllung öffentlich-rechtlicher Pflichten genutzt (von der unübersehbaren Vielfalt z. B. nur: Fernabsatzkäufe, Hotel-, Bahn- und Flugbuchungen, Erteilung von Überweisungsaufträgen, Abgabe von Steuererklärungen, An- und Abmeldung der Strom-, Gas- und Wasserversorgung sowie der Müllabfuhr, Verifikation von Bescheinigungen). (So das BGH-Urteil vom 24. Januar 2013, III ZR 98/12, Absatz 17, S. 11–12.)

Für die Teilhabe am politischen Leben, etwa das Mitwirken auf die öffentliche Meinung oder die Beteiligung an Wahlen, mag der Zeitpunkt kommen, an dem sie *selbst in der Theorie* nur mit Hilfe von Technikeinsatz möglich sein wird, denken wir nur an technisierte hoheitliche Dokumente, Wahlcomputer oder biometrische Zugangskontrollen. *Praktisch* ist es längst so weit, dass sich der mündige Bürger nur mit Hilfe des Internets (also einem riesigen Verbund von Computersystemen) umfassend informieren und etwa mit Hilfe elektronischer Petitionen oder Onlinekampagnen auch in angemessener Weise in die Politik einbringen kann.

Mit Hans Magnus Enzensberger müssen wir eigentlich die Politisierung des Internets fordern. Er schrieb zwanzig Jahre vor dem www über die elektronischen Medien:

Die neuen Medien sind ihrer Struktur nach egalitär. Durch einen einfachen Schaltvorgang kann jeder an ihnen teilnehmen; die Programme selbst sind immateriell und beliebig reproduzierbar. Damit stehen die elektronischen im Gegensatz zu älteren Medien wie dem Buch oder der Tafelmalerei, deren exklusiver Klassencharakter offensichtlich ist. (Enzensberger 1997, S. 107)

Es liege nicht in der technischen Beschaffenheit der elektronischen Medien, dass diese vorwiegend zum Konsum aufrufen, dies müsse „vielmehr durch ökonomische und administrative Vorkehrungen künstlich behauptet werden"

(Enzensberger 1997, S. 108). Dies belegt er mit der Beschreibung des unterschiedlichen Gebrauchs von Telefon einerseits, das für jeden Benutzer direkt zugänglich ist, und Telegraf andererseits, das in der Hand bürokratischer Institutionen verbleibt, Überwachung und Archivierung inklusive.

Nehmen wir exemplarisch den Mikroblogging-Dienst Twitter der gleichnamigen Firma. Sein Ursprung geht auf die Mobiltelefon-Software „TXTmob" zurück, die es politischen Aktivsten ermöglichen sollte, Proteste im großen Stil zu organisieren. Im Jahre 2004 wurde es insbesondere bei den Protesten rund um die Parteitage der Demokraten und später der Republikaner intensiv genutzt. Nachdem der „New York Times"-Journalist Di Justo am 9. September 2004 darüber berichtete, schrieb man den Erfolg der Proteste prompt der Software zu. Solche Zuschreibungen können wir bis zum heutigen Tag verfolgen, etwa, wenn wir an den Begriff „Twitter-Revolution" denken, womit die Proteste der iranischen außerparlamentarischen Opposition des Jahres 2009 gemeint waren. Seitdem gilt der Kurzschluss „Twitter gleich politisches Medium".

Natürlich betonen Medienhäuser gern die Rolle von Medien für politische Aktionen, aber die vereinfachende Darstellung, ein konkretes Medium wie Twitter für gesellschaftliche Umwälzungen verantwortlich zu machen, entspricht nicht der Realität. TXTmob beispielsweise war nicht die einzige mobile Organisations-Software für Aktivisten, weder in den USA noch weltweit. So gab es beispielsweise noch den „Text Alert Service" der Aktivistengruppe „The Ruckus Society". Gerade im Iran gibt uns ein technikhistorischer Blick den Hinweis, dass die Revolutionsmedien austauschbar sind, wichtig ist nur, dass es Revolutionäre gibt, die auf diese revolutionären Medien zugreifen können.

In seltenen Fällen kann es jedoch vorkommen, dass Revolutionäre ihre Medien selbst erschaffen oder zumindest erheblich anpassen, so geschehen im Falle von Indymedia.

Die Idee hinter Indymedia, dem *Independent Media Center,* scheint direkt aus Hans Magnus Enzensberger „Baukasten" zusammengesetzt:

> Tonbandgeräte, Bild- und Schmalfilmkameras befinden sich heute schon in weitem Umfang im Besitz der Lohnabhängigen. Es ist zu fragen, warum diese Produktionsmittel nicht massenhaft an den Arbeitsplätzen, in den Schulen, in den Amtsstuben der Bürokratie, überhaupt in allen Konfliktsituationen auftauchen. Indem sie aggresive [sic] Formen der Öffentlichkeit herstellten, die ihre eigene wäre, könnten die Massen sich ihrer alltäglichen Erfahrungen versichern und aus ihnen wirksame Lehren ziehen. [...] Kommunikationsnetze, die zu solchen Zwecken aufgebaut werden, können über ihre primäre Funktion hinaus politisch interessante Organisationsmodelle abgeben. In den sozialistischen Bewegungen hat die Dialektik von Disziplin und Spontaneität, Zentralismus und Dezentralisation, autoritärer Führung und antiautoritärer Desintegration seit geraumer Zeit einen toten Punkt erreicht. Hinweise zur Überwindung dieses Zustandes könnten netzartige Kommunikationsmodelle liefern, die auf dem Prinzip der Wechselwirkung aufgebaut sind: eine Massenzeitung, die von ihren Lesern geschrieben und verteilt wird, ein Videonetz politisch arbeitender Gruppen usw. (Enzensberger 1997, S. 112)

Ist Indymedia also „eine Massenzeitung, die von ihren Lesern geschrieben und verteilt wird"? Zweifelsohne ist es vor allem die netzartige Form der Berichterstattung, die das unabhängige Medienzentrum auszeichnet. Bereits im Jahre 1999 luden weltweit mehrere solcher Medienzentren jeden Internetnutzer dazu ein, „radikal, akkurat und leidenschaftlich" über wahre Begebenheiten zu berichten, die den Weg zu den klassischen Medien nicht gefunden haben. „Don't hate the media – become the media." Marion Hamm gab im Rahmen des eipcp-Forschungsprojekts „republicart" eine prägnante

Übersicht über die Entstehung und die Wirkung von Indymedia:

> Besonders an den Independent Media Centers ist ihre Funk-
> tion für den Kommunikationsraum der globalen Bewegun-
> gen. Am lebendigsten sind die IMC-Webseiten dann, wenn
> auf der Straße etwas passiert, doch die oft minutengenauen
> Berichte von großen Protesten verlieren schnell ihre Aktua-
> lität. Auch die Verschmelzung von virtuellem und physikali-
> schem Raum und den dazugehörigen kulturellen Praktiken
> ist dann am intensivsten. Vielleicht ist dies der innovativste
> Beitrag von Indymedia zu einer weltweiten Öffentlichkeits-
> alternative: „Kanäle zu weben, damit die Worte auf allen
> Straßen des Widerstands reisen mögen".
>   Kanäle, die aus Software bestehen und aus der kompe-
> tenten Nutzung alter und billiger Hardware, aus Bandbreite
> und gespendeten Servern, aus regelmäßig gewarteten Web-
> pages. Aus der Kombination von Protest, einer Ideologie der
> Offenheit und Free Software entsteht ein öffentlicher Raum,
> der sich weder auf Internethype noch auf das unbedingte
> Primat der Straße festlegen lässt [...]. (Hamm 2005)

Das Independent Media Center, kurz IMC oder, wie hier
verwendet, Indymedia, ist ein permanentes Experiment in
politischer Berichterstattung, die jenseits von etablierten
politischen oder ökonomischen Mächten stattfinden kann
und soll. In Zeiten von *Weblogs* und Kurznachrichtendiens-
ten ist es umso wichtiger, wieder auf die zugrunde liegende Technik zu fokussieren: Die Software von Indymedia, „mir" genannt, war speziell für den Zweck der offenen,
freien Berichterstattung geschrieben. Man rufe sich dabei ins
Gedächtnis, dass dies Jahre vor *Wordpress* und anderen leicht
zu bedienenden *content management systems* programmiert
und eingesetzt wurde. In der Theorie konnten Personen, die
sich nicht davor scheuten, eine HTML-Seite im Quelltext zu
betrachten, schon immer mitmachen. Doch erst mit Hilfe

geeigneter Publikationssoftware konnte diese Wissens- und Motivationsbarriere überwunden werden.

Typische *content management systems* legen jedoch keinen großen Wert auf Anonymität und Quellenschutz, doch gerade bei presseähnlichen Erzeugnissen spielt dies eine große Rolle. Für Aktivisten wiederum spielt die Vernetzung eine große Rolle, nicht nur innerhalb des Indymedia-Verbundes, sondern auch mit anderen Medien der Gegenöffentlichkeit. Die „Blog-o-Sphäre" wurde durch die Verbindung von *ping backs, blog rolls* und anderer Techniken eben zur Sphäre. Antwort und Gegenantwort konnten sich durchaus in zwei verschiedenen Blogs befinden, die jeweils auf das andere verwiesen.

Zwischen 2013 und 2014 befand sich das Projekt in einer Wiederfindungsphase, der *relaunch* stellt einmal mehr die eingesetzte Technik und die Datenspuren in den Vordergrund. Jedes digital aufgenommene Foto besitzt unsichtbare Hintergrundinformationen, die in der digtialen Aufnahme gespeichert werden können. Dazu gehören neben Zeit und Aufnahmedatum auch die Belichtungszeit, die Brennweite und dank moderner Kameras auch der genaue Ort der Aufnahme. Für den Quellen- und Informantenschutz kann diese verborgene Information relevant werden, daher werden diese sensiblen Informationen beim Hochladen auf die Server von Indymedia automatisiert gelöscht.

Indymedia Deutschland setzt seit 2018 das Open-Source-Publikationssystem „drupal" ein, das vom Medienkollektiv um bestimmte Funktionen erweitert wurde, um eben unter anderem die angesprochene Anonymität von Whistleblowern oder anderen Aktivisten zu gewährleisten. Die unterschiedlichen *mission statements* von Indymedia und privatwirtschaftlichen Firmen wie Facebook und Twitter sind evident. Twitter gibt sich gern als Unterstützerin politischer Proteste aus, was mit der Vergangenheit der Firma zusammenhängen kann. Als börsennotiertes Unternehmen

verfolgt Twitter jedoch kommerzielle Interessen, und auch
wenn es im Moment bei den Kunden von Twitter (nicht
zu verwechseln mit den Nutzern) opportun ist, politische
Proteste zu unterstützen, so gibt es keinen Auftrag dazu.

Enzensberger betonte, dass die Organisation hinter den
Individuen wichtig ist, wollen sie selbst publizistisch tätig
werden. Seit Anfang des neuen Milleniums scheinen Tech-
nikbegeisterte die Organisation durch entsprechende Software ersetzen zu wollen. Nicht nur das Beispiel Indymedia
zeigt, dass es am Ende doch darauf ankommt, dass genügend
Aktivisten mitmachen. Dies gilt für alternative Medienzentren im Speziellen wie für die Demokratie (oder den Kampf
darum) im Allgemeinen. Damit die Kritik greift, die Burck-
hardt laut Arendt äußerte, dass die Demokratie die „schwatz-
hafteste aller Staatsformen sei" (Arendt 2006, S. 36), müssen
die Bedingungen der Möglichkeit einer Meinungsäußerung
gegeben sein.

Selbst ohne formale Organisation kann Aktivisten ein solcher Status zugeschrieben werden. Ende 2017 hat das Bun-
desinnenministerium das Schwesterportal von IMC
Deutschland linksunten.indymedia verboten. Dabei kam
das Vereinsverbot zur Anwendung, und das, obwohl es sich
bei linksunten.indymedia um keinen eingetragenen Verein handelte. Boris Burghardt und Bijan Moini von der
Gesellschaft für Freiheitsrechte kritisieren dieses Vorgehen
in einem Amicus Curiae Brief (Moini 2018, S. 2) scharf:

- *linksunten.indymedia* ist als Online-Medium von der in
  Art. 5 Abs. 1 S. 2 GG garantierten Freiheit der Medien
  geschützt. Eine (nicht zwingend erforderliche) inhaltsbe-
  zogene Tätigkeit der Betreiber*innen lag vor.
- Das Vereinsrecht ist aus kompetenzrechtlichen Gründen nicht anwendbar, weil das Verbot ausschließlich mit
  Medieninhalten begründet wird. Das Verbot von links-
  unten.indymedias tellt sich materiell als medienrechtliche

Aufsichtsmaßnahme dar, die in die Gesetzgebungskompetenz der Länder fällt.

- Das pauschale Verbot der gesamten Internetplattform erweist sich bei der gebotenen Berücksichtigung der Medienfreiheit als unverhältnismäßig, da der Staat zunächst weniger einschneidende Maßnahmen hätte ergreifen müssen. Die zuständigen Behörden hätten insbesondere mit Unterlassungs- und Sperrverfügungen nach Maßgabe des Rundfunkstaatsvertrags (RStV) gegen konkrete rechtswidrige Inhalte vorgehen können.
- Das Verbot verstößt darüber hinaus gegen die Europäische Menschenrechtskonvention (EMRK). Nach der Rechtsprechung des Europäischen Gerichtshofs für Menschenrechte (EGMR) verletzt das pauschale Verbot eines gesamten Mediums die in Art. 10 EMRK garantierte Medienfreiheit.

Der freie Zugang zu öffentlichen Informationsquellen und das Vorhandensein öffentlicher Quellen sind notwendige Grundbedingungen für eine funktionierende Demokratie gut erzogener und wohl informierter Bürgerinnen und Bürgern.

5.4 Die Macht der geheimen Information

Informationen, geheime wie öffentliche, waren und sind in kriegerischen Auseinandersetzungen entscheidend. Die Fackeln entlang der römischen Außengrenzen riefen mit einem *bit* (Fackel an oder aus) Truppen herbei. Der Limes war nicht etwa durch Schützengräben, Mauern und Barrikaden gesichert, sondern durch eine ausgeklügelte *information policy.* Nur so konnte die immense Grenze mit der vorhandenen Truppengröße abgesichert werden.

Zu der internen Kommunikation und Informationsweitergabe kam spätestens mit dem Ersten Weltkrieg eine weitere kriegsentscheidende Tätigkeit hinzu: Mit gezielten Falschinformationen wurde die gegnerische Partei zu Handlungen überredet, die sich am Ende als fatal herausgestellt haben. *Information warfare* fand mit Funkgeräten und Radios ihr ureigenstes Medium. Funkwellen breiten sich beinahe ungehindert aus und erreichen auch die feindliche Bevölkerung im Landesinneren, weit hinter der Kriegsfront.

„Wissen ist Macht" sagt der Volksmund, wobei verschwiegen wird, wer worüber bzw. über wen Macht besitzt. Das Wissen um Verfehlungen kann ein gutes Erpressungsmittel darstellen („Kompromat"), das wussten bereits die Landesfürsten, die die katholische Beichte als Informations- und Machtquelle missbrauchten.

Jeder Mensch hat Geheimnisse. Nicht kontingenterweise, sondern notwendigerweise qua Menschsein. Wird dem Menschen die Möglichkeit genommen, Geheimnisse zu wahren, nehmen wir ihm die Möglichkeit, andere Menschen und sich selbst vor seinen Mitmenschen zu schützen. In der Rechtsprechung gilt das Prinzip „nemo tenetur se ipsum accusare", niemand ist verpflichtet, sich selbst anzuklagen. Dies ist ein grundrechtlich geschützter Bestandteil des Strafverfahrens, es beinhaltet vor allem das Aussageverweigerungsrecht des Angeklagten. Wenn wir diesem Grundrecht nun die aktuellen Fälle polizeilicher Praxis untersuchen, die Besitzer verschlüsselter Geräte so lange in Beugehaft nehmen, bis sie ihr Passwort verraten haben, stellen wir eine Diskrepanz fest. Auf der einen Seite wird das technische Gerät als eng mit dem Besitzer verbunden gesehen (Funkzellenabfrage, Strafverfolgung aufgrund von Twitter-Nachrichten), auf der anderen Seite werden bestimmte Grundrechte im Digitalen nicht beachtet. Gerhart Baum, Constanze Kurz und Peter Schanz sprachen bereits von einem „vergessenen Grundrecht":

In den vergangenen fünf Jahren seit dem Urteil ist die große Mehrheit der Deutschen wie selbstverständlich im digitalen Zeitalter angekommen. Das Urteil gibt Antworten auf die Gefahren, die sich aus dieser Entwicklung für die Grundrechte ergeben. Diese Vorgaben darf die Politik nicht länger ignorieren, weil es eben keine unverbindlichen Ratschläge sind, sondern sie sich aus dem Grundgesetz ableiten. Es ist die Aufgabe der Politik, die Rahmenbedingungen für die digitale Privatsphäre zu konkretisieren, die das „IT-Grundrecht" jedem Bürger gewähren soll.

Darüber hinaus sollte das Urteil Anlass sein, eine Debatte über digitale Bürgerrechte anzustoßen. Weil fast jedes Handeln Datenspuren hinterlässt, ist es technisch ohne weiteres möglich, fast jeden Aspekt des Lebens zu erfassen. Und die Dynamik der technischen Entwicklung nimmt noch zu. Wenn wir aber alles wissen können, geht es am Ende um die Frage, auf welche Informationen und welche Methoden wir bewusst verzichten wollen, auch wenn sie zur Abwehr terroristischer Gefahren oder der Bekämpfung von Kriminalität zumindest potentiell dienen könnten.

Welche Schranken wir uns auferlegen, entscheidet darüber, ob auch die digital erfassten Gedanken in Zukunft noch frei sein werden. (Baum et al. 2013, FAZ vom 26.2.2013)

Der Artikel weist auch auf die Auswirkungen auf nicht-staatliche Bereiche hin, etwa Arbeitsverhältnisse oder andere zwischenmenschliche Beziehungen. Freundschaften und andere Liebesbeziehungen beispielsweise können ohne Geheimnisse nicht funktionieren. Kleine Geschenke erhalten die Freundschaft, sagt der Volksmund, und die Tatsache, dass wir Geschenke einwickeln und eben bis zur Übergabe geheim halten, zeigt die Rolle des süßen Geheimnisses im Alltagsleben.

Doch wie viel mehr gilt das Geheimnis in einer Gesellschaft, die bestimmte Sexualbeziehungen nicht duldet oder gar verfolgt! In Deutschland wird nur über steuerliche

Vor- und Nachteile gestritten bei der (öffentlich) eingetragenen Partnerschaft zwischen zwei Menschen gleichen
Geschlechts – in anderen Ländern kann das *outing* lebens-
bedrohlich sein. Dennoch gibt es staatliche Institutionen,
die auf den Geheimnisverrat spezialisiert sind.

Geheimdienste verraten nicht nur Geheimnisse von Pri-
vatpersonen, zu ihrer Tätigkeit gehört zudem das Sammeln
von öffentlich verfügbaren Informationen. Die Zusammenstellung zu einer Akte gilt jedoch widerum als geheim,
wie passenderweise ein Geheimdienst vor Gericht verlauten
ließ. Die ehemalige Vizepräsidentin des Bundestags, Petra
Pau, wurde rechtswidrig vom Bundesamt für Verfassungs-
schutz beobachtet und verlangte im Anschluss Einsicht in
die Akte. Sie verklagte das BfV im Jahre 2012 erneut, weil
dieses ihre Akte nach wie vor nur geschwärzt und nicht
vollständig aushändigen wollte. Vor Gericht wurde bestätigt, dass allein mit der Zusammenstellung ein qualitati-
ver Unterschied zur ungeordneten Datensammlung besteht.
Dies kann man selbst leicht nachvollziehen, wenn man sich
die mehrere Gigabyte großen Diplomaten-Depeschen (siehe
Abschn. 6.4) im „rohen" Format *(raw format)* ansieht und
bereits über die ganzen militärischen Abkürzungen stolpert.
Besieht man sich die gleichen Daten durch eine besondere
digitale Brille, wie sie etwa beim Guardian bereitgestellt
wird, so erkennt man schließlich bisher verborgene Zusammenhänge.

Der Verdienst von Chelsea Manning, die als Bradley
Manning über Wikileaks Informationen über Kriegsverbre-
chen und Verstöße gegen die Menschenrechtskonventionen
veröffentlichte, kann gar nicht groß genug erachtet werden –
und doch wird er massiv in Frage gestellt oder, schlimmer noch, ganz und gar vergessen. Auch Edward Snowdens
größte Angst war, nach Aussagen seiner Vertrauten, dass die
Weltöffentlichkeit den Guardian-Enthüllungen gleichgültig
gegenübersteht.

Die Verdammung des Andenkens, die *damnatio memoriae,* ist eine demonstrative Tilgung der Lebensleistung eines Menschen. Die Tilgung im antiken Rom beispielsweise geschah dabei nicht so rückstandsfrei wie im berühmten „memory hole" von George Orwell, die Herrschenden ließen bewusst noch erkennen, wen man da öffentlich zu verdammen hatte.

Auch der „Index Librorum Prohibitorum", der erst mit dem zweiten vatikanischen Konzil von 1965 abgeschafft wurde, war eine solche Damnatio Memoriae. Man musste schließlich wissen, wen man denn bitteschön nicht zu lesen hatte. Die moderne Form ist subtiler, weil sie im digitalen Hintergrundrauschen operiert. Sie zeigt sich jedoch gelegentlich in plakativer Form, etwa, als der Chefredakteur des britischen Guardian, Alan Rusbridger, von britischen Geheimdienstmitarbeitern gezwungen wurde, im Verlagsgebäude Computerfestplatten zu zerstören. Dirk von Gehlen schreibt über diesen „symbolischen Akt" der Gewalt:

> Die Gewalt gegen den Computer ist der hilflose Versuch, einen reißenden Strom mit bloßen Händen zu stoppen. [...] Die Daten sind eben nicht nur auf dem Rechner im Keller des *Guardian,* die Daten sind in Amerika und Brasilien, erklärt Rusbridger den Geheimdienstlern – und in Wahrheit sind die Daten überhaupt nicht an einem Ort, sie sind digitalisiert. Und das sicherste Versteck, das man in der neuen, der digitalen Welt für sie finden kann, ist die Öffentlichkeit. (von Gehlen 2013, S. 89)

Von Gehlen verwendet hier den Begriff „Öffentlichkeit" im Sinne von Personen oder Einrichtungen, die im öffentlichen Interesse handeln, und daher Informationen vor illegitimem Zugriff schützen, indem sie sie vor staatlichem Zugriff verstecken. Die selbsternannten Hüter der Öffentlichkeit stehen von zwei Seiten in der Kritik. Prominenten Bloggern gehen die bisherigen Veröffentlichungen nicht weit genug, Regierungsvertreter hingegen vertreten die Position, nun sei ja alles gesagt und man solle nicht weiter in diese Richtung schreiben. „You've had your debate. There's no need to write any more" – so zitiert Alan Rusbridger hochrangige Regierungsvertreter (Rusbridger 2013, Blogbeitrag vom 19. August 2013).

Doch ohne die Einordnung durch den Guardian, the Intercept oder anderen Presse- und presseähnlichen Erzeugnissen verlieren wir uns in einer wahnsinnigen Flut an Informationen.

Der Begriff „information overload" wurde seit den 1970er-Jahren populär, Sachbücher wie Alvin Tofflers *Future Shock,* aber auch der Einsatz von Informationstechnik in der Verwaltung und im Zuge dessen die Einführung von Datenbanken trugen dazu bei, die informationelle Dimension der modernen Gesellschaft zu sehen. Die Angst vor einem Übermaß an Information ist nicht neu, sie wird bereits im 18. Jahrhundert formuliert. In der berühmten *encyclopédie* von Denis Diderot und Jean-Baptiste le Rond d'Alembert äußert sich Diderot im Eintrag „Encyclopédie" dazu; er befürchtet, dass im Verlauf der Jahrhunderte die Zahl wissenschaftlicher und künstlerischer Werke *(ouvrages)* so zunimmt, dass die Konsultation einer Bücherei der Konsultation des Universums gleiche. Die eigentlich zur Bewältigung des Weltwissens geschaffenen Bücher müssen ihrerseits bewältigt werden – dies ist der Ausgangspunkt für die *encyclopédie.* Übertragen auf unser Thema könnten wir uns fragen, ob die kooperativen Medien des Internets im Bild von Diderot nun die Zahl an *ouvrages* mehrt – oder im Sinne der *encyclopédie* das Wissen über das Universum ordnet.

Im Zeitalter von Facebook, Twitter und YouTube kann man dies kulturpessimistisch beantworten, meist wird man dafür von der Generation 40+ beklatscht. Doch auch hier ist es lediglich eine Frage der Sichtweise, ob man die „gesselligen

Medien" (engl. *social media*) als unübersichtliche Kakopho-
nie aus viel zu viel konkurrierenden Stimmen sehen möchte,
oder ob man in ihnen die verbindende Kraft eines kollektiv-
intelligenten Schwarms sieht. Beide Sichtweisen können
schlüssige Belege vorbringen.

5.5 Technik und Privatheit

Die Gedanken sind frei   Kein Mensch kann sie wissen,
wer kann sie erraten?   kein Jäger erschießen
Sie fliehen vorbei   mit Pulver und Blei:
wie nächtliche Schatten.   Die Gedanken sind frei!

Im allgemein bekannten Volkslied „Die Gedanken sind frei"
ist der erste Satz nicht allein aus Gründen des Versmaßes als
rhetorische Frage formuliert. Die Überzeugung, dass niemand anderes die eigenen Gedanken erraten kann, gehört
zu den Wesenszügen des Menschen. Die eigene Geisteswelt
ist vor dem Zugriff eines Anderen sicher. Die Privatheit der
eigenen Gedanken, Wünsche und Begierden ist eine notwendige Bedingung für jedes gesellschaftliche Zusammenleben. Was hat man im Geiste nicht alles durchgespielt!
   Es ist keine moralische Forderung, sondern eine Feststellung der *conditio humana,* wenn es im Lied weiter heißt:
„Mein Wunsch und Begehren // Kann niemand verwehren".
Die Möglichkeit des Menschen, selbst über das eigene
Leben zu bestimmen, sich selbst eigene Gesetze geben zu
können, scheint auch angesichts der Bedrohungen durch
Kerker, Fußketten, Blendung nicht gefährdet („Und sperrt
man mich ein // im finsteren Kerker, // das alles sind rein
// vergebliche Werke"). Doch reicht die Gedankenfreiheit
aus, um ein selbstbestimmtes Leben zu führen? Beate
Rössler sieht durch die gegenwärtige Informations- und

Kommunikationstechnik das Autonomieprinzip gefährdet und fordert die Gesellschaft zum Schutz des Privaten auf:

> Begreift man als das *telos* von Freiheit, ein autonomes Leben führen zu können, dann kann man, in der Ausbuchstabierung der Bedingungen eines solchen autonomen Lebens, sehen, dass für den Schutz von Autonomie Freiheitsrechte selbst nicht ausreichend sind, sondern dass Autonomie angewiesen ist auf die Substantialisierung dieser Freiheitsrechte in Rechten und Ansprüchen auf den Schutz des Privaten. Denn die Autonomie einer Person kann verletzt, beschädigt werden auf Weisen, die die Freiheitsrechte selbst gar nicht unmittelbar berühren: und um ebendieser Möglichkeiten willen sind Personen, in ihrer Autonomie, angewiesen auf den Schutz des Privaten. (Rössler 2001, S. 26)

Die Substantialisierung macht den Unterschied zwischen Gewährung von Freiheit und Gewährleistung von Freiheit aus. Damit der liberale demokratische Staat die Freiheit gewährleisten kann, muss er zunächst die Privatheit schützen, so Rösslers Argument. Welche Räume, Angelegenheiten oder Sachen privat sind, entscheidet jeder Mensch für sich. Wenn jedoch etwas als privat angesehen wird, können wir dies mit Hilfe der Kategorien der Privatheit einordnen. Rössler unterscheidet zwischen dezisionaler Privatheit, lokaler Privatheit, körperlicher Privatheit und informationeller Privatheit. Sie beschreibt dezisionale Privatheit als Sicherung der Interpretationshoheit über das eigene Leben und sieht besonders diesen Bereich als schutzbedürftig an.

Diese Interpretationshoheit kann maßgeblich durch die Gesellschaft beeinflusst werden, ohne dass dies für einen Anderen ersichtlich ist. Gesellschaftsbilder, Normen und Gruppenzwang können die dezisionale Privatheit ebenso beeinträchtigen wie körperliche Leiden, persönliches Schamempfinden oder Weltanschauungen.

Die dezisionale Privatheit ist eine nach innen gewandte; Beeinträchtigungen der dezisionalen Privatheit sind von außen nicht feststellbar, im Gegensatz zu Verletzungen der lokalen oder informationellen Privatheit durch Eindringlinge und Datenhändler.

Eine Beeinträchtigung der lokalen Privatheit findet statt, wenn gewünschte Abstände zu anderen Mitmenschen nicht eingehalten werden. Ob und welcher Raum einem Mitglied der Gesellschaft als privat zugestanden wird, hängt von der jeweiligen Kultur ab. Diese Privatheit ist jedoch eine objektivierbare; Beeinträchtigungen, ob gewollte oder auch unbewusste, können von außen festgestellt werden. Es kann durchaus sein, dass es Personen gibt, die für sich keine privaten Räumlichkeiten fordern und demzufolge auch keine Verletzung darin sehen, wenn zugestandene Räume von anderen okkupiert werden. Allerdings kann von außen festgestellt werden, dass es sich bei diesem Beispiel um ein Fall handelt, der in die Kategorie der lokalen Privatheit einsortiert werden kann. Die körperliche Privatheit ist ein Sonderfall der lokalen Privatheit.

Die informationelle Privatheit schließlich beschreibt die Kontrolle über die eigenen Daten, die Informationen, die über die eigene Person zu erlangen sind. In modernen Gesellschaften sind dies meist die digitalen Daten, die bei der Verarbeitung informationstechnischer Systeme anfallen; die informationelle Privatheit betrifft jedoch darüber hinaus alle erhobenen (oder erhebbaren) persönlichen Daten.

Mit dieser Unterscheidung haben wir das Rüstzeug, verschiedene Beeinträchtigungen der Privatheit genauer zu beschreiben. Die Trennung der einzelnen Privatheitskategorien hilft nicht nur bei der analytischen Einordnung, sondern dient in letzter Konsequenz auch dem Schutz der Privatheit.

Ich möchte an dieser Stelle das technische Bild eines „Schiebereglers" verwenden, das es uns erlauben soll, den

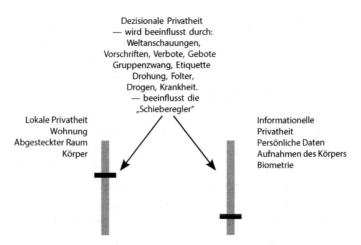

Abb. 5.1 Dezisionale Privatheit beeinflusst die Stellung der „Schieberegler"

Grad der Privatheit einer Sache – bzw. den Grad der Beeinträchtigung einer Privatheit – festzustellen.[1]

In welcher Kategorie der „Regler" angesetzt wird, lässt sich aufgrund einer Analyse der Situation festlegen. Welchen Wert er auf der „Privatheitsskala" einnimmt, entscheidet jedoch jeder für sich allein. Wenn diese Entscheidung beeinflusst ist, beispielsweise durch Ideologien, gesellschaftliche Normen oder Gruppendruck, müssen wir von einer Beeinträchtigung der dezisionalen Privatheit sprechen (Abb. 5.1). Das Dilemma ist, dass der so Beeinträchtigte sich in den meisten Fällen seiner Beeinflussung durch äußere oder innere Faktoren gar nicht bewusst ist. Die Verletzung der dezisionalen Privatheit hat somit weitreichende Konsequenzen in der Beurteilung potentieller Verletzungen der lokalen bzw. informationellen Privatheit.

---

[1]Mein Dank für dieses Bild gilt den Teilnehmern des Seminars „Privatheit" von 2010/2011, Anja, Anna-Lisa, Anne, Florian, Maximilian und Rainer.

Im Folgenden soll die besondere Rolle der dezisionalen Privatheit betont werden, sie steht kategorisch über der
lokalen bzw. informationellen Privatheit. Sie ist nach innen
gewandt und besitzt zwar auch „Schieberegler", die wir
jedoch nicht in jedem Fall bewusst bedienen können (wir
können zwar machen, aber nicht wollen, was wir wollen).
Verletzungen der lokalen und informationellen Privatheit
können von außen festgestellt werden, die Verletzung der
dezisionalen Privatheit ist in der Regel nur indirekt festzustellen.

Wenn innerste Gedankenvorgänge, Überzeugungen und
Glaube von außen einsichtig werden, erzeugt das eine bis zur
Verzweiflung reichende Verletzung der dezisionalen Privatheit. Eindrucksvoll wird das in George Orwells berühmter
Dystopie „Nineteen Eighty-Four" beschrieben: die Gedan-
kenpolizei soll genau in dieses Innerste des Menschen eindringen, alles natürlich zum Wohle der Gesellschaft und
damit vorgeblich auch zu seinem eigenen Wohle.

Orwells Welt spielt zwar im fiktiven Jahr 1984, spielt
aber wohl eher auf die realen Verhältnisse von 1948 an, das
Jahr, in dem das Manuskript fertiggestellt wurde. Im realen
Jahr 1984 existierten zwar nach wie vor totalitäre staatliche Regimes, jedoch war eine neue, unsichtbare Macht am
Werk, die die ganze Welt erfasste. Der Neoliberalismus ist
spätestens mit Thatchers Vereinigtem Königreich und mit
dem ökonomischen Erfolg des faschistischen Chiles salonfähig geworden. „Das Wunder von Chile" nannte es der
Ökonom Milton Friedman 1982 in der Newsweek und
lobte den Sieg der freien Marktwirtschaft.[2] Es ist verständlich, dass Friedman die Berater des chilenischen Diktators
so lobte, schließlich waren die „Chicago-Boys" genannten

---

[2]Milton FRIEDMAN: Free Markets and the Generals, in: Newsweek vom 25 Januar
1982, S. 59. Für Kontext siehe Alejandro REUSS: Milton Friedman's „Chilean
Miracle", in: Dollars & Sense, Januar/Februar 2007, online unter http://www.
dollarsandsense.org/archives/2007/0107reuss.html.

Berater seine Schüler gewesen. Verschwiegen wird bei einer solchen einseitigen Darstellung die prekäre Entwicklung im sozialen Bereich, übrigens auch im Vergleich mit dem nicht-sozialistischen Chile vor Allende: Gesundheitssystem und Rentensystem wurden privatisiert, Arbeiterrechte massiv eingeschränkt, das gesellschaftliche Leben hatte sich Staat oder Markt unterzuordnen. Nicht der Staat, sondern die Privatmenschen hatten sich um ihre weniger glücklichen Mitbürger zu kümmern: „There is no such thing as society".[3]

Es sollte Sie daher nicht allzu sehr verwundern, wenn wir direkt von Orwells zum neoliberalen Regime schwenken; beide sind totalitär, ein Schutz des Kernbereichs privater Lebensführung ist nicht vorgesehen. Suchanfragen im Internet werden protokolliert, um dem Nutzer relevantere Informationen zu liefern und um die Akkuratheit der Profilbildung zu testen. Die Suchhistorie ist ein sehr persönliches Datum, das innere Vorgänge spiegelt. Ängste und Sorgen, aber auch persönliche Interessen und Vorlieben bestimmen die Wörter, die in die Eingabemaske einer Suchmaschine eingetragen werden. Vom Erzeugen eines Persönlichkeits-Profils bis hin zur Vorwegnahme eigener Entscheidungen („did you mean…") – alles, was eine erneute Suche erfolgreicher gestalten soll, ist eine Beeinträchtigung, wenn nicht zwingend der dezisionalen, so doch mindestens der informationellen Privatheit. Diese Unmündigkeit und der damit einhergehende Kontrollverlust können durchaus gewollt sein (etwa aus Bequemlichkeit), eine Beeinflussung sind sie dennoch.

---

[3] „There is no such thing as society. There is living tapestry of men and women and people and the beauty of that tapestry and the quality of our lives will depend upon how much each of us is prepared to take responsibility for ourselves and each of us prepared to turn round and help by our own efforts those who are unfortunate". Margaret THATCHER: Interview for Woman's Own („no such thing as society"), 23. September 1987, online unter http://www.margaretthatcher.org/speeches/displaydocument.asp?docid=106689.

In demokratisch verfassten Gesellschaften, anders als in totalitären oder faschistischen, geschieht dieser Kontrollverlust freiwillig, wir müssen dementsprechend argumentieren, um die Notwendigkeit einer informationellen Privatheit zu betonen. Wie gehen wir damit um, dass Leute in den *social media* ihre Daten freiwillig preisgeben? In den Fällen, in denen nicht nur die Daten der Nutzer betroffen sind, sondern auch die ihrer Freunde und Bekannten, können wir aus deren Sicht argumentieren: „Auch wenn du (angeblich) nichts zu verbergen hast – ich als dein Kommunikationspartner schon!" Edward Snowden versucht es auf Twitter mit einer Analogie: Wer keine informationelle Privatheit fordert, weil er nichts zu verbergen habe, würde aus dem selben Grund auch das Recht auf Meinungsfreiheit ablehnen, weil er nichts zu sagen hätte.[4]

Lebensinszenierer und Künstler, deren „Schieberegler" bei der informationellen Privatheit auf Null stehen, müssen gesondert betrachtet werden, ebenso wie Personen und Organisationen, die eine bedingungslose Offenbarung menschlicher Handlungen weltweit und kulturübergreifend fordern (so genannte *Post-Privacy*-Bewegungen). „Privatsphäre ist so was von Eighties", sagte die Politikwissenschaftlerin Julia Schramm im März 2011, damals noch als Mitglied der Piratenpartei Deutschland in einem Interview.[5]

Seit dem Volkszählungsurteil von 1983 wissen wir höchststrichterlich bestätigt, dass es kein belangloses Datum in Bezug auf Personen gibt. Die Erhebung und Verwendung personenbezogener, aber auch personenbeziehbarer Daten unterliegen besonderer Prüfungen hinsichtlich der Notwen-

---

[4] „‚I don't need privacy' I've nothing to hide' argues ‚I don't need free speech, I've nothing to say.' Rights = Power https://t.co/AOMc79DIOS". Tweet von Edward @Snowden vom 04.11.2015, online unter https://twitter.com/snowden/status/661938964304166912.

[5] Spiegel Online, Internet-Exhibitionisten „Spackeria", 10. März 2011, http://www.spiegel.de/netzwelt/netzpolitik/internet-exhibitionisten-spackeria-privatsphaereist-sowas-von-eighties-a-749831.html.

digkeit der Erfassung, des Schutzes der Daten vor Missbrauch sowie der Verfassungsrechtlichkeit eines solch massiven Eingriffes in die informationelle Selbstbestimmung eines Menschen.

Für die Generation der so genannten „digital natives" stellt der Staat keine Bedrohung (mehr) dar, es sind privatwirtschaftliche Konzerne wie Alphabet, Telekom und Apple, die über die Internetverbindung in den Kernbereich privater Lebensgestaltung eindringen und massiv Daten sammeln. Übersehen wird bei einer so einseitigen Schuldzuschreibung allerdings, dass es der Staat ist, der die Rahmenbedingungen für diese datengetriebene Wirtschaftszweige gestaltet. Übersehen wird auch, dass man eine Datengesamtrechnung aufmachen muss. Die einzelnen Dienste mögen vielleicht tatsächlich datensparsam nur wenig erfassen, doch wenn nun mehrere Datenquellen gekoppelt werden, entstehen Daten über eine Person, die eine neue Qualität besitzen. Sie lassen umfangreiche Rückschlüsse auf das Leben der erfassten Person zu. Selbst eine nur nebenbei fotographierte Person (auf Panorama-Aufnahmen oder in virtuellen Stadtrundfahrten) offenbart ihren Aufenthaltsort zum Zeitpunkt der Aufnahme. In modernen Kameras werden diese Informationen praktischerweise zusammen mit dem Bild in der gleichen Datei gespeichert; zusätzlich versucht die Fotoverwaltungssoftware des Heimcomputers, die Person zu identifizieren – und das Betriebssystem legt gleich eine (der Firma zugängliche) Sicherungskopie in der so genannten „Cloud" ab.

Im digitalen Zeitalter muss neu über die visuelle und auditive Erfassung der Lebenswelt sowie über die automatisierbare Weiterverarbeitung des digitalen Abbildes nachgedacht werden. Es gibt kein „unwichtiges Datum", da jedes ein Mosaikstein im großen *Tableau* des verdateten Menschen wird. Nicht nur die Analyse, auch die Zusammenführung und Distribution von Daten sind mit der heutigen

Computertechnik keine allzu große Herausforderung mehr, daher muss ein Schutz bei der Erhebung der Daten anfangen. Mit Hilfe von Aufklärung und dem, was in Sonntagsreden als Medienkompetenz gelobt wird, kann der „Schieberegler" entsprechend gestellt werden, so dass private Daten eben nicht mehr so einfach von der mündigen Nutzerin herausgegeben werden.

Die noch mit traditionellen Modellen entworfenen Vorstellungen der lokalen Privatheit (Gesetze, Normen, Konventionen) werden im Idealfall im Konsens mit allen Mitgliedern der Gesellschaft ausgehandelt. Auch in dieser Aushandlung spielen die eigenen „Regler-Einstellungen", die aus der dezisionalen Privatheit übernommen werden, eine entscheidende Rolle.

Dezisionale Privatheit ist Bedingung und Ausgangspunkt aller Überlegungen zur faktischen Formulierung der lokalen und informationellen Privatheit. Zu unseren eigenen Überzeugungen, Meinungen oder Weltbildern gelangen wir mit Hilfe eines Umwandlungsprozesses der uns zur Verfügung stehenden Information und dem bereits vorhandenem Wissen. Niklas Luhmann erinnerte uns Ende des letzten Jahrhunderts daran, dass das, was wir von der Welt wissen, durch (Massen-)Medien vermittelt wird (Luhmann 2009, S. 9). Also werden auch unsere Entscheidungen hinsichtlich der Positionierung unseres „Schiebereglers" maßgeblich durch Berichterstattung, Sichtbarkeit der Themen und Fakten sowie durch die Zivilgesellschaft beeinflusst.

Die liberalen Gesellschaften haben ein großes Erbe angetreten. Im Liberalismus wird die persönliche Freiheit so gut wie möglich vor unzulässigen staatlichen Eingriffen geschützt, gleichzeitig wird sie durch Gesellschaftsregeln für alle gleichermaßen zugänglich. Angriffe auf die individuelle Freiheit kann der selbstbestimmte Souverän eines Staates erkennen und mit entsprechenden demokratischen Mitteln abwehren – jedoch nur, wenn er einen Rückzugspunkt besitzt, der vor dem Zugriff des Staates geschützt ist: seine Privatheit.

Privatheit ist konstitutiv für einen liberalen Staat und gleichsam Bedingung zur Möglichkeit der Selbstbestimmung und des Erkennens des Freiheitsgrades einer Person. Um es kategorisch zu sagen: Wir können nicht vernünftigerweise wollen, dass (dezisionale) Privatheit so weit eingeschränkt wird, dass wir die Einschränkung selbst nicht mehr wahrnehmen. Die Angriffe auf die Privatheit erfolgen zuweilen aus unerwarteten Richtungen. Gerade Datenschützer sind oft Informationsfreiheitskämpfer, getreu dem Hacker-Motto „Private Daten schützen, öffentliche Daten nutzen", und so erscheint es nicht widersprüchlich, auf der einen Seite Transparenz und auf der anderen Seite Privatheit zu fordern. Doch diese Forderung nach absoluter Transparenz ist hoch problematisch – Transparenz ist kein Wert an sich, sondern nur eine Methode. Wenn Transparenz jedoch zum Ziel an sich erhoben wird, erschwert dies die Bildung einer kritischen Öffentlichkeit aus zwei Richtungen: Erst in geheimen Treffen bildet sich eine öffentliche Bewegung, nur in vertrauten Gruppen werden auch Minderheitsmeinungen diskutiert – der Kant'sche Aufklärer klärt (zunächst) im Privaten auf. Auf der anderen Seite hört durch eine radikale Transparenz des Staatswesens die „Staatsmaschine" auf, effektiv zu arbeiten. Beobachtung heißt Einflussnahme, implizite Vorgänge müssen erklärt und somit im Moment des Aktes gestoppt werden.

Transparenz ist verlockend, „Post-Privacy-Spackos" (wie Constanze Kurz die Bewegung nennt) erhoffen sich Toleranz, Befürworter einer maschinenlesbaren Regierung informationelles Vertrauen, Ethnologen, die ihre Mitmenschen beobachten wollen, Erkenntnis. Doch Toleranz entsteht nicht durch Transparenz, sondern durch Einsicht und Empathie. Vertrauen kann nicht aufgebaut werden, auch wenn diese Floskel in den Nachrichten häufig zu hören ist,

Vertrauen wird einem ausgesprochen, es ist ein Akt des Gegenübers.

Absolute Transparenz verhindert den Besitz von Geheimnissen, jedoch müssen soziale Gruppen, die in der Minderheit sind, Geheimnisse haben können; mächtige und Macht ausübende Gruppen hingegen sollten keine haben dürfen.

5.6 Informationelle Zugänglichkeit

In der politischen Theorie wie auch in der Praxis gibt es bestimmte Hürden, die einen Missbrauch von Macht verhindern sollen; diese sind nicht zu verwechseln mit den Barrieren, die der politischen Partizipation entgegenstehen. Hürden sind stets bewusst platziert und wünschenswert, Barrieren können hingegen auch kontingenterweise entstanden sein. (Wobei Barrieren auch dazu dienen, bestimmte Herrschaftsverhältnisse zu sichern, bestimmten Ethnien oder Religionen die faktische Teilnahme zu verweigern etc. In diesem Fall sind sie bewusst platziert, jedoch nicht vernünftigerweise wünschenswert.) Beide können gleichermaßen faktisch abgeschafft werden, doch nur im Falle der Barrieren ist dies auch gewollt.

Hürden der Politik sind beispielsweise die bereits im Namen als solche erkennbare Fünf-Prozent-Hürde, die erforderliche Zweidrittelmehrheit der Parlamente bei besonders schwerwiegenden Eingriffen in die Grundrechte der Bürger, die Unantastbarkeit des Wesensgehaltes des Grundgesetzes et cetera. Hürden sind normativ festgelegt, manchmal aufgrund weiser Überlegung, zumeist jedoch aus schlechter Erfahrung in der Vergangenheit. *Barrieren* der Politik sind unter anderem die Illiteralität, kontingente bürokratische Sachzwänge wie Wohnsitz oder andere faktische Einschränkungen der verbrieften (Grund-)Rechte.

Technische Systeme sind nicht gerade unschuldig an so mancher Barriere, bauen sie doch vereinzelt sogar die Barrieren erst auf, und dennoch können diese mit Hilfe geeigneter Technik eingerissen oder zumindest überwindbar gemacht werden. Denken wir beispielsweise an die Barriere der fehlenden oder unzureichenden Bildung – die maßgeblich dafür verantwortlich ist, dass wir noch nicht in einem aufgeklärten Zeitalter leben –, so kann eine technische Erfindung, nämlich die der Schrift in all ihren analogen und digitalen Ausprägungen, zur Aufklärung (wenn nicht sogar zum Erreichen der Milleniumsziele) entscheidend beitragen (Klumpp 2009, S. 5–7).

Bei der Betrachtung *politischer* Barrieren, die mit Hilfe von Technik überwunden werden sollen, müssen auch die *technischen* Barrieren und Hürden berücksichtigt werden. Technische Hürden werden insbesondere bei kritischen Systemen eingebaut, sie sollen unsachgemäßen Gebrauch verhindern, der zu Gefahr auf Leib und Leben einer Person führen kann. So ist die Bedienung von Siebträger-Kaffeemaschinen speziell geschulten Baristas vorbehalten, der Führerschein erlaubt das Autofahren auch hierzulande nur ausgebildeten Personen etc. Unter dem Schlagwort der „Barrierefreiheit" wurde die Forderung laut, technische Barrieren, die kontingenterweise entstanden sind, abzuschaffen.

Wir müssen also zunächst analysieren, ob es sich bei dem zu betrachtenden Hindernis um eine Hürde oder um eine Barriere handelt. Um mit einer der schwereren Fragen zu beginnen: Ist die repräsentative Demokratie eine Hürde (gegen den „Pöbel" oder den „Mob") oder eine Barriere, errichtet von einer politischen Elite zur Stabilisierung der Unmündigkeit des Großteils der Bevölkerung? Gibt es dafür einen Prüfstein, einen „litmus test"?

Der Prüfstein der Demokratie ist Publizität, also die Gewährleistung der bzw. die Berufung auf Öffentlichkeit. Die einzelnen Komponenten lassen sich grob in zwei

Kategorien einteilen: Toleranz und Förderung. Gerade auf dem Boulevard zeigt es sich, wie es um eine Demokratie bestellt ist.

Literatur

Arendt H (2006) Vita activa oder Vom tätigen Leben. Piper, München

Baum G, Kurz C, Schantz P (2013) Das vergessene Grundrecht. Frankfurter Allgemeine Zeitung. http://www.faz.net/aktuell/feuilleton/debatten/datenschutz-das-vergessene-grundrecht-12095331.html

Briggs A (1995). The Birth of Broadcasting (1961), Bd 1. The History of Broadcasting in the United Kingdom. Oxford University Press, Oxford

Bunting M (2018) Review of the BBC's Research & Development Activity British Broadcasting Corporation. http://downloads.bbc.co.uk/aboutthebbc/insidethebbc/reports/pdf/rdreview.pdf

Di Justo P (9. September 2004) Protests Powered by Cellphone, New York Times. http://archive.is/D2MPk. http://www.nytimes.com/2004/09/09/technology/circuits/09mobb.html?_r=0

Enzensberger HM (1997) Baukasten zu einer Theorie der Medien (1970). In: Glotz P (Hrsg) Baukasten zu einer Theorie der Medien. Kritische Diskurse zur Pressefreiheit, Reinhard Fischer, München, S 97–132

Fischer E (1957) Dokumente zur Geschichte des deutschen Rundfunks und Fernsehens. Musterschmidt, Göttingen

Hamm M (2005) Indymedia – Zur Verkettung von physikalischen und virtuellen Öffentlichkeiten. Archiviert unter: http://archive.is/0zczZ, http://www.republicart.net/disc/publicum/hamm04_de.htm

Klumpp S (2009) Die gelbe Kurbel. der Einsatz von Computern zur förderung von Bildung in Entwicklungsländern. Diplomarbeit zum Erwerb des akademischen Grades Diplom-

Informatiker am Institut für Informatik der Humboldt-Universität zu Berlin bei Prof. Wolfgang Coy

Leggewie C (2003) Von der elektronischen zur interaktiven Demokratie. In: Klumpp D (Hrsg) Next generation information society?, Talheimer Verlag, Mössingen-Talheim, S 115–128

Luhmann N (2009) Die Realität der Massenmedien, 4. Aufl. VS Verlag

Maxwell JC (1865) A dynamical theory of the electromagnetic field. Philos Trans R Soc Lond 155:459–512. https://doi.org/10.1098/rstl.1865.0008

McLuhan M (1995) Die magischen Kanäle. Verlag der Kunst Dresden, Basel (Erstveröffentlichung 1964)

Meinel C, Sack H (2009) Digitale Kommunikation. Springer, Berlin

Moini B (2018) Amicus Curiae Brief zum Verfahren 1 A 15.17 vor dem Bundesverwaltungsgericht Berlin: Gesellschaft für Freiheitsrechte

Rössler B (2001) Der Wert des Privaten. Suhrkamp, Frankfurt a. M

Rusbridger A (2013) David Miranda, schedule 7 and the danger that all reporters now face. http://www.theguardian.com/commentisfree/2013/aug/19/david-miranda-schedule7-danger-reporters

Sennett R (2008) Verfall und Ende des öffentlichen Lebens: Die Tyrannei der Intimität. Berliner Taschenbuch Verlag, Berlin

Sösemann B (2003) „Auf Bajonetten läßt sich schlecht sitzen" In: Stamm-Kuhlmann T, Salewski M (Hrsg) Geschichtsbilder: Festschrift für Michael Salewski zum 65. Geburtstag, Steiner, S 381–409

von Gehlen D (2013) Überwachte Welt. In: Otto P (Hrsg) iRights.Media, Berlin, S 89–90

Wu T (2010) The master switch: the rise and fall of information empires. Alfred A. Knopf, New York

6

Revolutionsmedien

Bereits ein Teleskop kann als Revolutionsmedium betrachtet werden, immerhin brachte es dogmatische Vorstellungen der herrschenden Klasse zum Einsturz. Nikolaus Kopernikus schrieb Anfang des 16. Jahrhundert sein berühmtes Werk „De revolutionibus orbium coelestium", das Wort Revolution bezieht sich natürlich auf die Umlaufbahn der Planeten um die Sonne, aber ist auch in dem umstürzlerischen Sinn zu interpretieren (Abb. 6.1).

Das Manuskript von Kopernikus wurde Mitte des 16. Jahrhunderts in Nürnberg gedruckt und erst dadurch einer größeren Öffentlichkeit bekannt. Die Rolle des Buchdrucks bei der protestantischen Reformation wurde bereits erwähnt, und bis heute spielen Bücher eine zentrale Rolle der Wissensvermittlung (wie Sie soeben in einem E-Buch gelesen haben).

Außerhalb der Wissenschaft und der Eliten spielen Bücher eine geringe Rolle, für den Großteil der Leserschaft des 19. Jahrhunderts waren Zeitungen die entscheidende Quelle für Neuigkeiten und Informationen. Blicken wir in die

© Springer Fachmedien Wiesbaden GmbH, ein Teil von Springer Nature 2020
S. Ullrich, *Boulevard Digital,*
https://doi.org/10.1007/978-3-658-24429-3_6

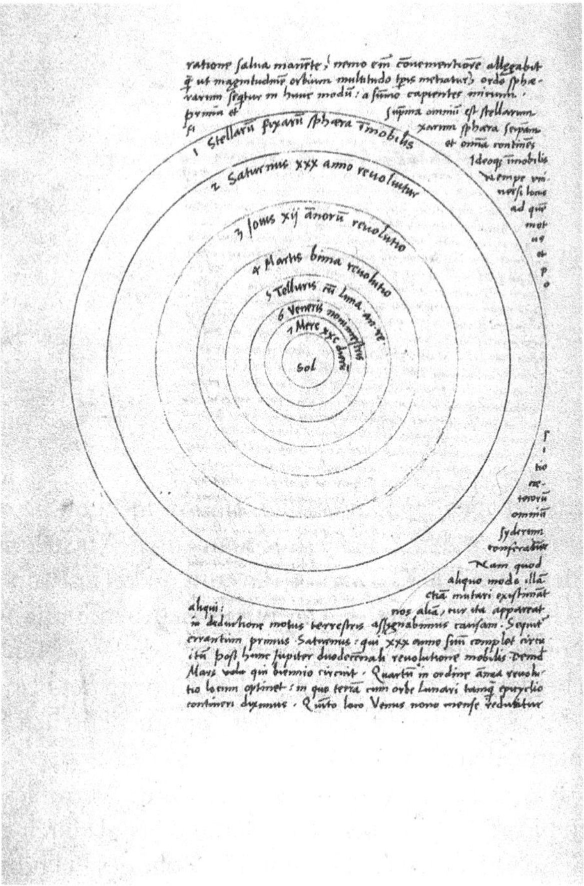

Abb. 6.1 Zeichnung aus dem Manuskript „De Revolutionibus Orbium Coelestium" von Kopernikus. (Public Domain.)

Anfänge des Zeitungswesens, finden wir Belege, dass die Rolle von Journalismus und Zeitungen kaum überschätzt werden könne, wie der schottische Philosoph Thomas Carlyle schrieb. Auf der Tribüne des viktorianischen Parlaments saßen Berichterstatter und bildeten den vierten Stand, der weit wichtiger sei als die anderen Stände. Literatur sei eine

Erweiterung des Parlaments, ein Grundstein der Demokratie. Carlyle ist sich sicher: Erfindet die Presse – und Demokratie ist unvermeidlich (Carlyle 1841, S. 265).

Carlyle schrieb dies wenige Jahre vor der Erfindung der Rotationspresse, die das Zeitungswesen und damit die Verbreitung von politischen Informationen revolutionierte, vor allem in ökonomischer Hinsicht. Das frühe Zeitungswesen konzentrierte sich auf die Inhalte, die keinen Anspruch auf Vollständigkeit oder Objektivität hatten; hier wurde eine Meinung publiziert. Wenn einem (wohlhabenden) Bürger ein bestimmtes Blatt missfiel, gründete er einfach eine eigene Zeitung, veröffentlichte seine Gegenmeinung, die zusammen mit den vielen anderen Meinungen in ihrer Gesamtheit die öffentlich wahrnehmbare „Bürgermeinung" darstellte. Die einzelnen Zeitungen und Magazine waren wie Banner, unter denen sich Bürger versammeln konnten.

Je größer die Leserschaft, desto attraktiver erscheint sie den Machthungrigen der Welt, diagnostizierte der Publizist Albert Schäffle dreißig Jahre später:

> [Der Tagespresse] muß sich bedienen, wer das Volk belehren oder belügen, öffentliche Anerkennung oder öffentliche Verurteilung herbeiführen, terrorisieren oder beschmeicheln, anfeuern oder abschrecken und die Massenansicht, das Massengefühl und den Massenwillen überhaupt in irgend welche Bahn lenken will. (Pöttker 2001, S. 125)

Diese der Presse zugeschriebene Macht weckt Begehrlichkeiten bei Staatenlenkern und solchen, die es werden wollen, egal welcher politischen Couleur sie zuzuschreiben sind. Die Gestaltungsmacht der Presse kann von Regierungen sehr leicht (aus-)genutzt werden, wenn sie an einem Ort gebündelt oder zumindest von wenigen kontrolliert wird. In Deutschland ist die Gefahr der Machtbündelung im Zeitungswesen seit dem Zweiten Weltkrieg relativ klein, da es

grundsätzlich jedem erlaubt war (und ist), eine Zeitung her-
auszugeben und so selbst zum „Lenker des Massenwillens"
zu werden.

6.1 Der Wille der Allgemeinheit

Politische Partizipation muss sich nicht mehr nur auf das
Setzen eines Kreuzchens alle vier Jahre konzentrieren: Neue,
partizipative Medien locken mit der faktischen Teilnahme
an der Politik, sie ermöglichen vorgeblich nichts Geringeres
als die Bildung (im Sinne einer Herstellung) eines weisen
Allgemeinwillens, der sich aus dem akkumulierten Willen
aller zusammensetzt.

Die Weisheit der Masse ist kein allzu neues Konzept,
jedoch konnte man ihre Wirkung bei der Entstehung der
Online-Enzyklopädie Wikipedia tatsächlich *beobachten* und
nicht nur theoretisch formulieren. Es lag nahe, den Erfolg
auch auf das Politische zu übertragen und das Machtmo-
nopol jener Elite in Frage zu stellen, die einem postulierten Allgemeinwillen anstatt dem Willen der Allgemeinheit
gehorcht, der sich in der Gesamtheit aller Äußerungen der
(unbedingt vernünftigen) Bürger zeigt.

Jürgen Habermas hat die Vernunft aus der Einzelhaft
befreit und sie im intersubjektiven Raum verortet, der immer
dann entsteht, wenn sich miteinander kommunizierende
Menschen in der Absicht versammeln, sich gegenseitig verstehen zu wollen. In einer demokratischen Gesellschaft ist
dieser Raum der Boulevard, der Bürgersteig, die Öffentlichkeit. Für den Einzelnen und die Gesellschaft wichtige
Themen werden vor allem auf dem Boulevard diskutiert,
im Idealfall in der Absicht, einen Konsens über durchzu-
führende politische Handlungen zu erzielen. Selbst die rei-
ßerischen Schlagzeilen der Boulevardzeitungen können zur
Sondierung der öffentlichen Meinung genutzt werden, etwa

wenn sie Bestätigung oder Gegenwind auf anderen Kanälen erfahren.

Wichtig für die öffentliche Deliberation ist (neben der Abwesenheit von Macht) die Forderung, dass am Ende des Entscheidungsprozesses das beste Argument erstens gefunden wird und sich zweitens durchsetzt. Damit das beste Argument gefunden werden kann, müssen zunächst alle Meinungen gleichberechtigt geäußert werden können, was angesichts der begrenzten Lebenszeit eines Menschen nicht praktikabel ist. In der Praxis werden Meinungen gewichtet und im Falle einer allgemeinen Zustimmung zu einer (kodifizierten) Norm der Gesellschaft.

Mit Hilfe der digitalen Medien könnten wir, so die Hoffnung, tatsächlich alle Argumente in einem Computersystem sammeln und darüber beraten – und eben nicht einfach nur abstimmen. Und selbst bei Abstimmungen werden vermehrt Computer gefordert, entweder mit dem politiktheoretisch nichtigen Argument der Zeitersparnis oder aber mit dem Argument, dass das bisherige Wahlrecht schlicht ungerecht sei.

Aktuelle Vorschläge zu Wahlmethoden, die nicht nur geheim und transparent, sondern auch noch *wirklich* gerecht sein sollen, können sinnvoll nur noch mit Hilfe von Computerprogrammen umgesetzt werden. Wenn wir dann auch noch mehrere Stimmen pro Wähler zulassen („Kumulieren und Panaschieren"), ähnelt die Matrix, die bei der Errechnung der Sitzverteilung entsteht, einem SUDOKU-Spielzettel. Dabei soll die Wahl von allen Wählern nachvollziehbar sein, wie eine wichtige Forderung aus der Urteilsbegründung des Bundesverfassungsgerichts in Sachen Wahlcomputer lautet. Kurz: Es soll (von entsprechend politisch Gebildeten) einfach zu verstehen sein. Die „Black Box Computer" ist für den Bürger erst einmal nicht zu verstehen. Dafür aber die von dieser Black Box produzierten Bilder und Zahlen.

In der politischen Berichterstattung der Medien und in den unzähligen TV-Gesprächskreisen scheint die Einfachheit der mess- und vergleichbaren Zahlen eine magische Anziehungskraft zu sein. Bei politischen Umfragen soll die Balkenhöhe in den präsentierten Diagrammen den Grad der Zustimmung ausdrücken, die Anzahl von *tweets* unter bestimmten *#hashtags* soll politische Relevanz widerspiegeln – Gesellschaft ist in dieser Sichtweise lediglich ein (Online-)Publikum im digitalen Colosseum, das bei den unterschiedlichsten Themen seinen Daumen nach oben oder unten richten soll.

Wer sich über diese Verflachung des politischen Diskurses beschwert, sollte jedoch berücksichtigen, dass es oft sehr schwer ist, bestimmte Bedürfnisse klar zu formulieren. Dieser Umstand wurde bereits von de Tocqueville während der ersten realpolitischen Umsetzung einer Demokratie beobachtet (de Tocqueville 1848, S. 111). Die ungeschickten und törichten Unmutsbekundungen eines Volkes erfüllen jedoch auch so ihren Zweck, ergänzt John Dewey achtzig Jahre später. Die von den Eliten so gering geschätzte Volksherrschaft „zwingt zu der Erkenntnis, daß es gemeinsame Interessen gibt, auch wenn die Erkenntnis, *worin* sie bestehen, wirr ist", sie wirke gerade dort erzieherisch, wo es andere Formen politischer Regulierung nicht tun; sie verlangt nach Diskussion und Publizität:

> Der [Mensch], der die Schuhe trägt, weiß am besten, daß und wo sie drücken, auch wenn der fachkundige Schuhmacher am besten beurteilen kann, wie den Beschwerden abzuhelfen ist. Die Volksherrschaft hat zumindest Gemeingeist erzeugt, wenn sie auch bei der Unterrichtung dieses Geistes nicht sehr erfolgreich war. (Dewey 2001, S. 172)

Dewey wehrt sich im unmittelbar folgenden Absatz entschieden gegen die elitäre Denkweise von Philosophenkönigen:

„Eine Klasse von Experten ist den gemeinsamen Interessen unvermeidlich so entrückt, daß sie zu einer Klasse mit Privatinteressen und Privatwissen wird, welches in sozialen Angelegenheiten überhaupt kein Wissen ist." Er appelliert an die politische Elite:

> Keine Expertenherrschaft, in der die Massen nicht die Chance besitzen, die Experten über ihre Bedürfnisse zu informieren, kann irgend etwas anderes sein als eine Oligarchie, die im Interesse einiger weniger ausgeübt wird. Und die Aufklärung muß in einer Form erfolgen, welche die Verwaltungsspezialisten zwingt, die Bedürfnisse in Betracht zu ziehen. Der Welt ist mehr Leid durch Führer und Autoritäten zugefügt worden als durch die Massen. // Das wesentliche Erfordernis besteht, mit anderen Worten, in der Verbesserung der Methoden und Bedingungen des Debattierens, Diskutierens und Überzeugens. Das ist *das* Problem der Öffentlichkeit. (Dewey 2001, S. 173)

Die von Dewey geforderten Bedingungen des Debattierens, Diskutierens und Überzeugens scheinen besser denn je zu sein. Noch nie waren so viele Information so breit zugänglich, noch nie verfügten Kinder und Jugendliche über einen so hohen Bildungsstandard. Doch gerade diese breite Zugänglichkeit erfordert nun eine neue Fähigkeit, nämlich gegebene Sachverhalte prüfen zu können, wobei das „können" hier sowohl für „dürfen" als auch für „in der Lage sein" steht.

6.2   Die Macht der vernetzten Vielen

Politische Aktivisten der letzten Jahrhunderte haben sich schon immer der modernen Medien bedient, nutzten

Flugblätter oder Piratensender und nutzen nun eben partizipative Internetmedien. Nicht jeder, der ein Flugblatt druckt, ist ein politischer Aktivist (man denke nur an die Flugblätter im Briefkasten). Ebenso wenig ist jeder Nutzer von *social media* in politischer Absicht unterwegs, im Gegenteil: Es scheint, das Internet sei für Katzenbilder erfunden worden. Um das epistemische Dilemma des Digitalzeitalters in direkter Anlehnung an Niklas Luhmann zu formulieren: Was wir über unsere Gesellschaft, ja über die Welt, in der wir leben, wissen, wissen wir durch die gefilterten Digitalmedien. Andererseits wissen wir so viel über die Filtermechanismen, dass wir diesen Quellen nicht trauen können.[1]

Hacktivisten versuchen, eben diese Filtermechanismen entweder zu neutralisieren oder sie zu ihren Gunsten auszunutzen. „Memes" sind das beste Beispiel: Bestimmte Nachrichten werden plötzlich „viral", verbreiten sich unheimlich schnell und beeinflussen unabhängig vom Wahrheitsgehalt die öffentliche Meinung. Nachrichten können im Netz aber auch plötzlich Personen zugeordnet werden, die davon gar nichts wissen. Nehmen wir das Kapern von Twitter-Accounts oder das „Defacing" von Internetauftritten als Beispiele. In jüngster Zeit mehren sich die Berichterstattungen über so genannte „Deepfakes", also softwaregestützten Manipulationen von Videos, die öffentlichen Personen Worte in den Mund legen.

„Straßenerprobte" politische Aktivisten wie Micah White warnen vor einer Verlagerung von politischen Aktionen ins Virtuelle, sie nennen diese Form verächtlich „clicktivism". Dabei sind es gar nicht die technokratischen Programmierer der „social media"-Systeme, die eine politische Partizipation versprechen. Es sind vielmehr die etablierten Medien (neu wie alt), die von einer „Facebook-Revolution" in Ägyp-

---

[1] Das Originalzitat findet sich im Abschn. 3.2 und natürlich in (Luhmann 2009, S. 9).

ten oder einem „Twitter-Aufstand" im Iran berichten. Diese unzulässige, verfälschende Verkürzung hat mehrere Ursachen. Eine ist die chronische Unterschätzung der Leserinnen und Leser. Eine andere ist schlicht ökonomischer Natur: Selbst große Funkhäuser und Redaktionen leisten sich immer weniger Korrespondenten in den verschiedenen Ländern, deren Rolle für die Herausbildung einer öffentlichen Meinung dementsprechend nicht genug gewürdigt wird.

Die Berichte der Ereignisse des Jahres 2011, die wir unter dem Begriff des „arabischen Frühlings" subsumieren, erreichten die interessierte Leserwelt zunächst vornehmlich über die so genannten neuen Medien, via *Weblogs, Twitter* und *YouTube,* allenfalls ein wenig aufbereitet durch Presse, Fernsehen und Rundfunk. Eine prominente Ausnahme stellt wohl der privatrechtliche arabische Sender Al Jazeera dar, der eine zentrale Informationsquelle für die ägyptischen Proteste war und ist. Al Jazeera berichtete *live* vom Tahrir-Platz, dem inzwischen schon legendären „Platz der Befreiung".

You will not be able to stay home, brother
You will not be able to plug in, turn on and cop out
You will not be able to lose yourself on skag
And skip out for beer during commercials
Because the revolution will not be televised[2]

Die Revolution wurde im Fernsehen übertragen – wobei es nie die eigene Revolution ist, die im Fernsehen übertragen wird. Über Revolutionen und Revolten der anderen wurde spätestens seit Begründung des Zeitungswesens ausführlich berichtet. Dank der Berichterstattung beispielsweise über die Französische Revolution wurden politische und moralische Diskussionen im Deutschen Kaiserreich geführt, ja, es findet

---

[2] Gil Scott-Heron: The Revolution Will Not Be Televised, 1974. Online zu hören unter https://archive.org/details/TheRevolutionWillNotBeTelevised.

sich „in den Gemüthern aller Zuschauer (die nicht selbst in diesem Spiele mit verwickelt sind) eine Theilnehmung dem Wunsche nach", wie Kant in dem *Streit mit der juristischen Fakultät* ausführt (Kant 1798, S. 86). Auch Hegel spielt in seinen Heidelberger Vorlesungen von 1817 auf die Sklavenaufstände in Haiti an (Buck-Morss 2009, S. 61).

Die medial geförderte Solidarisierung mit den Revolutionären kann unter günstigen Umständen zu einem öffentlichen Diskurs im eigenen Land führen, wenn sie länger anhält als die Berichterstattung dauert. *Facebook, YouTube* und andere kommerzielle Anbieter jedoch werden einen politischen Diskurs nicht unterstützen, wenn sie sich keinen Profit davon erhoffen. Im Gegenteil, es liegt in ihrem Interesse, die „öffentliche Ruhe" nicht zu stören und konsequenterweise etwaige Störer zu denunzieren.

Die selbst geschaffene Abhängigkeit von den Betreibern solcher Dienste kann im harmlosesten Fall zu einer Profilbildung zu Werbezwecken führen – lebensbedrohend kann es werden, wenn der durch neue Medien kritisierte Staat eingreift und die Plattformbetreiber zur Herausgabe der bei ihnen vorliegenden Daten zwingt (Morozov 2011, z. B. der Abschnitt „Why Databases Are Better Than Stasi Officers", S. 148 ff.).

Die sich anonym wähnenden kritischen politischen Aktivisten werden einem repressiven Staat auf dem Silbertablett serviert, komplett mit Adresse, momentanem Aufenthaltsort und Gruppenbeziehungen. Interessanterweise wird dieselbe Technik unterschiedlich bewertet, je nach Blickrichtung; der Westen feiert sie im arabischen Raum als „Liberation Technology" – und diffamiert sie auf heimischem Boden als „Fernuniversität für Terroristen".

Die Formulierung „Freiheitstechnik" ist nicht so positiv zu sehen wie sie vielleicht gemeint ist. Komplexe Ereignisse der Wirklichkeit wurden in der Berichterstattung so weit reduziert, dass falsche Ursache-Wirkungs-Zusammenhänge vermittelt werden. Oliver Leistert und Theo Röhle kritisieren:

> Die Behauptung, Facebook habe eine wesentliche Rolle im arabischen Frühling gespielt, lässt jedoch Respekt vermissen gegenüber den Menschen, die auf die Straße gingen und ihr Leben für den demokratischen Wandel über Wochen aufs Spiel setzten. Sie suggeriert, dass das entscheidende Handlungsvermögen aus den westlichen Kommunikationstechnologien resultiert. (Leistert und Röhle 2011, S. 14)

Die eigentliche politische Arbeit ist sehr mühselig, wie zahlreiche Gespräche mit politisch Aktiven (und der Gebrauch des eigenen Verstands) belegen. Auch sind politische Bewegungen oft Jahre oder Jahrzehnte lang aktiv, bevor die (Welt-)Öffentlichkeit etwas mitbekommt. Salvador Allende, Präsident der ersten sozialistischen Regierung, die demokratisch gewählt wurde, bewarb sich bereits seit 1952 um dieses Amt, bevor er 1970 gewählt wurde. Auch die in Griechenland „überraschend auftauchende" Koalition der Radikal-Linken *Synaspismós Rizospastikís Aristerás,* kurz Syriza, gab es zum Zeitpunkt des Wahlsiegs von Alexis Tsipras schon über zehn Jahre, die einzelnen Parteien des Bündnisses dementsprechend länger.

Nicht nur die politische Arbeit ist mühselig, auch die differenzierte Berichterstattung darüber. Für die um Aufmerksamkeit buhlenden Medienhäuser sind knackige Verkürzungen natürlich bares (Werbe-)Geld. Wenn dann auch noch in selbstreferentieller Verliebtheit ein „Revolutionsmedium" im Zentrum der Berichterstattung steht, ist eigentlich Vorsicht geboten. Zumal den Medien selbst keine revolutionären Elemente innewohnen, sieht man einmal von der Drehung (lateinisch *revolutio*) der Schallplatten auf den Tellern oder der Aufwicklung der Bänder in Audio-Kassetten ab.

6.3   Zeitung, wir müssen reden

Mit gezielten Informationen, ob wahr oder unwahr oder in
beliebiger Schattierung, kann menschliches Verhalten beeinflusst oder gar gesteuert werden. Die Bewertungen auf Kauf-
portalen oder in Kundenforen können zu einer bestimmten Kaufentscheidung führen, der Wikipedia-Eintrag eines
Politikers kann wahlentscheidend sein. Viele Akteure haben
also ein (nicht immer berechtigtes, wohl aber stets nach-
vollziehbares) Interesse daran, dass bestimmte Informationen abrufbar sind. Im Zuge der Wahl des 45. Präsidenten
der Vereinigten Staaten von Amerika sowie dem britischen
Referendum über den Verbleib in der Europäischen Union
ist diese Diskussion über die Manipulation von gezielt plat-
zierten Informationen wieder aktuell geworden.

Carlyle, Schäffle und alle Journalisten und Publizisten
nach ihnen setzten voraus, dass eine Vielzahl an geäußerten
Meinungen auch eine Meinungsvielfalt darstellt. Dahinter
steckt die Annahme, es gehe dem Publizisten um die Wahrheit, der man sich ja stets nur nähern kann im Streit-Spiel der
Meinungen. Dieses Spiel der öffentlichen Meinungsbildung
ist im Laufe der Zeit jedoch durch Schummler immer stärker korrumpiert worden, die bewusst die Regeln für einen
persönlichen Vorteil verletzten, meist in der Absicht, sich
zu bereichern. Nicht zuletzt dank der prekären Situation,
dass die Anzahl der Abonnenten die Preise der Anzeigenkun-
den bestimmen, dürfen Zeitungen fortan nicht nur Medium
sein, sondern müssen zusätzlich ein profitables Produkt werden. Wenn es jedoch in letzter Absicht nur noch darum
geht, die meisten Leute unter dem eigenen Banner zu scharen, wird man lenkbar durch die „unsichtbare Hand" des
Marktes.

Wer sich mit der Geschichte der Medien im Allgemeinen
und der der Zeitung im Speziellen beschäftigt, wird früher oder später über die Manipulationsmöglichkeiten von

Massenmedien stolpern, wird über historische Fake News und die Rolle der Boulevardpresse auf die Politik stoßen. Am Anfang der Boulevardzeitungen, in den Vereinigten Staaten von Amerika „Yellow Press" genannt, stand das Buhlen um Leser auf dem Boulevard. Diese Presseerzeugnisse richteten sich nicht an treue Abonnenten, sondern an eine Laufkundschaft und mussten dementsprechend reißerisch aufmachen. „Humbug News", „Fake News", „Cheap Sensation" bilden die Schlagzeilen, wie eine zeitgenössische Karikatur des 19. Jahrhunderts zuspitzt.

Die Boulevardzeitungen konkurrierten damit um dieselbe Leserschaft wie politische Pamphlete und Broschüren von Firmen oder Sekten. Um ein möglichst breites Publikum zu erreichen, wurden Themenbereiche identifiziert, die keine große Vor- oder Sachkenntnis benötigen. Das Schüren von Ängsten klappt wunderbar auch ohne Vorwissen, das Wecken des Hasses auf Andersdenkende ist ebenfalls eine der leichtesten Übungen. In einer puritanischen Gesellschaft wie dem Nachkriegsdeutschland oder den Vereinigten Staaten von Amerika des 21. Jahrhunderts erregt Nacktheit die für den Profit so wichtige Aufmerksamkeit – und schließlich liefert die Boulevardzeitung mit dem Wetterbericht genug Gesprächsstoff für einen Plausch mit der Mitbürgerin.

Der Name Joseph Pulitzer steht heute für Qualitätsjournalismus, doch dürfen wir nicht vergessen, dass er einer der Pioniere der Yellow Press in den USA war. Er lieferte sich eine mediale Schlacht mit seinem Konkurrenten William Randolph Hearst, beide überboten sich gegenseitig mit sensationalistischen Schlagzeilen (wobei das Niveau des jeweils anderen unterboten wurde). Die Fakten wurden hierbei arg gedehnt, denn auch schon zur damaligen Zeit galt, dass gute Recherche vor allem Zeit kostet, was in dem tagesaktuellen Zeitungsgeschäft nicht praktikabel war. Seriöse Journalisten anderer Presseerzeugnisse belächelten den Zwist zunächst, dann verurteilten sie die Praktiken öffentlich, schließlich aber mussten sie einsehen, dass die finanziellen Erfolge für sich sprachen. Und während sich das aufgeklärte Publikum für Qualität ausspricht, hat sein Geldbeutel längst entschieden.[3]

Gegenwärtig haben wir mit dem Netzwerkdurchsetzungsgesetz in Deutschland des Jahres 2017 oder mit dem Cyber-Sicherheitsgesetz in Nigeria 2018 eine erneute Debatte über die Auswirkungen von Falschmeldungen auf die politische Willensbildung und die Rolle der Medien hierbei. Ein Blick in die Geschichte unterstreicht dies: Der Spanisch-Amerikanische Krieg von 1898 wurde zum großen Teil von den beiden Boulevard-Platzhirschen „The New York World" und „The New York Journal" herbeigeschrieben. Unbelegte Behauptungen mischten sich mit Kriegspropaganda und der für eine Boulevardzeitung üblichen Sensationslust zu einer gefährlichen veröffentlichten Meinung: *Remember the Maine, to Hell with Spain*. Die USS Maine ist kurz zuvor gesunken und ohne Faktenlage wurde sofort Spanien die Schuld gegeben. Die veröffentlichte Meinung stieß bei der Bevölkerung auf offene Ohren und Herzen und wurde in kürzester Zeit zur öffentlichen Meinung einer Nation, die daraufhin in den Krieg zog.

Die Verleger der Tagespresse konnten sich in der Vergangenheit den Luxus erlauben, politische Ansichten zu haben und auch zu vertreten, weil das Polster der Werbeeinnahmen durch Annoncen die harte ökonomische Realität abfederte. Inzwischen, verstärkt durch die vermeintlich kostenfreien Online-Angebote, gehen Verleger und Redakteure regelrecht auf Leserfang. Ansprechende Überschriften und kurze Textabrisse werden im Netz so formuliert, dass ein Leser sich geradezu zwingen muss, nicht hinzuklicken. Der Fachausdruck

---

[3]Zu dieser Thematik gibt es einen hervorragenden Artikel: O. A.: Yellow Journalism: The „Fake News" of the 19th Century. Eintrag im Public Domain Review, http://publicdomainreview.org/collections/yellow-journalism-the-fake-news-of-the-19th-century/.

„click baiting" bezeichnet genau dies, das Ködern von Leserinnen und Lesern mit Überschriften, die zum Klicken auffordern, etwa: „Sieben Gründe, warum Sie auf diese Überschrift klicken sollten".

Es scheint zwei Auswege aus dem *circulus oeconomicus vitiosus* für Zeitungen zu geben: Förderung durch Mäzene (The Intercept, Washington Post) oder durch eine Vereinigung der Leserschaft selbst (Krautreporter). Bleibt nur die Frage, wie Medien der Netzöffentlichkeit gestaltet werden können. Entstehen sie aus einer *grass root*-Bewegung oder müssen sie durch den Staat institutionalisiert werden? Wie sieht eine politische Grundversorgung im informationstechnischen Zeitalter aus?

Klar ist, dass die theoretischen Überlegungen eines BBC-Direktors John Reith oder seiner Amtskollegen in Europa nicht bzw. nur eingeschränkt auf die nicht mehr ganz so neuen digitalen Medien übertragen werden können. So waren auch schon die Medien Radio und Fernsehen Echtzeitmedien, doch der Rückkanal (Leserbriefe, Unterlassungsklagen von Politikern, Stellungnahmen von Vereinsvorsitzenden) bremste die theoretisch mögliche Beschleunigung des gesellschaftlichen Lebens aus.

Der Flaneur auf dem Boulevard möchte nicht in politische Gespräche verwickelt werden, das haben die Boulevardzeitungen gut erkannt, er möchte seinen Gedanken nachhängen. Doch es gibt ja noch das *Zoon Politikon,* das politische Wesen, das gerade deshalb auf der Straße ist, um angesprochen zu werden oder um andere anzusprechen. Politik wird nur im Dialog betrieben, der im Falle einer Demokratie zudem öffentlich geführt werden muss. Diese bürgerliche Öffentlichkeit kann nun dank moderner Informations- und Kommunikationstechnik instantan erzeugt und adressiert werden. Doch genau das passiert nicht mehr, wie der 2015 verstorbene Publizistikwissenschaftler Kurt Imhof beklagt.

Dies liege vor allem an der Kopplung der Medien an die Marktlogik:

> Medienorganisationen wandeln sich in Dienstleistungsbetriebe mit Kapitalversorgung beliebiger Herkunft und hohen Renditeerwartungen. Dadurch orientieren sich die Medien nicht mehr am Staatsbürgerpublikum sondern am Medienkonsumenten, um den mittels Zielgruppenkonzeptionen, neuen Produkten sowie durch neue Selektions-, Interpretations- und Inszenierungslogiken geworben wird. […] Für die politisch-kulturelle Öffentlichkeit sind diese neuen Selektions-, Interpretations- und Inszenierungslogiken von zentraler Bedeutung. Als wichtigste Änderungen in der öffentlichen Kommunikation lassen sich zunächst ein konfrontativer Negativismus sowie die massiv gestiegene Skandalisierungsrate benennen. […] Die alarmistische Empörungsbewirtschaftung ist ein zentrales Mittel des Aufmerksamkeitswettbewerbs geworden, in dem die Medien nachrichtenwertorientiert Normverstöße personalisiert bearbeiten. (Imhof 2011, S. 125–126)

Wenn wir der Einschätzung Imhofs zum „Neuen Strukturwandel der Öffentlichkeit" folgen, so sind die Ursachen des informationellen Vertrauensverlusts der Presse („Lügenpresse") nicht im Aufkommen der digitalen Medien zu suchen, sondern in der Ablösung des sozialmarktwirtschaftlichen Gesellschaftsmodells durch das neoliberale im Zuge der Wirtschaftskrise 1974/1975. In der Folge ging es Journalisten nicht mehr um eine Meinungshoheit, sondern um die Marktmacht des Verlages, die Effizienz war den ökonomisch handelnden Akteuren wichtiger als die Effektivität. Der Spruch „time is money" erfasste die gesamte Branche.

Das Bundesverfassungsgericht hat gerade die Leitsätze verlesen, die Saaldiener allen Besuchern die schriftliche Fassung des Urteils in die Hand gedrückt – als sämtliche Medienvertreter fluchtartig den Raum verlassen. Erste Reaktionen werden eingeholt, erste Vorabmeldungen freigeschaltet, die natürlich bereits am Vorabend formuliert wurden. Telefonate werden getätigt, *Tweets* abgesetzt, Texte für Nachrichtenagenturen geschrieben. Nach der Urteilsverkündung werden Prozessbeteiligte und Zuschauer im Foyer nach ihrer Einschätzung befragt, die sie in medienkompatiblen Hauptsätzen fast wie eingeübt zu Protokoll geben.

Die oben beschriebene Szene ist ein Gedächtnisprotokoll der Urteilsverkündung zur so genannten Online-Durchsuchung im Februar 2008. Darin erklärte der Erste Senat die Vorschriften im Verfassungsschutzgesetz NRW zur Online-Durchsuchung und zur Aufklärung des Internets für nichtig und formulierte das Grundrecht auf Gewährleistung der Vertraulichkeit und Integrität informationstechnischer Systeme. In diesem Fall war die frühe und oberflächliche Berichterstattung nicht weiter tragisch, aber knapp zehn Jahre später fiel den Journalisten ihr Verhalten auf die Füße, wie einer der MEEDIA-Chefredakteure, Stefan Winterbauer, beschreibt:

Der heutige Dienstag, 17. Januar 2017, ist ein schwarzer Tag für die deutschen Medien im Allgemeinen und den Online-Journalismus im Besonderen. Zahlreiche Medien meldeten am Vormittag online, das Bundesverfassungsgericht habe die rechtsextreme Partei NPD verboten. Das war eine Falschmeldung. Wenige Minuten später trudelten die Korrekturen ein und stifteten Verwirrung. Grund war offenbar ein Missverständnis, weil der Verbotsantrag vom Präsidenten des Verfassungsgerichts, Andreas Voßkuhle, zu Beginn nochmals verlesen wurde.[4]

---

[4] Stefan Winterbauer: Falschmeldungen in Serie zu angeblichem NPD-Verbot: Qualitätsmedien versagen bei Verfassungsgerichts-Verkündung, MEEDIA-Artikel vom 17.01.2017, https://meedia.de/2017/01/17/falschmeldungen-in-serie-zu-angeblichem-npd-verbot-qualitaetsmedien-versagen-bei-verfassungsgerichts-verkuendung/.

Es scheint, als ob viele Medienvertreter zum ersten Mal in einer Gerichtsverhandlung saßen, oder, wahrscheinlicher, dass es gar keine ausgebildeten Journalisten waren, die dort saßen. Denn den Luxus, Journalisten tatsächlich vor Ort zu schicken, nur um eine Nachricht („story") zu erhalten, leisten sich nur wenige Verlage, Sender oder Mäzene. Der nüchterne Arbeitstag eines typischen Nachrichtenjournalisten besteht darin, am Schreibtisch im Internet zu stöbern, Nachrichtenagenturmeldungen zu überfliegen und rund um die Uhr die Arbeit seiner Kollegen zu „verfolgen".

Twitter als vermeintliche Primärquelle löst die Agenturticker ab, es sind keine *face to face*-Interviews mehr nötig, um ein autorisiertes Zitat zu erhaschen. In einer besonderen Ausprägung der kognitiven Dissonanz wird auf die 280 Zeichen gestarrt, als verkündeten sie die Wahrheit, Tatsachen oder sogar das, was wirklich passierte. In ihrer Ausbildung werden Journalisten geschult, nicht allen Aussagen blind zu vertrauen, aber im Falle von Twitter scheint eine ganze Branche verabredet zu haben, sich einer kollektiven Delusion hinzugeben. Wie im Rausch entstehen Nachrichten aus dem Nichts oder werden gemeinsam verdrängt, alle Journalisten zwinkern sich mit einem Auguren-Lächeln zu und vertrauen darauf, niemals einen Kater zu bekommen.

Die Drogen-Metapher ist bewusst gewählt, wir erleben eine neue Abhängigkeit von einfach zu verarbeitenden Nachrichten aus einfach zugänglichen Quellen; eine süße, selbstgewählte Abhängigkeit, die strukturell gefördert wird, wie der britische Journalist Nick Davies in seinem Enthüllungsbuch „Flat Earth News" anhand zahlreicher Beispiele seit den 1960er-Jahren belegt (Davies 2009).

Davies sieht in der Person von Rupert Murdoch den Protoyp eines Medienmoguls, also eines Mäzen, dem es nicht um die Wahrheit oder selbst um Propaganda geht; nein, hier sieht Davies einen Typus Mensch am Werk, der die Presse, Sender und Nachrichtenagenturen nur als

Mittel zu dem Zweck betrachtet, sich selbst einen möglichst großen Einfluss in der politischen und ökonomischen Welt zu sichern. War früher noch die größte Gefahr, dass Journalismus tendenziös betrieben wird, in der Absicht, die Leserschaft bewusst zu täuschen, sieht Nick Davies heutzutage die unbewusste Täuschung als das größte Problem. Selbst erfahrene Zeitungshäuser wie der Guardian seien nicht davor gefeit, Opfer einer subtilen Werbekampagne zu werden.

Dies liege vor allem daran, so Davies weiter, dass Beiträge nicht mehr Wort für Wort geschrieben, sondern vorhandene Pressemitteilungen und Tickermeldungen einfach ein wenig umformuliert werden; er nennt diese Art des Journalismus: „Churnalism" (von engl. „churning", rühren). Die Methoden erinnern an Karl-Theodor zu Guttenberg, der mit seiner Dissertation die Plagiatsforschung erheblich vorangetrieben hat. Auch dort zeigte sich dieser Stil, den die Plagiatsforscherin Debora Weber-Wulff „copy, shake, and paste" nennt. Der Name bezieht sich auf die Funktionalität des „Kopierens und Einfügens", das erstmals im Apple Lisa OS vorgestellt wurde. Mit einer Maus konnten dabei Textpassagen markiert, kopiert und an anderer Stelle eingefügt werden.

In der Programmierung gilt es als schlechter Stil, wenn Quelltextpassagen wiederholt vorkommen, weil eventuelle Änderungen dann an mehreren Stellen vorgenommen werden müssen. Übertragen auf den Nachrichtenjournalismus heißt das: Veröffentlichte Informationen, die sich im Nachhinein als falsch erweisen, müssen an mehreren Stellen korrigiert werden. Aber es ist zu spät, die Meldung ist in der Welt und nun kann sogar auf sie rekurriert werden, da hilft auch das europäische „Recht auf Vergessenwerden" nicht.

Ein bekannter Kniff von Medienmachern ist es, nicht überprüfte oder nicht überprüfbare Nachrichten mit einer Floskel einzuleiten, die berechtigte Kritik abwehren soll: „Es gibt Gerüchte, dass …", „Aus für gewöhnlich gut

unterrichteten Kreisen heißt es", „Im Internet findet sich",
„Wie XY berichtet" – der Satz mag dann sprachlogisch richtig sein, er bezieht sich jedoch nicht auf eine Tatsache, was
der Leser jedoch von seinem Nachrichtenmedium erwartet.
Wenn Erwartungen in einer Beziehung oft enttäuscht werden, müssen die Beziehungspartner miteinander reden und
die Ursachen klären.

Wir befinden uns im Jahre 2014 in einer Wohnküche, ein
Paar sitzt am Küchentisch, das beruhigende Geräusch einer
Geschirrspülmaschine sowie das Klappern einer Laptoptastatur
ist zu hören.

Leserin: Du, Zeitung, wir müssen reden.

Zeitung: blickt weiter auf den Bildschirm, abwesend Mhm,
ja.

Leserin: Es ist, nun, ich mag dich wirklich.

Zeitung: reißt die Hände von der Tastatur weg, ihren Blick
weiterhin auf den Bildschirm gerichtet, laut „Lügenpresse"?
blickt vom Bildschirm auf und gestikuliert wild, spricht dann
aber normal weiter Was soll das denn bedeuten? Hast du
das gehört, das soll das Unwort des Jahres 2014 sein?
Lügenpresse…Das muss ich gleich in einem Artikel verarbeiten.

Leserin: passiv aggressiv Hast du kurz Zeit?

Zeitung: legt eine Hand auf die Hand der Leserin, tippt jedoch
mit der zweiten weiter Aber natürlich, für dich doch
immer. Moment…*liest vor* „…befragen wir nun einen
treuen Abonnenten, was er von diesem Wort hält." *schaut*
sie an Nun?

Leserin: Was, nun?

Zeitung: Na, was sagst du zum Unwort des Jahres?

Leserin: Wie heißt das denn?

Zeitung: schaut sie prüfend an, erkennt aber keine Anzeichen
für Spott Anführungszeichen Lügenpresse Anführungszeichen ist das Anführungszeichen Unwort des Jahres
2014 Anführungszeichen. Das teilte die Anführungszei-

chen Unwort Anführungszeichen Bindestrich Jury unter dem Vorsitz der Sprachwissenschaftlerin Nina Janich mit.

Leserin: Lügenpresse?

Zeitung: Lügenpresse. Und, was sagst du dazu?

Leserin: Naja, es ist – aber ich wollte doch mit dir über etwas anderes reden.

Zeitung: In Ordnung, aber beeil dich, in zehn Minuten ist Redaktionsschluss.

Leserin: Also, nehmen wir einmal das Unwort. *die Zeitung legt sofort die Hände auf die Tastatur, schaut sie aber weiterhin an* Hast du mit dieser Frau Janich gesprochen?

Zeitung: irritiert Wer ist Frau Janich?

Leserin: Na, du hast mir doch gerade erzählt, dass die Sprachwissenschaftlerin Nina Janich…

Zeitung: unterbricht sie Das hat doch tagesschau.de am 13. Januar 2015 um 11:30 Uhr so veröffentlicht. Hier ist der Link: http://www.tagesschau.de/inland/unwort-103.html, kannst du alles nachprüfen.

Leserin: nuschelt Das ist doch längst depubliziert. *laut* Also, um das Nachprüfen geht es mir auch. Ähm, warum prüfst *betont* du das nicht nach?

Zeitung: lacht schrill Ich? *gefasst* Ach du, manchmal glaube ich, du nimmst mich immer noch viel zu ernst.

Leserin: trotzig Mir ist unsere Beziehung auch ernst.

Zeitung: hastig Mir doch auch, mir doch auch. Also, sag, möchtest du noch mehr über die Geschichte hinter dem Begriff „Lügenpresse" erfahren?

Leserin: Ich, nun, nein, ich *atmet lang aus* ich bin müde, ich gehe schon mal ins Bett und lese noch ein Buch.

Zeitung: Mach das, ich komme auch gleich. Willst du noch einen Keks vor dem Schlafengehen? Was denkst du über das Buch? Auf welcher Seite bist du?

Leserin: ganz leise, wie zu sich selbst Na dann gut' Nacht! *Die Leserin verlässt das Zimmer, geht am Schlafzimmer vorbei ins Arbeitszimmer und klappt ihren Laptop auf – um zu schreiben. Dramatische Musik, Großeinstellung Hand, Muskelbewegungen.*

Die Leserwelt von Kant ist inzwischen längst von einer Schreiber-Welt abgelöst worden, die von Lessig „read-write culture" getauft wurde. Dies zeigt sich in der Vielzahl von Blogs, aber auch in der Meme-Kultur und unserer Freude an Collagen, was besonders gut dargestellt ist in der Vortragsreihe „Everything is a Remix" von Kirby Ferguson aus dem Jahr 2010. Nicht nur Künstler, auch der informierte Weltbürger schreibt nun an dem Weltkulturerbe „Internet" mit.

Für den Journalismus stellt dieser Nutzungswandel medialer Strukturen eine Bedrohung dar, der unterschiedlich begegnet wird. In der Frühphase der etwas unglücklich „Blog-o-Sphäre" genannten Schreibbewegung wurden publizistische Laien heftig angegriffen.[5] Dabei könnte man Twitter beispielsweise ebenso redaktionell betreuen wie eine Tageszeitung, die Realität deutet freilich auf andere Entwicklungen hin. Die Kurznachrichten zu politischen Ereignissen der Weltgeschichte werden zunehmend algorithmisch erzeugt (durch einen Computer oder einen Volontär), für den Direktkontakt zur Leserschaft greifen selbst finanziell starke Zeitungshäuser auf prekär angestellte Mitarbeiter zurück. Und schließlich verzichten auch mehr oder weniger prominente Personen des öffentlichen Lebens auf einen Kommunikationsmanager – zur Freude der Journalisten und des Boulevards.

Mit dem *user-generated content* hatte die Informationselite schon immer Manschetten, so werden alternative Medienhäuser wie Indymedia von etablierten nicht weiter beachtet. Dabei ist Wikipedia doch ein hervorragendes Beispiel dafür, wie sich ein Freiwilligen-Projekt trotz etablierter Konkurrenz allein mit Hilfe einer kritischen Masse zur größten unabhängigen Faktensammlung entwickelt hat.

---

[5] Die Diskussion, ob Blogger denn nun Jounalisten seien, ist weder zielführend noch spannend. Die differenziert vorgetragene *publizistische Absicht* ist das Entscheidende.

Es ist jedoch ein Skandal, dass nun große, profitable Unternehmen wie Facebook, Twitter und YouTube im Kampf gegen Fake News nun ausgerechnet auf Wikipedia verweisen, also auf die ehrenamtliche Arbeit zugreifen, ohne erkennbare Motivation, selbst etwas gegen die absichtliche Platzierung von Falschmeldungen zu unternehmen. Gegenwärtig sehen sich neben den öffentlich-rechtlichen Rundfunk- und Fernsehanstalten nur noch private Blogger und Podcaster in der Pflicht, die komplexe Welt da draußen einem breiten Publikum zu erklären, also Informationen zu kontextualisieren und Fakten einzuordnen.

6.4 Datenjournalismus

Der Aufbereitung von Daten (lateinisch für „Gegebenes") zu Informationen (In-Form-Gebrachtes) kommt gerade angesichts ihrer schieren Menge eine nicht unterschätzbare Bedeutung zu. Seitdem der Mathematiker Claude Shannon eine Theorie der Information beschrieb, fühlt sich die Informatik neben anderen Informationswissenschaften für sie zuständig, zumal das Modewort „Big Data" entsprechende Erlöse in diesem Bereich verspricht. Journalisten als „Beauftragte der Öffentlichkeit" (Pöttker 2001) sind auf die technischen Hilfsmittel der Informatik angewiesen, sowohl für die Produktion von Presse-(ähnlichen-) Erzeugnissen als auch für die Recherche. Die zunehmend wichtigere Rolle von Daten schlägt sich im Begriff „data journalism" nieder. Natürlich mussten Journalisten schon immer Daten in einen Kontext bringen, Flächenangaben tragen die Einheit „Saarland" und Megabytes werden in Buchseiten ausgedrückt. Ebenso wie die reinen Fakten sind Daten der Rohstoff für eine Geschichte, die Datenjournalisten erzählen. Wo Interpretationen nötig sind, fällt der Interpretin eine ungeheure Verantwortung zu. Wer sich bei-

spielsweise das ins massenmedialkollektive Gedächtnis ein-
gebrannte Schiffsunglück der RMS Titanic ansieht, sieht
dort die Wirkung der Maxime „Frauen und Kinder zuerst!"
am Werk. Wer jedoch anhand der öffentlich verfügbaren
Daten nicht auf Geschlecht oder Alter schaut, sondern sich
die Vermögensverhältnisse ansieht, wird (kaum) überrascht
sein: Passagiere mit teuren Tickets waren einfach näher an
den Rettungsbooten. In der ersten Klasse waren knapp die
Hälfte der Passagiere Frauen, in der dritten Klasse nur knapp
ein Viertel.

Diese Interpretation und Kontextualisierung von Daten
erfordert eine entsprechende Herangehensweise, die eben
mit „data journalism" umschrieben wird. Im Idealfall können Journalisten mit möglichst unbearbeiteten computer-
generierten Daten nicht nur umgehen, sondern auch die
Werkzeuge selbst kreieren, mit deren Hilfe ihnen das gelingt.

Der britische Guardian und die US-amerikanische New
York Times sind Vorreiter bei der Wahrnehmung einer neuen
journalistischen Aufgabe: Die Aufbereitung der im Überfluss
vorhandenen Daten. Die Aufbereitung komplexer Sachverhalte in einem „Tableau" fällt Datenjournalisten zu. Wie
wichtig diese Aufbereitung ist, wusste bereits der Universalgelehrte Gottfried Leibniz vor über dreihundert Jahren:

> Alles aber nicht allein leicht zu finden, sondern auch was
> zusammengehöret, gleichsam *in einem Augenblick zu überse-*
> *hen [i. S. v. überblicken],* ist ein weit größerer Vorteil als der
> insgemein bei inventariis anzutreffen, daher ich dieses Werk
> Staatstafeln nenne; denn das ist das Amt einer Tafel, daß
> die connexion der Dinge sich darin auf einmal fürstellet, die
> sonst durch mühsames Nachsehen nicht zusammenzubrin-
> gen. (Leibniz 1966, S. 84)

In den Anfängen der informativen Graphiken wurde zunächst der Schwerpunkt auf das „in einem Augenblick" Erfass-

bare gelegt, Schaubilder sollten auch von ungeschulten Augen „gelesen" werden können, man denke an Otto Neuraths ISOTYPE und seinen Versuch, Zusammenhänge auch für Illiteraten sichtbar zu machen. Die digitalen Medien erweitern die Darstellungsmöglichkeit um die Interaktion, die *connexion der Dinge* kann dort nicht nur visualisiert, sondern auch als interaktives Erlebnis programmiert werden.

Man sieht diesen Web-Apps den Aufwand an hervorragender redaktioneller Arbeit an, ebenso den der Visualisierungstechniken. Die Darstellung wirkt unmittelbar auf die Leserinnen und Leser, daher besitzt die Datenjournalistin, genauer: die Gemeinschaft von Informationswissenschaftlerinnen und Journalistinnen eine Verantwortung bei der Präsentation der Erkenntnisse.

> Die Informationstechnik bringt auch kein Schlaraffenland, nicht einmal ein informatorisches, in dem uns die gare Information, wie sie unserem Appetit entspricht, in Auge und Ohr fliegt. Nicht nur bedeutet sie weit mehr Mühe mit Information, weil ja der Informationspegel ständig steigt, sondern die Informationstechnik verlangt uns auch stetige Überlegenheit über ihre Systeme ab. […] Und der Computer birgt die Gefahr, daß sich die breite Masse, die in der Demokratie den Ton angibt, nur mehr an das halten wird, was am Bildschirm aufrufbar ist. (Zemanek 1991, S. 275, 277)

Dies schrieb der Informatikpionier Heinz Zemanek kurz bevor das *World Wide Web* (www) seinen Betrieb aufnahm. Seine Warnung gilt natürlich auch für die hypervernetzten informationstechnischen Systeme im Allgemeinen und das Internet im Speziellen. Im www der 1990er-Jahre übten besonders Bilder eine ungemeine Faszination aus. Die elektronische textbasierte Vermittlung war durch Bildschirm- und Videotext bekannt, die Bilder und Töne machten den

Personal Computer zur „Multimedia-Station", wie der Werbetext der frühen Computersysteme versprach.

Visualisierung ist bekannterweise keine Erfindung oder Begleiterscheinung der Computerisierung; Bilder der so genannten „Armenbibel" erklärten dem illiteraten Gemeindemitglied auch komplexe theologische Zusammenhänge. Jesus von Nazareth war auf Abbildungen stets größer als alle anderen Personen dargestellt, biblische Schreiber bei der Arbeit hatten stets einen Engel hinter sich, der ihnen die Hand führte. Die Abbildung des nicht Abbildbaren entzweit bis heute die abrahamitischen Religionen, die doch einen gemeinsamen Ursprung haben: Im Anfang war das Wort (lógos).

Den Bedeutungsinhalt eines Wortes bildlich darzustellen ist Aufgabe von Illustratoren der Bibel oder Partnern im pantomimischen Spiel („Hund, Katze, Maus"). Diese Aufgabe ist schwer genug, da sich die ikonographischen Zuschreibungen im Laufe der Zeit verändern. Auch standen Volksaufklärer wie Neurath vor dem Problem, eine universelle Bildsprache zu finden, die weltweit verstanden wird.

Doch nicht nur in der Bildung, auch in anderen Bereichen finden sich Visualisierungen von rein virtuellen Daten. In der Medizin beispielsweise liefert ein Kernspintomograph lediglich eine Zeichenkette mit Nullen und Einsen; erst die Software errechnet daraus ein Bild – ganz im Gegensatz zu der analogen Belichtung eines Films in einem Röntgengerät. Dennoch werden beide Abbildungen als gleich „echt" (im Sinne von Helmholtz) angesehen. Dabei wird jedoch gar nicht die Wirklichkeit oder Realität abgebildet, sondern eine Auswahl, die Gestalterinnen und Gestalter dieser Systeme im Vorfeld festgelegt haben.

Selbst Kleinigkeiten wie Farbgestaltung lenkt unser Verständnis der erzeugten Bilder. Wenn Sie eine medizinische Aufnahme etwa einer Entzündung sehen oder, vor einigen Jahren furchtbar en vogue, die Aktivität Ihres Gehirns beobachten, dann gibt es dunkle, blauschwarze Bereiche und ganz helle, gelbe, rote, die den Herd der Entzündung oder den Grad der Aktivität anzeigen sollen. Diese Farben sind von den Technikerinnen und Technikern frei gewählt, Ihr Gehirn ist in Wahrheit recht farblos.

Die Farben fügen dem Bild eine weitere Dimension hinzu, berechnete Bilder sind erfassbare Visualisierungen eines nicht erfassbaren komplexen Modells, das den Bildern zu Grunde liegt. Die so in ihrer Informationskomplexität reduzierten Bilder können so erst erfasst werden.

Die Rolle der Visualisierung und ihrer Herstellerinnen und Hersteller kann man gut anhand der Enthüllungen von Bradley (jetzt: Chelsea) Manning zeigen, die unter dem Namen „Diplomaten-Depeschen" weltweit bekannt wurden. Wikileaks fasste einzelne Dokumente zu dem „Afghan War Diary" zusammen.[6] Ungeheure Vorgänge verbergen sich in einem 558 Megabyte großen Dokument, das sinnvoll nur noch maschinell ausgewertet werden kann. In Neurath'scher Tradition werden nun zwei Visualisierungen des gleichen Ausgangsmaterials epistemologisch unvoreingenommen gegenübergestellt (Abb. 6.2 und 6.3).

Chelsea Manning hatte sich, anders als Edward Snowden nach ihr, entschlossen, das Material direkt und unvermittelt zu veröffentlichen, was zur Folge hatte, das das gleiche Ausgangsmaterial zu völlig unterschiedlichen Interpretationen führte: Der SPIEGEL, von Bloggern oft spöttisch als „ehemaliges Nachrichtenmagazin" bezeichnet, bringt am 29. November 2010 eine Titelgeschichte – mit Boulevard. Teflon-Merkel, Dummchen-Friedrich, Neurosen-Schäuble, so sehe Amerika die Welt, wie es auf dem Titel heißt. Das ist die sensationelle Enthüllung, für die Manning hinter Gitter gewandert und der Folter ausgesetzt war?

---

[6]Archiviert unter https://web.archive.org/web/20110723110642/http://wikileaks.org/wiki/Afghan_War_Diary,_2004-2010.

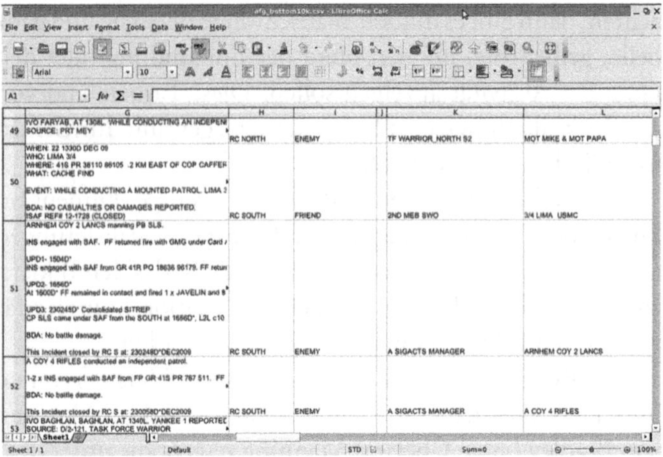

Abb. 6.2 Das „Afghan War Diary" als so genannte CSV-Datei geöffnet

Abb. 6.3 Das „Afghan War Diary", vom Guardian visualisiert

Blickte man als Leserin oder Leser am selben Tag auf die Website des Guardian, konnte man dort in Bezug auf sein Mutterland lesen, dass die englischen Mitglieder des UN-Sicherheitsrates sowie ihre Kollegen aus China, Russland und Frankreich gezielt ausspioniert werden. Dort konnte man lesen, dass ein iranischer Kommentator in London vom iranischen Geheimdienst erschossen werden sollte, weil er sich kritisch gegenüber der Regierung in Teheran äußerte.

Unabhängig vom Wahrheitsgehalt, schließlich handelt es sich um gesammelte Meinungen der Diplomaten, fällt einem die Diskrepanz in der Themenauswahl auf. Hier der SPIEGEL mit einer nach Aufmerksamkeit heischenden Titelgeschichte, dort der Guardian, der nicht nur ein eigenes Dossier eingerichtet hat, sondern auch seinen Lesern die Rohdaten nebst eigener Interpretation zum Herunterladen anbietet.

Die britische Zeitung stellt auch klar, dass das Internet mitnichten für den Niedergang des Journalismus verantwortlich ist. Die Wikileaks-Geschichte zeigte eindrucksvoll, welches Potential in den Neuen Medien steckt, um Geschichten schreiben zu können, die die Welt bewegen. „Die Welt hat sich verändert und es sind Daten, die diese Veränderung bewirkt haben", schreibt Rogers am 31. January 2011 im Guardian (Rogers 2011).

6.5 Nach der Zeitung: Die Blog-o-Sphäre

Die Kunstfigur „fefe" des IT-Sicherheitsexperten Felix von Leitner nennt es „Energiesparmodus der Zeitungsbranche": Die Umsatzzahlen verheißen das Ende der (gedruckten) Zeitung wie wir sie kennen. Alternative Modelle wie das Genossenschaftsmodell der „taz" oder die nutzerfinanzierten „Krautreporter" belegen, dass die Einnahmen durch Werbung und Abonnements nicht ausreichen, um ein gewinnträchtiges Unternehmen in dieser Branche zu führen. Die gesellschaftliche Frage: Ist es schlimm, dass Zeitungen nicht mehr verkauft werden können? Welchen (gesellschaftlichen, moralischen und monetären) Wert wird dem Journalismus in einer Demokratie zugeschrieben? Gibt es andere Medien, die in die Bresche springen können?

Blog und Zeitung haben viel gemeinsam, beide nutzen hauptsächlich die Kulturtechnik Schrift für ihre Inhalte, aber unterscheiden sich in einem zentralen Punkt: Die kommunikative Verbindung zu anderen Nachrichtenquellen und zum Leser ist einzigartig und in der Form nur im Digitalen überhaupt zu verwirklichen. Werfen wir nun einen Blick auf diese *Blog-o-Sphäre*.

Die „allmähliche Verfertigung der Gedanken beim Sprechen" nannte Heinrich von Kleist das Phänomen, dass wir oft erst wissen, was wir eigentlich ausdrücken wollten, nachdem wir versucht haben, es auszudrücken. Kleist betont, dass die Klugheit des Gedankens nicht davon abhängt, wie klug der Zuhörer sei, nein, nur die Tatsache, dass da jemand Anderes ist, bewirkt die Verfertigung des Gedankens in einer bestimmten, tradier- und kodierbaren Form. Die Gedanken sind frei, wild und ungeordnet, bis sie formuliert werden. Im Anfang war das Wort. Dann die Handschrift, dann die Bleilettern, schließlich die digitalen Medien.

Einer der ersten deutschsprachigen Weblogs, die diesen Namen auch trugen und die dahinter stehende Ideologie des vernetzten Individuums teilten, war das Technikblog „Basic Thinking". Der Gründer Robert Basic spielt natürlich mit dem zweideutigen Titel, jedenfalls ging es ihm stets um das Denken, genauer: um die Beobachtung des eigenen Denkens durch sich und andere. Dies betonte er zuletzt in einem retrospektiven Beitrag:

> Beim Bloggen denken, manchmal auch nachher. Das war mir zumindest die natürlichste, unredigierteste und ehrlichste Form des rohen und unverbrauchten Bloggens. Wer als Blogger seine Texte schleift und redigiert, hat Angst vor der Bühne, ringt um Ruhm, Glanz und Gloria, *pffft* sage ich nur dazu. (Basic 2015)

Die ehrlichste Form, ein interessanter Ausdruck. Einen neuen *chic* konnte man in der Tat bei den Bloggern der ersten Stunde beobachten: Grammatikalische Regeln stehen den rohen, ungezügelten Gedanken im Weg, im Rausch des Verfertigens müssen schon mal drei bis fünf Ausrufezeichen hinter einer wichtigen Aussage stehen, oft ist dann die Umschalt-Taste nicht gedrückt, so dass sich die Ziffer „1" unter die Satzzeichen mischt. Damit soll die Unmittelbarkeit des Gedankens betont werden, mit all den Zweifeln, Ungenauigkeiten und Widersprüchen, die uns aus dem persönlichen Grübeln so vertraut sind.

Der typische Blogger tritt in einen Dialog mit seiner sozialen Umwelt, er stellt nicht nur Platz für Kommentare bereit, das gab es ja auch bei den meisten Zeitungen, er *antwortete* auch darauf, er bezieht Stellung. Persönliches wird bewusst offen gelegt, Freude geteilt, Trauer öffentlich verarbeitet. Diese Art des öffentlichen Bekenntnisses gab es seit Augustinus nicht mehr, sie sind eine eigene Ausdrucksform der sozialen Form des Bewusstseins, eine Verinnerlichung der Öffentlichkeit. Die befürchtete Vereinzelung der Blogger bleibt aus, sie treffen sich virtuell ebenso wie im *meat space*.

Seit 2007 treffen sich jährlich Menschen, die sich als Aktive einer (deutschsprachigen) Netzöffentlichkeit sehen, „IRL" (das steht für „in real life", im realen Leben) auf der Konferenz „re:publica". Im zehnten Jahr sprach Sascha Lobo auf der „#rpTEN" aus, was viele ohnehin schon dachten: Diese diverse Gemeinschaft von Bloggern eint nicht etwa ein gemeinsames politisches Interesse, sondern schlicht die gemeinsam verwendete Software. Ganz ohne Kenntnisse von Internetprotokollen und Auszeichnungssprachen konnte man seit 2003 mit Hilfe der Software „wordpress" (kostenlos) einen Blog betreiben oder von der Entwicklerfirma (gegen Bezahlung) betreiben lassen. Damit öffnete sich das Netz auch für Leute, die nicht über grundlegendste Kenntnisse an Publikationstechniken verfügten.

> Als Wenige mit dem Bloggen um die Jahrtausendwende begannen, gab es wortwörtlich Nichts, was uns das Leben bequemer machte! Weder war Social Media ein Begriff noch gab es YouTuber, nicht einmal Google war besonders heiß auf Blogs. [Usenets], statische Webseiten, Foren, Chats und die jungen Blogs, mehr gab es nicht. Harte Zeiten. Stimmts? Nein, nicht wirklich. […] Die Tatsache, dass sich Blogs als einfach zu bedienendes Werkzeug herumsprachen, um mit anderen Menschen kommunzieren [sic!] zu können, ist bereits der ganze Clou. *Dein Werkzeug. Nur deins. Mach was du willst damit. Befülle es mit egal was. Freiheit! Du! Deins!* Gib den Menschen ein simples Ich-Werkzeug in die Hand und es erobert im Handumdrehen die Welt. Handys und Smartphones konnten das. Social Networks konnten das. Instagram und WhatsApp konnten das. Das Muster bleibt stets gleich. Einfach und Ich. (Basic 2015)

Zum Massenmedium sind Blogs also erst durch die entsprechende Software geworden, auch wenn das Internet, genauer gesagt das World Wide Web eigentlich schon seit seinem Bestehen Anfang der 1990er genau dafür gedacht war, eigene Texte für alle sichtbar zu platzieren: „mach mit!", „put up some data!" (Berners-Lee 1992). Am prominentesten ist dies sicher an Wikipedia und anderen Wiki-Systemen zu beobachten, was selbst den Entwickler des ersten Wiki-Systems, Ward Cunningham, erstaunte – „Kann es wirklich so einfach sein?". Der Programmierer wollte seinen Online-Katalog durch Interessierte erweitern lassen, also fügte er unter den Webseiten seines *Portland Pattern Repository* die Aufforderung ein: *Edit this page!* Dies war die Geburtsstunde von kooperativen *content management systems,* die wir bei aller technischen Verschiedenheit unter dem Oberbegriff „Wiki" subsumieren.[7]

6.6 Boulevard Digital Global

Die Masse der Weltöffentlichkeit ist auf diesen Boulevard Digital eingeladen, der nun recht befestigt aussieht. Jahrzehnte zuvor war dort eher ein Trampelpfad, um die Metapher etwas zu strapazieren. In den 1960er-Jahren vernetzte sich eine technikaffine Szene ganz analog. *Hacker*-Clubs und andere, auch wissenschaftliche Gemeinschaften entstanden wie von selbst, sie alle einte das Ziel, das Wissen der Welt miteinander zu teilen.

Forschungsergebnisse, Handbücher, Notizen, selbst geschriebene *Software* oder ganz profane Texte sollten frei unter den Nutzern des „Weltkataloges" ausgetauscht und geteilt werden können. Der in dieser Zeit kodifizierte „Hacker-Ethos", den Steven Levy beschreibt und der vom Chaos Computer Club (1998) ergänzt wurde, bringt die Vision einer neuen, computerisierten Welt gut auf den Punkt:

- Der Zugang zu Computern und allem, was einem zeigen kann, wie diese Welt funktioniert, sollte unbegrenzt und vollständig sein.
- Alle Informationen müssen frei sein.
- Misstraue Autoritäten – fördere Dezentralisierung.
- Beurteile einen Hacker nach dem, was er tut, und nicht nach üblichen Kriterien wie Aussehen, Alter, Rasse, Geschlecht oder gesellschaftlicher Stellung.
- Man kann mit einem Computer Kunst und Schönheit schaffen.

---

[7]Detlef BORCHERS, Vor 20 Jahren: Das erste Wiki kommt ins Netz, Artikel vom 25. 03. 2015 auf heise online, online unter http://heise.de/-2584113.

- Computer können dein Leben zum Besseren verändern.
- Mülle nicht in den Daten anderer Leute.
- Öffentliche Daten nützen, private Daten schützen.

Öffentliche Daten sind solche, die von öffentlichem Interesse sind. Mit dieser selbstreferentiellen Definition wird das ganze Dilemma deutlich: Wer bestimmt eigentlich, was im öffentlichen Interesse ist? Wer sind die „Gatekeeper", die das im Namen einer neuen digitalisierten Öffentlichkeit entscheiden? Und worin bestehen die Zusammenhänge von Offenheit, Software und Freiheit?

Beginnen wir mit der Antwort auf die letzte Frage. Richard Stallman wird nicht müde, auf den Unterschied zwischen *Open Source Software* und *Free Software* hinzuweisen. Bei freier Software gehe es nicht (nur) darum, die Quelltexte offenzulegen, sondern auch Software zu schreiben, die der Freiheit der Menschheit diene. *Open Source Software* hingegen will durch die Offenlegung eine Stabilität und Sicherheit des Codes erreichen, ein *code audit* durch die interessierte und kompetente Öffentlichkeit vorausgesetzt.

Im Englischen wird das Wort „free" auch für „gratis" verwendet, daher fügt die Free Software Foundation seit 1985 immer wieder hinzu: „free as in free speech" und nicht „free as in free beer". Stallman ruft dazu auf, die eigene Sprache zu verwenden, wenn es zur Klärung beiträgt, also beispielsweise „logiciel libre" zu sagen, oder eben „freie Software".

Es ist wesentlich einfacher, *open source software* zu programmieren als freie. Programm schreiben, unter eine offene Lizenz stellen, auf einem Server bereitstellen. Fertig. Bei freier Software hingegen muss man sich tiefe Gedanken zum Wesen der Technik und zur Stellung des Einzelnen zur Gesellschaft machen. Der Schöpfer informations- und kommunikationstechnischer Systeme, also der Gestalter, Programmierer, Entrepreneur oder wer sonst noch in der langen Liste der Urheber auftaucht, muss sich nicht nur um den von ihm geplanten Einsatz kümmern, sondern auch unbeabsichtigte Folgen wenigstens erkennen, wenn nicht gar unmöglich machen. Kurz, der Techniker muss die Verantwortung für die von ihm geschaffenen Systeme übernehmen.

> Don't say that he's hypocritical,
> Say rather that he's apolitical.
> Once the rockets are up
> who cares where they come down,
> „That's not my department",
> says Wernher von Braun.[8]

„That's not my department" – „Das gehört nicht in meinen Zuständigkeitsbereich" ist zum geflügelten Wort geworden. Es beschreibt die Haltung der Raketentechnikerinnen und -techniker, die Raketen lediglich in die Luft zu bekommen. Es kümmere sie herzlich wenig, wo sie dann einschlagen werden. Das satirische Lied über die apolitische Einstellung des Entwicklers der „Vergeltungswaffe Zwei" (V2) lässt sich auf viele Technikerinnen und Techniker weltweit und zu allen Zeiten übertragen. Natürlich arbeiteten vor allem Patrioten beispielsweise im Manhattan-Projekt an der Atombombe, doch gab es auch dort Techniker, die sich vielleicht doch zu wenig Gedanken machten, wie ein Zeitzeuge aus Los Alamos berichtete: „Wir waren jung und naiv. Wir glaubten tatsächlich, dass wir mit dem Bau der [Atom-]Bombe zukünftige Kriege vermeiden würden."[9] Spätestens mit den US-amerikanischen Atombombenabwürfen auf Hiroshima am 6. August und Nagasaki am 9. August 1945 ist jegliche Naivität bei Technikern grob fahrlässig.

---

[8]Tom LEHRER, Wernher von Braun, aus: That Was the Year That Was (1965).

[9]„We were [...] young and naïve. We truly believed that by building that bomb there'd never be another war." Dan FROSCH: Atomic Pioneers Gather Again to Recall Manhattan Project, in: The New York Times vom 6. Oktober 2006, online unter http://www.nytimes.com/2006/10/06/us/06project.html.

Der Philosoph Hans Jonas formulierte in seinem 1979 veröffentlichten Grundlagenwerk „Das Prinzip Verantwortung" den gesellschaftlichen Auftrag der Techniker prägnant: „Handle so, daß die Wirkungen deiner Handlung verträglich sind mit der Permanenz echten menschlichen Lebens auf Erden." (Jonas 1984, S. 36) Der Hinweis auf das „echte" menschliche Leben ist hier entscheidend, da es zum ersten Mal in der Menschheitsgeschichte darum ging, nicht nur die reine Existenz, sondern auch die Würde und Reproduktionsfähigkeit des Menschen zu schützen. Die Berufskodices der Ingenieurs- und anderer technischen Wissenschaften spiegeln das wider. Seien es das „Bekenntnis des Ingenieurs" von 1950 oder die Ethischen Leitlinien der Gesellschaft für Informatik knapp fünfzig Jahre später: „Denke stets das Wohl der Menschheit mit!" lautet die Aufforderung an die Mitglieder vom Verein Deutscher Ingenieure (1993).

Im Kontext dieser Arbeit möchte man im Geiste Humboldts ergänzen: Denke nicht nur das Wohl der Menschheit mit, stelle auch deine Gedanken dazu in der Öffentlichkeit zur Disposition. Nutze dein Wissen, um deine Mitmenschen zu bilden, so dass sie informierte Entscheidungen für die Unterstützung der sozial wirksamen Technik-Wissenschaften treffen können. Und stelle dein Wissen so dar, dass sie auf dem Boulevard diskutiert werden können.

Literatur

Basic R (2015). Robert Basic an alter Wirkungsstätte: Die Geschichte von Blogs, teil 1. *Basic Thinking.* 29. Okt. https://www.basicthinking.de/blog/2015/10/29/blogs-robert-basic/

Berners-Lee T (1992) About the world wide web. http://www.w3.org/WWW/

Buck-Morss S (2009) Hegel, Haiti, and Universal History. University of Pittsburgh Press, Pittsburgh

Carlyle T (1841) On heroes, hero-worship, & the heroic in history. James Fraser, London

Chaos Computer Club (1998) Hackerethik. http://dasalte.ccc.de/hackerethics?language=de

Davies N (2009) Flat earth news. Vintage Books, London

de Tocqueville A (1848) De la démocratie en Amérique. Pagnerre, Paris

Dewey J (2001) Die Öffentlichkeit und ihre Probleme (1927). Philo, Berlin

Imhof K (2011) Die Krise der Öffentlichkeit. Campus, Frankfurt a. M

Jonas H (1984) Das Prinzip Verantwortung. Suhrkamp Taschenbuch, Frankfurt a. M

Kant I (1798) Der Streit der Fakultäten Bd VII. Akademie Ausgabe, Berlin

Leibniz GW (1966) Entwurf gewisser Staatstafeln (1685). In: Holz HH (Hrsg) Politische Schriften I, Europäische Verlagsanstalt, Frankfurt a. M., S 80–89

Leistert O, Röhle T (Hrsg) (2011) Generation Facebook: Über das leben im Social Net. transkript, Bielefeld

Luhmann N (2009) Die realität der Massenmedien, 4. Aufl. VS Verlag

Morozov E (2011) The net delusion. How not to liberate the world. Ellen Lane/Penguin Books, London

Pöttker H (2001) Öffentlichkeit als gesellschaftlicher Auftrag: Klassiker der Sozialwissenschaft über Journalismus und Medien. Universitäts-Verlag Konstanz, Konstanz

Rogers S (31 Jan. 2011). Wikileaks data journalism: how we handled the data, in: the Guardian. http://www.theguardian.com/news/datablog/2011/jan/31/wikileaks-data-journalism

Verein Deutscher Ingenieure (1993) Bekenntnis des Ingenieurs (1950). In: Lenk H, Ropohl G (Hrsg) Technik und Ethik, 2., rev. u. erw. Aufl. edn. Reclam, Stuttgart, S 314

Zemanek H (1991) Das geistige Umfeld der Informationstechnik. Springer, Berlin

7

Die algorithmisierte Gesellschaft

Zählen ist etwas sehr Elementares für den Menschen und viele Tiere. Das Wort Digitalisierung gibt einen Hinweis darauf, welche Hilfsmittel für das Zählen geradezu prädestiniert waren: die Finger der beiden Hände des Menschen. Die alten Pythagoräer beschworen ihr Mantra: „Alles ist Zahl", wobei sie wohl eher an Geometrie dachten als an die uns umgebende Umwelt. Die Informatiker als neue Pythagoräer beschränken sich hingegen nicht auf abstrakte Objekte der Mathematik, in der Welt des Digitalen erscheint alles zählbar, alles berechenbar, alles modellierbar.

In der abstrakten Welt der Geometrie, der Mathematik und der Informatik gibt es für bestimmte Probleme keine Lösungen, und die Mathematiker scheinen dies akzeptiert zu haben. Die Quadratur des Kreises oder die Trisection des Winkels sind unlösbare Probleme der Geometrie – nicht jedoch im diskreten Universum der Informatik. Mit einer bestimmten Körnung betrachtet sind sämtliche mathematischen Probleme berechenbar. Die Kreiszahl π, eigentlich eine Zahl mit unendlich vielen, nicht-periodischen

© Springer Fachmedien Wiesbaden GmbH, ein Teil von Springer Nature 2020
S. Ullrich, *Boulevard Digital*,
https://doi.org/10.1007/978-3-658-24429-3_7

Nachkommastellen, wird entweder gerundet im Computer-
speicher abgelegt – oder es wird auf eine (endliche) Rechen-
vorschrift verwiesen, die mit jedem Durchgang eine immer
genauere Näherung ausgibt. Dann gelingt natürlich die
Quadratur eines jeden Kreises.

Mathematiker wie Kurt Gödel zeigten eindrucksvoll die
Grenzen des Zähl- und Berechenbaren auf; doch erst Alan
Turing schaffte es, einen Berechenbarkeitsbegriff zu definie-
ren, der bis heute gilt: Alles, was ein Computer berechnen
kann, ist berechenbar (Turing 1937). In einer Pervertie-
rung wird nun diese Definition etwas umformuliert: Alles
ist berechenbar mit Hilfe eines Computers. Turings Konzept war ein mathematisches, seine inzwischen nach ihm
benannte Turing-Maschine war eine reine *paper machine,*
die als zentrale Prozessoreinheit einen Menschen vorsah, der
im Gedankenspiel mit Bleistift und unendlich langem Karo-
Papier mit Hilfe einer endlich langen Berechnungsvorschrift
Probleme lösen konnte.

Turing verstand sich als angewandter Mathematiker, was
bis dahin seltsam anmutete. Es war noch nicht einmal klar,
welche Anwendung höhere Mathematik in anderen Wissen-
schaftsdisziplinen hatte, geschweige denn auf die Umwelt.
Die Verbindung von Theorie und Praxis der Mathematik
trat jedoch spätestens seit dem Zweiten Weltkrieg deutlich
zutage. Die Verschlüsselung von Botschaften, die geheim
bleiben sollten, und die Entschlüsselung derselben durch
den „Feind" waren mathematische Probleme mit allzu praktischen Auswirkungen auf die Lebenswelt ganzer Konti-
nente. Im britischen Bletchley Park entstand durch äußeren
Druck eine der ersten Universalmaschinen, die in der Lage
waren, die von den Deutschen eingesetzte Verschlüsselungs-
maschine Enigma zu knacken.

Für Turings Universalmaschine wie für alle ihre Nachfol-
ger gilt: Die Algorithmen zum Dechiffrieren der
feindlichen Funksprüche mussten erstens verstanden und

zweitens in die Maschine eingegeben werden. Schon Turing erregte sich nach dem Krieg furchtbar über die alliierten US-Amerikaner, die zwar ebenfalls einen Universalcomputer bauten, ihn jedoch mit so vielen Funktionen vollstopften, dass man ein Problem nur mit schierer Rechenkraft lösen würde „rather than by thought" (Hodges 2012, S. 378).

Unabhängig vom Lösungsansatz liegen die Vorteile der universellen Algorithmus-Maschine auf der Hand: Der Computer schläft nicht, tritt nicht in den Streik und wird auch nicht vom Feind oder der Konkurrenz abgeworben. Gerade der letzte Punkt ist schließlich Turing zum Verhängnis geworden. Als bekennender Homosexueller galt er als erpressbar und somit als Sicherheitsrisiko. Er wurde zu einer Hormonbehandlung gezwungen und starb schließlich unter bis zum heutigen Tage nicht geklärten Umständen. Alan Turing sollte erst 60 Jahre nach seinem Tod von Queen Elisabeth II. begnadigt werden.

Die Algorithmisierung der Lebenswelt prägt unsere Epoche so fundamental, dass wir in Anlehnung an McLuhan die Turing-Galaxis ausgerufen haben. Was bei Leibniz wohl eher böse Satire gegenüber seinen Zeitgenossen war, scheint nun einzutreten: Bei Meinungsverschiedenheiten rechnen wir einfach aus, wer Recht hat. Bei epistemologischen Unklarheiten halten wir uns nicht lange mit dem Nachdenken über das Wesen des Betrachtungsgegenstands auf, nein, in Anspielung auf den letzten Satz des Tractatus' können wir den Imperativ unserer Epoche formulieren: Wovon wir keine Vorstellung haben, darüber lassen wir Algorithmen laufen. (In Wittgenstein 2011 heißt es bekanntlich im siebten und letzten Abschnitt: „Wovon man nicht sprechen kann, darüber muss man schweigen.") Dabei warnte doch schon der Science-Fiction-Autor Douglas Adams, dass wir zwar mit Hilfe von großen Datenmengen („big data") und mit roher Rechengewalt arbeitenden Computern („brute force") die

Antwort auf alle Fragen bekommen („forty-two"), aber eben nicht die dazugehörige Frage.

7.1   Modell und Wirklichkeit

„To program is to understand" ist ein berühmter Ausspruch, der Kristen Nygaard zugesprochen wird. Die Informatiker jedoch programmieren nicht nur, sie modellieren. Sie modellieren, um zu verstehen. Das Modellieren ist eine schöpferische, sehr reflektierende Tätigkeit, die die Informatik von ihrem Prolegomenon geerbt hat: die Kybernetik wollte ihrem Selbstanspruch nach universell jedes beliebige Problem beschreiben, modellieren und optimieren können, sie wollte eine Universallehre der Steuerung beliebiger Systeme darstellen.

Der universelle Anspruch wird deutlich, wenn man sich die kybernetisch modellierten Probleme ansieht: Vom simplen Kochvorgang bis hin zur Organisation der Ökonomie eines ganzen Landes – alles folgt den gleichen simplen Regeln bzw. Regelkreisläufen. Die Kybernetik (und die Informatik nach ihr) betrachtet in einem gewissen Sinne alle gesellschaftlichen Probleme rein als Organisations- und Optimierungsprobleme.

In der Kybernetik galt es aber auch, die *second order observation* zu thematisieren, also die Beobachtung des Beobachters zu beschreiben, die Steuerung des Steuermanns, kurz die Kybernetik der Kybernetik zu entwickeln, um nicht einer mechanistisch-naiven Denkweise zu verfallen, wie Heinz von Foerster mahnte:

Der Irrtum dieser glänzenden und hochbegabten [KI-Forscher] war es zu glauben, man bekomme immer bessere Modelle, um das Gehirn zu verstehen. Aber was hier übersehen wurde, war, daß man ein Gehirn braucht, um ein Gehirn zu verstehen und Modelle von ihm zu entwickeln. Eigentlich muß man sich selbst erklären und verstehen, um das Gehirn zu begreifen. Die Struktur der Theorie, die ich meine, muß den Anspruch erfüllen, sich selbst zu beschreiben: Das ist, symbolisch gesprochen, der Ouroboros, die Schlange, die sich in den Schwanz beißt. (von Förster und Pörksen 1999, S. 81)

In der Informatik vermisst man eine solche Observation der zweiten Ordnung, die Beschreibung einer Informatik der Informatik ist nur in Ansätzen vorhanden, die Forderung nach einer Theorie der Informatik steht auch schon seit mehreren Jahrzehnten im Raum (Coy 1992).

Am Beispiel der Modellierung wird das sehr deutlich. Vor ein paar Jahrzehnten waren Computersysteme nicht in der Lage, sehr große Datenmengen zu speichern, geschweige denn, sie zu verarbeiten. Die *Harvard Mark I* beispielsweise konnte gerade einmal drei Additionen pro Sekunde durchführen, was ein guter (menschlicher) Skatspieler beim Auszählen seiner Stiche locker schafft. In ihrem Speicher konnte sie bis zu 72 Zahlen in einem 23-Bit-Dezimalcode halten, was dazu führte, dass der (menschliche) Operator komplexe Vorgänge auf einfache Rechenoperationen und -anweisungen herunterbrechen musste, die das System schließlich verarbeiten konnte.

Das Herunterbrechen komplexer Vorgänge auf einfachere Modelle ist eine enorme kognitive Leistung. Diese didaktische Verkürzung beherrschte die Informatikerin *(avant le mot)* und Flotillenadmiralin Grace Hopper, die stets eine „Nanosekunde" in ihrer Handtasche dabei hatte: Es handelt sich hierbei um einen Draht mit der Länge, die das Licht in einer Nanosekunde zurücklegen kann. Hopper sah auch die Notwendigkeit, Computerprogramme für Menschen verständlich darzustellen, ein Gedanke, der schließlich zur Entwicklung von COBOL führte, einer Programmiersprache, die an die natürliche Sprache angelehnt ist („ADD 1 TO A") und insbesonders für datenintensiven Anwendungen eingesetzt werden sollte.

Ein anderer Computerpionier hat es einmal sehr schön ausgedrückt. Früher hätten Wissenschaftler ein Problem nur dann in den Computer eingegeben, wenn sie es verstanden hätten, so Joseph Weizenbaum; heute werden nur solche Probleme in den Computer eingegeben, die nicht verstanden werden:

> Daß unsere Gesellschaft sich zunehmend auf Computersysteme verläßt, die ursprünglich den Menschen beim Erstellen von Analysen und Treffen von Entscheidungen „helfen" sollten, die jedoch seit langem das Verständnis derjenigen übersteigen, die mit ihnen arbeiten und ihnen dabei immer unentbehrlicher werden, das ist eine sehr ernste Entwicklung. (Weizenbaum 1978, S. 311)

Fehlende Reflexion mag unerhört genug klingen, in der Informatik gibt es inzwischen jedoch weitaus Unerhörteres: Unter dem Schlagwort „Big Data" wird eine Beleidigung der Wissenschaft zur Prominenz geadelt. Ohne Hypothese, ohne Modell, ohne wissenschaftliche Fragestellung werden so viele Daten wie möglich gesammelt und dann kreuz und quer miteinander in Relation gesetzt, bis ein Muster zu Tage tritt, das ein Mensch interpretieren kann. Im Anschluss wird dieser Korrelation *(ex post)* eine vermutete Ursache zugeschrieben, die man dann statistisch bestätigt.

Auf der technisch-syntaktischen Ebene ist Big Data ein lohnendes Untersuchungsobjekt. Es ist nach wie vor eine Herausforderung, Daten zu verarbeiten, die nicht komplett in den Speicher passen oder die von mehreren Maschinen gleichzeitig verarbeitet werden. Meine Kritik bezieht sich daher ausdrücklich auf die inhaltliche Aussagekraft der Ergebnisse, nicht auf die durchaus interessanten Methoden der Datenverarbeitung und die spannende Entwicklung im Bereich der Datenbanken, sei es Googles „Big Table" oder Facebooks „Cassandra". Die Kritik richtet sich gegen die Vorgehensweise, eine möglichst große Menge an Datenpunkten zu verarbeiten und miteinander zu korrelieren, um zu einer Arbeitshypothese zu gelangen:

> Man stelle beliebig ausgedachte „Theorien" und zugehörige Hypothesen-Paare auf, wähle jeweils eine davon zufällig als Nullhypothese aus und ordne ebenfalls zufällig Probanden der Experiment- oder der Kontrollgruppe zu. Nun gilt bei sozialen und psychologischen Fragestellungen, dass praktisch immer einschlägige Beziehungen zwischen untersuchten Gruppen existieren, weil irgendwie alles mit allem mittelbar zusammenhängt. Und zweitens ist es eine Eigenschaft der statistischen Verfahren, dass man durch Vergrößern der Stichprobe die power beliebig erhöhen kann und damit auch jeden noch so geringfügigen, bedeutungslosen Zusammenhang oder Unterschied „erkennen" und signifikant machen kann. Zusammen folgt daraus, dass man mit wachsendem Datenmaterial in annähernd der Hälfte aller Fälle die Chance hat, die Nullhypothese zu verwerfen und somit eine beliebige „Theorie" oder Hypothese zu „bestätigen". Damit wird Empirie als Kontrollinstrument praktisch wertlos. (Pflüger 2012, S. 52)

Der erfrischende Gebrauch der Anführungszeichen von Jörg Pflüger macht es deutlich: Bei dieser Vorgehensweise wird nichts erkannt, sondern nur „erkannt", es wird keine Theorie bestätigt, sondern eine „Theorie" „bestätigt". In den Forschungsanträgen werden die modalisierenden Satzzeichen freilich weggelassen, man will ja schließlich keine Förder-„Gelder", sondern Förder-Gelder einwerben.

Das Korrelationsmaß „p value" ist inzwischen zum Fetisch geworden, was sein Erfinder so gar nicht gewollt hatte, wie Regina Nuzzo in der „Nature" unter dem Titel „Scientific method: Statistical errors" schrieb. Der britische Statistiker Ronald Fisher wollte mit dem so genannten „p value" in den 1920er-Jahren eine Daumenregel einführen, bei welchen Sachverhalten es sich lohnt, sie vertieft zu betrachten (Nuzzo 2014).

Dieser Signifikanz-Fetisch wäre ja nicht weiter schlimm, wenn er nicht fundamentale Bereiche des gesellschaftlichen Zusammenlebens oder Fragen der Wissenschaftspolitik betreffen würde. So werden gesellschaftliche Aussagen immer häufiger mit Darstellungen von Korrelationen untermauert, die komplexe Studien prägnant zusammenfassen (wenn nicht gar ersetzen) sollen.

Was die Wissenschaftspolitik betreffe, so konstatiert Jörg Pflüger im oben zitierten Text abschließend, zeige sich, dass die bisherige Leitdifferenz der Wissenschaft, „wahr/unwahr", im traurigen, selbstreferentiellen Wissenschaftsbetrieb zur neuen Leitdifferenz „Drittmittel/mittellos" degeneriere.

7.2 Die kybernetische Gesellschaft

Die Frage nach der besten Steuerung einer großen Organisation, beispielsweise eines Staates, ist so alt wie die Politik selbst. Anders als im deutschen Wort „Regierung" finden wir im englischen „Government", im französischen „Gouvernement" und im spanischen „Gobierno" die Kybernetik, die Lehre der Steuerungskunst wieder. Das dem deutschen zugrunde liegende lateinische Wort „regere" hingegen heißt „auf gerader Bahn führen", „lenken", „herrschen" – was vielleicht einen Hinweis auf den Regierungsstil geben mag.

In dem berühmten Werk „Cybernetics" von Norbert Wiener werden Steuerungsmechanismen einfacher Systeme anhand von Beispielen aus der Natur beschrieben. Motten werden vom Licht angezogen, Schaben davon abgestoßen.[1] Durch eine geschickte Kombination von Licht und Schatten können wir so einfache Wesen durch ein Zimmer lenken. Es genüge also, Robotern die „Intelligenz" einer Motte oder einer Schabe zu geben, um sie (an-)steuern zu können (Wiener 1948).

Die Kybernetik orientiert sich an einem Modell des Lebens selbst, sie ist versucht, komplexe, chaotisch anmutende soziale Systeme lediglich als Organisationsproblem anzusehen. Diese Sichtweise ist nicht neu, darauf verwies bereits Norbert Wiener mit seinem Hinweis auf den Hobbes'schen Leviathan und existierende Föderalstaaten (Wiener 1948, S. 181).

Neu ist jedoch, das wurde auf den Macy-Konferenzen Mitte des vergangenen Jahrhunderts deutlich, dass in dieser interdisziplinären Wissenschaft bewusst die terminologischen und methodischen Grenzen der Human-, Technik- und Sozialwissenschaften aufgehoben werden. Wenn eine Firma mit einem Lebewesen verglichen wird, ihre Arbeiter mit Organen gleichgesetzt werden, so ist dies nicht nur eine Metapher – es ist genau diese Denkweise im Modell, die den Kybernetiker ausmacht.[2]

Eine zentrale Annahme in Stafford Beers Management-Kybernetik ist, dass sich komplexe Systeme (Firmen, Staaten, menschliche Körper) mit Hilfe von genau fünf Teilsystemen beschreiben lassen (Beer 1967).

---

[1] Die natürliche Selektion hat das Verhalten der Motten in Großstädten verändert, wie Forscher der Universität Basel im April 2016 gezeigt haben. So fühlen sich Stadt-Weibchen der Art Yponomeuta cagnagella deutlich weniger von Licht angezogen als ihre von der Lichtverschmutzung verschonten Artgenossinnen. Florian ALTERMATT und Dieter EBERT: Reduced flight-to-light behaviour of moth populations exposed to long-term urban light pollution, in: Biology Letters (2016), doi: 10.1098/rsbl.2016.0111.

[2] Da es ebenso viele Teilbereiche der Kybernetik wie Kybernetiker gibt, werde ich mich im Folgenden auf die Lehren von Norbert Wiener, Stafford Beer und Heinz von Foerster beziehen.

Das erste System bildet den operationalen Teil (Arbeiter, Bürger, Parasympathikus), der über das zweite, interkommunikative System (Memos, Bürgerbeteiligungen, Sympathikus) mit dem dritten System verbunden ist, das alltägliche Aufgaben befriedigend lösen soll. Der Abteilungsleiter, die Behörde oder die *medulla oblongata* regeln die alltäglichen Aufgaben und leiten Anweisungen weiter.

Das vierte System ist ein Mittler zwischen den Anweisungen der unteren Systeme mit dem obersten System: dem System Fünf. System Vier hat eine Schlüsselrolle im komplexen System inne, es tritt auf in Form von Mitgliederkonventen, Enquête-Kommissionen oder dem kommunikativen Zusammenspiel von Diencephalon, Basalganglien und dem dritten Ventrikel des menschlichen Gehirns.[3] Dort bestimmen langfristige Strategien zum Überleben des Gesamtsystems, welche Mitteilungen mit welcher Priorität behandelt werden.

Das System Fünf besteht aus *board meetings,* Parlamentsversammlungen oder eben der Ansammlung von Millionen Neuronen, die wir zerebralen Kortex nennen.

Die einem solchen System inhärente Spannung zwischen individueller Freiheit der einzelnen Komponenten innerhalb von System Eins und dem Wohlergehen des Gesamtorganismus gilt es zu beherrschen, zu steuern. Wie Eden Medina in ihrem Buch „Cybernetic Revolutionaries" hinwies, hat diese Spannung eine direkte Entsprechung in der Auslegung der Gedanken von Karl Marx durch den chilenischen Präsidenten Salvador Allende. Medina schreibt, dass es Allende darauf ankam, das bestehende demokratische System in Chile zu erhalten und eine sozialistische Reform und eben keine

---

[3] Eine Leserin findet diese Funktionszuschreibungen als Pathologin „haarsträubend". Am ehesten entspreche noch der Thalamus dem System Vier. Der Mediziner Salvador Allende sah wohl etwas gutmütiger über die Simplifizierung Beers hinweg. Die Übersetzung Medinas ist in diesem Bereich ebenfalls ungenau. Die Medizin ist jedoch so ein fundamentaler Bestandteil der Kybernetik gewesen, dass ich auf der Analogie an dieser Stelle bestehen muss.

Revolution anzustreben. Allendes Sozialismus betone die individuelle Freiheit und die Ausrichtung der Staatsaufgaben auf eine Teilhabe der Arbeiterklasse (Medina 2011, S. 39).

Allende bezeichnete sich selbst als Marxist, jedoch war ihm die revolutionäre Sprache von Marx fremd; Marx wiederum war nicht gerade begeistert von Reformen und den dazugehörigen Reformern, ein solch „chilenischer Weg" (Régis Debray) würde von ihm wahrscheinlich auch nur als Energieverschwendung gesehen werden und von der notwendigen Revolution des Proletariats ablenken. Von Debray sind auch die Streitgespräche zwischen Ernesto „Che" Guevara und Salvador Allende überliefert, die genau dies zum Thema hatten. Allende wusste von der Revolutionsbegeisterung von Marx und seinen südamerikanischen Interpreten; für ihn, den Spross einer Aristokratenfamilie, kam Gewalt nicht in Frage.

Der Weg, den Salvador Allende beschreiten möchte, besteht aus einer demokratisch legitimierten Revolution mit Rotwein und Empanadas – Chile ist nicht Kuba. 1970 wurde er mit knapper Mehrheit gewählt, das Wahlergebnis spiegelte die Spaltung des chilenischen Volkes wider: die Kandidaten der Linken, Rechten und der Mitte bekamen jeweils ein Drittel der drei Millionen abgegebenen Stimmen. Allende war Real-Politiker genug, um die Sprengkraft nicht zu unterschätzen. Als Mediziner begriff er sofort die Idee hinter der von Stafford Beer beschriebenen Kybernetik und erkannte ihr Potential für die Staatsführung, vorausgesetzt, er kann das gesamte chilenische Volk davon überzeugen. Sein Technikstab teilte seine Vision, war aber durch die technische Grundausbildung schon vorbelastet. Beispielsweise zielte Allende stets auf die Partizipation und Teilhabe der Arbeiterklasse ab, die Technikerinnen und Techniker jedoch verstanden Computersysteme in erster Linie als Optimierungssysteme Taylor'scher Art. Anstatt dass die Arbeiterinnen und Arbeiter nun Kontrolle über die staatlichen Fabriken bekamen, kontrollierten die Fabrikverwalter nun die Arbeiter (Medina 2011, S. 215).

Selbst wenn kein böser Wille dahinter steckte, fest steht, dass die technokratische Strenge dem Zeitgeist der noch immer wirksamen 1968er entgegenstand. In zahlreichen zeitgenössischen Broschüren und Arbeitsanweisungen fand sich immer wieder das Motiv vom „Freund Computer" in einer suggestiven Art, die auf eine zuvor existierende Computerfeindlichkeit deutet. Kein Wunder, Computersysteme der damaligen Zeit dienten den meisten Ländern als Machtverstärker, was die Weltöffentlichkeit nicht zuletzt durch den Ausbruch des Vietnam-Krieges erfuhr, ein Krieg, der auch und gerade mit Hilfe US-amerikanischer Computersysteme geführt wurde. Viele, alte wie junge Menschen der späten 1960er-Jahre sahen Computer als etwas Böses an, als Teil einer „technologischen Verschwörung der Reichen", die die Macht des Computers gegen die Armen einsetzen (Levy 2010, S. 124).

Die Sorgen sind ja durchaus nicht unbegründet, moderne Kriege sind ohne Computereinsatz schlicht nicht möglich. Aber auch im Falle der Idee eines kybernetisch unterstützten Sozialismus gilt die Warnung: Die Technik kann sowohl einen demokratischen als auch einen totalitären Sozialismus unterstützen. Die weiteren hier beschriebenen Ideen von Stafford Beer wurden nicht umgesetzt, nicht zuletzt, weil das Militär mit Unterstützung des US-amerikanischen Geheimdienstes CIA den demokratisch gewählten Präsidenten in einem *coup d'etat* stürzte. Ein Jahr vor diesem abrupten Ende konnte man bei Stafford Beer eine Veränderung wahrnehmen. „Er kam als Geschäftsmann nach Chile – und ging als Hippie", beschreibt Humberto Maturana den Briten im Gespräch mit Eden Medina. Beer war nach wie vor begeistert von der friedlichen, demokratischen Revolution, die er in Chile beobachten konnte und überlegte, welche Techniken und Ideen ein „Kybernetischer Sozialismus" einsetzen könnte. Radio und Fernsehen spielten im Chile der 1970er-Jahre eine große Rolle für Bevölkerung und Regierung, Regierungserklärungen etwa wurden direkt gesendet, ja sogar am Tag des Putsches wandte sich Allende noch per Radioansprache an sein Volk. Diese unidirektionale Form der Kommunikation empfand Beer als Störung des homöostatischen Equilibriums, wie Medina schreibt:

> [Stafford] Beer schlug den Bau eines Echtzeitkommunikationssystems vor, eines, das dem Volk erlauben würde, seine Gefühle direkt der Regierung zu übermitteln. Er nannte dieses System „Projekt Cyberfolk". In einem handschriftlich verfassten Bericht beschreibt Beer, wie man mit Hilfe so genannter „algedonischer Messgeräte" die Stimmung der Chilenen und ihre Zufriedenheit mit der Regierung erfassen könnte. (Medina 2011, S. 89)

Das Besondere dieser „algedonischen Messgeräte" gegenüber beispielsweise Umfragen oder anderen Messmethoden war, dass man keine spezifische Frage vorgesetzt bekam, sondern jederzeit und ohne direkte Fragestellung einen Regler einstellen konnte, der Zufriedenheit oder Missmut mit dem derzeitigen Regierungshandeln ausdrückte.

Nutzerin war die Bevölkerung, ihre Mitglieder sollten selbst entscheiden können, welche Metriken sie verwenden, um Zufriedenheit oder Unzufriedenheit mit Hilfe einer Zeigerposition auszudrücken. Anders als bei Umfragen mit Fragebögen sollte durch diese absolute Subjektivität einer systematischen Messabweichung *(bias)* vorgebeugt werden, es gab keinen auswertenden Computer, der eine Zahl ausgab, sondern eben eine Stimmungsmessung, die von Menschen interpretiert werden musste. Die Rolle des menschlichen Gehirns in kybernetischen Systemen ist weitaus zentraler als es uns heute angesichts gegenwärtiger Künstliche-Intelligenz-Systeme erscheinen mag.

Um die Anonymität zu wahren, sollte die Rückkopplung analog, beispielsweise über den Stromverbrauch und über mehrere Haushalte aggregiert stattfinden. Darüber hinaus waren die Geräte nicht an eine Person, sondern an einen Haushalt bzw. an ein Empfangsgerät gebunden. Das Entscheidende, neben der Echtzeiterfassung der Empfindung des Volkes, war ihre Einsehbarkeit durch das Volk selbst. Nicht allein die Politiker oder Techniker sahen den algedonischen Zustand, auch die Zuschauer oder Passanten sollten an öffentlich zugänglichen Stellen (und natürlich im Fernsehen) in Echtzeit die momentane Stimmungsmessung ablesen können.

Nehmen wir die Szene aus Beers Skizze (Abb. 7.1): Wenn beispielsweise eine Vorstands- oder Regierungssitzung stattfindet, so findet sie öffentlich statt, übertragen im Radio oder, wie hier in der Skizze, im Fernsehen. An das Fernsehgerät ist ein algedonisches Messgerät gekoppelt, das die Daten in Echtzeit zur Sitzung überträgt. Der Vorstand bzw. die Regierung kann die Stimmung mit einem Blick erfassen

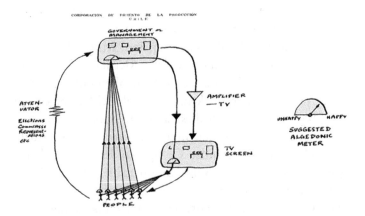

Abb. 7.1 Algedonische Schleife des Projekts „Cyberfolk", das von Stafford Beer 1972 vorgeschlagen wurde

und entsprechend reagieren. Aber auch die Zuschauer können nun sowohl sehen, wie sich das Volk insgesamt „fühlt", als auch auf die Reaktion ihrerseits reagieren. Der Regelkreis ist geschlossen, der Dialog ist eröffnet.

7.3 Die informatisierte Gesellschaft

Technikerinnen und Techniker könnten ebenso entzückt aufspringen wie der Universalgelehrte Leibniz und sich über die Allgegenwart von Bits und Bytes freuen: Das Bildnis der Schöpfung ist binär, man kann Alles (1) aus Nichts (0) erschaffen. Nicht nur an den offensichtlichen Stellen des alltäglichen Lebens, sondern auch in den grundsätzlichen politischen Denkweisen erkennt er unverkennbar einen deterministischen Zug. Wo anfangs Modelle lediglich zum Verständnis eingesetzt wurden, werden diese Modelle nun europaweit implementiert, nehmen wir als Beispiel den Gesellschaftsvertrag. Dieser Vertrag ist ja kein solcher in juristischer Hinsicht, es ist ein Modell, ein aufgefordertes Handeln-als-ob. Die politischen Vertreter eines Staates sollten sich als Leviathan fragen, was denn der Allgemeinwille sei – als gäbe es tatsächlich einen Hobbes'schen Leviathan oder ein Rousseau'schen Allgemeinwillen. Nun aber versucht eine global handelnde Technokratie, solch abstrakte Gedankenspiele in ein tatsächliches Vertragswerk umzusetzen.

Verfassungsrechtler wie Dieter Grimm, Soziologen wie Heinz Bude, Philosophen wie Jürgen Habermas, aber auch Intellektuelle wie Roger Willemsen äußerten ihren Unmut über den Stellenwert von Verträgen innerhalb der Europäischen Union. Mehr noch, durch Rechtsprechung des Europäischen Gerichtshofs besitzen die zwischen den EU-Staaten ausgehandelten Verträge nun Verfassungsrang, dabei sind sie

intransparent und ohne jegliche Einbindung der Zivilgesellschaft entstanden. Diese Konstitutionalisierung im Politischen kennt die Informatik im Technischen schon längst:
„Code is law." (Lessig 2006, S. 1)

Der englische Begriff „code" kann vieles ausdrücken:
Quelltext für Software, Verhaltensnorm, Chiffre, Vorschrift,
Kodex – allen Nuancen gemeinsam ist das Kodierte, also
das Verschriftliche und Fixierte und mit einer bestimmten
Bedeutung Versehene. „Code is law" meint in dieser Lesart,
dass etwas Kodiertes zum Gesetz eines prozessierenden Systems wird, eines informationstechnischen Systems beispielsweise. „Die Welt ist die Gesamtheit der Tatsachen, nicht
der Dinge", schreibt Wittgenstein in (Wittgenstein 2011,
Abschn. 1.1). Die Welt ist also das, was in irgendeiner Form
begriffen, kodiert, prozessiert werden kann.

Doch was ist mit den Dingen, die nicht begriffen, kodiert,
prozessiert werden können? Dies seien ja eigentlich die
Dinge, über die es sich überhaupt lohne zu sprechen, wie
der späte Wittgenstein bemerkt (Doxiadis und Papadimitriou 2009, S. 288). Moderne Medien liefern uns Anhalts-
punkte, das Unmessbare, wenn schon nicht messen, so doch
wenigstens ungefähr bestimmen zu können – die Stimmung
der Gesellschaft beispielsweise.

Bei Landtagswahlen sind Demoskopen stets aufs Neue
überrascht, wie groß die Kluft zwischen geäußerter Meinung und Wahlverhalten ist. Noch vor ein paar Jahrzehnten
wurden sie von dem Prozentanteil der neo-nationalsozialis-
tischen Parteien überrascht, inzwischen scheinen zumindest
rechts-konservative Wähler eine andere Alternative gefunden zu haben. Die im Netz geäußerten Meinungen spiegeln nicht das Gesamt-Stimmungsbild wider, und auch bei
Wahlen fällt es nicht nur aufgrund der relativ geringen Beteiligung schwer, auf die Stimmung zu schließen.

Aber auch anders herum, warum bleibt denn der „Staat
den Bürgern fremd"? Schiller ist davon überzeugt, dass es

auch daran liegt, dass der Einzelne im Staat nicht vorkommt, nur die messbare Abstraktion davon:

> Genötigt, sich die Mannigfaltigkeit seiner Bürger durch Klassifizierung zu erleichtern und die Menschheit nie anders als durch Repräsentation aus der zweiten Hand zu empfangen, verliert der regierende Teil sie zuletzt ganz und gar aus den Augen, indem er sie mit einem bloßen Machwerk des Verstandes vermengt; und der Regierte kann nicht anders als mit Kaltsinn die Gesetze empfangen, die an ihn selbst so wenig gerichtet sind. Endlich überdrüssig, ein Band zu unterhalten, das ihr von dem Staate so wenig erleichtert wird, fällt die positive Gesellschaft (wie schon längst das Schicksal der meisten europäischen Staaten ist) in einen moralischen Naturstand aus einander, wo die öffentliche Macht nur eine Partei *mehr* ist, gehaßt und hintergangen von dem, der sie nötig macht, und nur von dem, der sie entbehren kann, geachtet. (Schiller 1948, 6. Brief, S. 21)

Der maschinenlesbare Bürger auf der einen, die maschinenlesbare Regierung auf der anderen Seite sind, sehr wohlwollend interpretiert, Ausdrücke des Wunsches, die beste aller möglichen Staatsformen nicht per Postulat, sondern durch Empirie zu finden. Doch nicht nur bei der Staatsgründung, sondern auch im „laufenden Betrieb" besteht das Problem der Feststellung der Zustimmung der Bürger zu bestimmten politischen Entscheidungen. Nirgends tritt dies deutlicher zutage als bei dem Wort des „Allgemeinwillens". Die Allgemeinheit der Bürger ist kein vernunftbegabtes Wesen, hat keinen Willen, was soll dann der Allgemeinwille sein? Er setzt sich offensichtlich zusammen aus einzelnen Willensbekundungen, die sich aber durchaus widersprechen können.

In der politischen Bildung wird für diesen Allgemeinwillen gern die Interpretation von Rousseau verwendet, der gemeinschaftliche Volkswille sei eine kollektive *Volonté Générale* und eben keine distributiv verteilte *Volonté de tous*.

Die Hauptaufgabe der Politiker sei es nun gerade, sich in einem Gedankenspiel der Erkenntnis zu nähern, wie sich jeder Einzelne entscheiden würde, hätte dieser nur umfassende Informationen über den Sachverhalt und das höchste Maß an Urteilskraft.

Stellvertretend kann auch eine Kommission von Philosophinnen und Philosophen, weisen Menschen oder eben gewählten Politikerinnen und Politikern gemeinsam den Allgemeinwillen feststellen. Dies geschieht meist auch aus praktischen Gründen: Um den Willen aller 740 Mio. Einwohner Europas empirisch festzustellen, existieren keine Mittel. Oder doch?

Der menschliche Wille ist prinzipiell unberechenbar. Daran verzweifeln Natur- und Lebenswissenschaftler ebenso wie Ökonomen. Die Informatik hingegen hat Methoden für die Befragbarkeit komplexer Systeme und vor allem den Größenwahn von der Kybernetik geerbt, die komplexe Systeme in einem vergleichsweise einfachen Modell darstellt, an das man Fragen richten kann. Jedoch gibt der Computerpionier Heinz Zemanek zu bedenken:

> Systematische Ordnung ist ungeheuer nützlich, aber sie hat ihre Grenzen. Lebendige Systeme – organisch und geistig – kann man mit einer einfachen Systematik nicht erfassen. Die Systemtheorie kann nicht mit einfacher Systematik aufwarten, sie wird zwar mit Vereinfachungen arbeiten müssen, mit wirksamen Modellen, aber sie wird ständig vor diesen Vereinfachungen warnen müssen: Die Wirklichkeit ist bunt und kann sehr unsystematisch sein. (Zemanek 1991, S. 102)

Die in der Kybernetik getroffenen Vereinfachungen wurden in einem Verfahren der *second order observation* stets mitgedacht, nicht aber im System kodiert. Dies hatte nicht zuletzt technische Gründe, die Rechen- und Speicherleistung eines *Mainframes* der damaligen Zeit hält nicht einmal mit den

Universalcomputern in unserer Hosentasche mit, die wir aus historischen Gründen „Telefone" nennen.

In der Kybernetik wurden diese technischen Grenzen jedoch durch die geistige Leistung der Entwickler und Modellierer überwunden. So kann beispielsweise vereinfachend angenommen werden, dass alle Bürger nicht nur über Vernunft verfügen, sondern auch von dieser willentlich Gebrauch machen. Weiter kann man vereinfachend annehmen, dass geäußerte Willensabsichten auch den tatsächlichen Motivationen der Befragten entsprechen. In den beobachtenden Wissenschaften ist man sich über den so genannten Beobachter-Effekt bewusst und entwirft daher korrigierende Faktoren, die in das Modell eingehen müssen. In den technischen Wissenschaften hingegen versucht man, den Effekt zu minimieren, indem nicht ein Mensch, sondern eine vorgeblich neutrale Technik die Willensbekundungen misst.

Nun ist nicht alles in der Welt messbar, daher sieht die Kybernetik in ihrem selbstregelnden Regelkreis einen entscheidenden Mechanismus vor. Das Feedback ist die entscheidende Technik bei der asymptotischen Annäherung von postuliertem Allgemeinwillen und messbaren Willensbekundungen der Individuen. Es ist daher wichtig, dass dieses Feedback regelmäßig angefordert wird, damit es auf dem Boulevard Digital diskutiert werden kann.

7.4 Datenschatten

Valentin Gröbner erzählt am Ende seines Werks über den „Schein der Person" die Geschichte eines Reisenden aus British Honduras, der neun Monate lang Deutschland, Österreich und die Schweiz bereiste, um dann schließlich bei der Ausreise von einem schweizerischen Grenzbeamten ertappt zu werden: Der Staat British Honduras existiert nicht, sein Ausweis war jedoch so „echt", mit

Sicherheitsmerkmalen, Registriernummern und Stempeln versehen, dass der sich damit Ausweisende frei im Europa von 1998 bewegen konnte (Groebner 2004, S. 169). Gröbners Pointe verrät er schon im zweideutigen Titel, wenn er in seiner historischen Studie nach den Kriterien und vor allem nach den Gründen für die Identifizierung einer Person fragt. Die „Verdopplung der Person" in den offiziellen Ausweisdokumenten ist ein Ausdruck von Macht und Kontrolle über einen Menschen.

Macht und Kontrolle sind in der modernen Gesellschaft nicht mehr in den potentiell willkürlichen Händen eines Herrschers, sondern in der Struktur der Verwaltung *codiert*. Die Bürokratie als Aufschreibe-, Lese- und Anweisungs-Technik gesehen funktioniert am besten, wenn es nicht Unbeschreibliches wie „den Menschen" gibt. Schon simple Infragestellungen wie die Geschlechtszugehörigkeit überfordern die Formulare der Behörden. Dabei wäre es technisch gesehen ein Leichtes, neben „Mann" und „Frau" auch eine dritte Kategorie einzuführen, wie es auch die jüngste Rechtsprechung verlangt. Wenn der Reisepass abgelaufen ist, ist doch weder der Pass noch sein Träger weniger „echt" als vorher. Er kann dann aber nicht mehr von der Staatsmaschine Bürokratie verarbeitet werden, er stellt eine ungültige Eingabe dar.

Der Bürger existiert für den bürokratischen Staat nur, wenn er „gelesen" werden kann, also findet sich im Reisepass eines jeden Bürgers auf der Datenseite eine „maschinenlesbare Zone" (*machine readable zone*, MRZ), deren Inhalt durch die Spezifikation 9303 der internationalen Organisation für zivile Luftfahrt (International Civil Aviation Organization, ICAO) aus dem Jahre 1980 geregelt ist: In zwei Zeilen stehen 44 Zeichen in einer nicht-proportionalen Schrift, die Leerzeichen werden mit dem Zeichen < ausgedrückt. Prekäre Wissenschaftler bekommen nach der Registrierung in der Agentur für Arbeit eine Kennziffer zugewiesen, der

Patient in der Berliner Charité bekommt einen Strichcode, der Steuerzahler eine Identifikationsnummer. Die Verknüpfung von Person und (maschinenlesbarer) Nummer ist in der von Informations- und Kommunikationstechnik durchdrungenen Welt eine logische Notwendigkeit. Gleichwohl regt sich Widerstand.

Schon bei der Einführung des Strichcodes argumentiert die Bürgerrechtsvereinigung „Consumers Against Supermarket Privacy Invasion and Numbering" (CASPIAN), dass bereits in der „Heiligen Schrift" (gemeint ist die Bibel) vor der Nummerierung von Menschen gewarnt wird. Die insgesamt drei Begrenzungs- und Trennlinien des EAN-Strichcodes sehen der kodierten Ziffer 6 ähnlich, und 666 ist bekanntlich die Nummer des „Tieres".[4] Mit den RFID-Chips *(radio frequency identification)* verschwindet nun auch noch der für den Menschen sichtbare Teil, die Daten sind nur noch maschinell lesbar.

Auf der CeBIT – vielleicht erinnern Sie sich, das war einmal eine berühmte Technikmesse in Hannover – konnte sich der Besucher von dem Durchbruch von RFID als Sicherheitstechnik überzeugen. Mit einem winzigen, Reiskorn-großen Implantat in der Hand („caracterem in dextera manu sua") öffnen sich nicht nur Türen wie von Geisterhand, der Träger kann auch bargeldlos bezahlen. Es scheint auch eine Zukunft denkbar, in der „niemand kaufen oder verkaufen kann, wenn er nicht das [computerverarbeitbare] Zeichen hat, nämlich [das Passwort] oder die Zahl [des Hash-Werts]. Hier ist Weisheit! Wer Verstand hat, der überlege die Zahl des [Hash-Werts]; denn es ist die Zahl eines [Computersystems], und seine Zahl ist 971658bc2f5bdee5660844a83b5bf0a2."[5]

---

[4] Wobei eine Ziffer im EAN-Strichcode mit acht Strichen kodiert wird und nicht, wie die Begrenzungslinien, mit vier.

[5] Der Autor kann nichts für seine frühkindliche Prägung, die Zitate finden sich im Original in der „Offenbarung des Johannes 13.16 ff.", online unter http:// www.bibleserver.com/text/VUL.LUT/Revelation13.

Der Datenschatten eines Menschen ist berechenbar, der Mensch nicht, prinzipiell nicht. Eine Universalwissenschaft, wie sie Leibniz vorschwebte, schmeichelt dem aufgeklärten Geist; endlich kann er mit logischen Schlüssen hantieren, ohne auf die körperlichen Bedürfnisse des Menschen eingehen zu müssen.

7.5   Das Unbekannte

Die Zukunft, dieses unentdeckte Land (Roddenberry), versprach Reichtümer, die vor allem die Oberschicht dringend benötigte. Es ziemte sich nicht, körperlich zu arbeiten, also blieb als Berufswahl der verarmenden Elite nur Wegelagerei oder Börsen-Spekulation übrig. Übrigens teilen beide Berufe den gleichen Schutzgott Hermes, irgendwie passend. Für beide Tätigkeiten sind Echtzeit-Informationen über den Warenverkehr nötig. Der moderne Staat war (wie die feudalen Herrscher ja auch) stets verschuldet und nun bot sich eine verführerische Möglichkeit der Schuldentilgung an, die bis zum heutigen Tag wahrgenommen wird.

Aus welchen Gründen auch immer – ökonomisch oder politisch –: Der moderne Staat benötigt Echtzeit-Informationen, die weit aktueller als die Leibniz'schen „Haupt-Zeddel" sein müssen. Claus Pias zitiert den Germanisten Pierre Bertaux, der in einem Gespräch mit Arnold Gehlen, Friedrich Bauer, Heinz Zemanek und anderen teilnehmenden Experten auf das Aktualisierungsproblem der Statistik hinwies:

Das entscheidende Problem der Statistik ist ihre Aktualisierung. Die schlüssigen Informationen, auf Grund derer Entscheidungen getroffen werden, müssen so up to-date wie nur möglich sein. Diese Aktualisierung, die ein Hauptschlüssel zur Vermeidung von Wirtschaftskrisen in der industriellen

Gesellschaft ist, kann nur auf Grund einer ungeheuren Investition in Computer, in Rechenmaschinen und in der Form einer Neugestaltung des ganzen Regierungsapparates erreicht werden, also durch eine Staatsmaschine. Dazu ein französisches Sprichwort, das sagt: „Gouverner c'est prévoir." Die Kunst des Regierens ist die Kunst des Voraussehens. Die Dimension der Zukunft ist aber für die Menschen, für ihr organisches, cérébrales Denken, für das Denken mit Worten schwer zu erfassen, weil es dem Gehirn nicht möglich ist, die zahllosen Elemente, die auf das Geschehen einwirken, auf einmal zu übersehen. [...] Der Mensch ist von Natur aus zukunftsblind. Diesem Faktum kann durch die Maschine abgeholfen werden. (Pias 2004, S. 139)

Die „schlüssigen Informationen" sind jedoch nicht nur welche über „wüllenen Tücher", sondern auch und gerade über die Einwohner eines Staates, ob Bürger mit Rechten oder *sans-papiers* ohne. Der maschinenlesbare Mensch wird zum Desiderat staatenlenkender Verwalter, die nicht nur das Volk zählen, sondern erfassen wollen.

Andreas Pfitzmann wurde seinerzeit noch belächelt, als er vor der Externalisierung des menschlichen Denkens durch die Digitaltechnik und der damit verbundenen Gefahr der Beobachtbarkeit der eigenen Gedanken warnte. Sage mir, was du in die Suchmaschine eingibst, und ich sage dir, wer du bist, was du gerade machst, was du als nächstes vorhast et cetera.

Die Öffentlichkeit wurde längst digitalisiert, ganz performativ durch den Gebrauch der Digitaltechnik durch die vernetzten Bürger, die ihren Frieden damit gemacht haben, wobei ein ungutes Gefühl wohl bestehen bleibt. Ein wesentlicher Teil des Boulevard Digital entzieht sich der informierten Einsichtnahme – die intransparenten Systeme werden alternativlos hingenommen und im Vertrauen auf die höheren Mächte namens „GAFAM" von den Bürgerinnen und

Bürgern auch in politischer Absicht genutzt. „GAFAM" steht für die Konzerne Google, Apple, Facebook, Amazon und Microsoft, die auf dem westlichen Abschnitt des Boulevard Digital die höchsten Einflussmöglichkeiten besitzen; das östliche Pendant wäre „BATX", was für Baidu, Alibaba, Tencent bzw. Xiaomi steht.

Dank dieser Vormachtstellung gibt es auf dem globalen Boulevard Digital keine Geheimnisse. Wir haben bei Habermas gelesen, dass Öffentlichkeit entsteht, wo sich Menschen in politischer Absicht versammeln, um vor einem gedachten (Welt-)Publikum öffentlich ihre Vernunft zu gebrauchen. Wir haben aber auch gelesen, dass diese Versammlungen oft im Geheimen stattfinden mussten und bis heute noch müssen, wenn wir an repressive Staaten denken, die den Kant'schen Ausspruch des *sapere aude* pervertieren: Wehe, du wagst, zu wissen, was wir nicht wollen, dass du weißt!

Das höchstrichterlich festgestellte Grundrecht auf Gewährleistung der Vertraulichkeit und Integrität informationstechnischer Systeme („IT-Grundrecht") soll letztendlich auch die Bildung einer politischen Öffentlichkeit gewährleisten. Das Geheimnis ist die Kehrseite der Öffentlichkeit, beide gehören untrennbar zusammen.

7.6   Boulevard Digital als Utopie

Das Wort „Utopie" meint im Griechischen den Nicht-Ort *(ou-topos)*, also einen Ort, der zwar nicht existiert, den es gleichwohl aber geben könnte und sollte *(eu-topos)*. Der Begriff wurde durch die Schrift „Utopia" von Thomas Morus populär; utopische Beschreibungen finden sich jedoch schon früher (Morus 2001). Mit der Überschrift „Boulevard Digital als Utopie" soll deutlich gemacht werden, dass der Boulevard Digital kein (fester) Ort ist, aber als ein solcher gedacht werden kann. Zur Wirkungsmacht utopischer Literatur ist

viel gesagt worden, der junge Karl Marx wetterte beispielsweise gegen diese „reaktionäre" Literatur der Erfinder von
sozialistischen und kommunistischen Systemen (im Folgenden „sie"):

> An die Stelle der gesellschaftlichen Tätigkeit muß ihre per-
> sönlich erfinderische Tätigkeit treten, an die Stelle der
> geschichtlichen Bedingungen der Befreiung phantastische,
> an die Stelle der allmählich vor sich gehenden Organisation
> des Proletariats zur Klasse eine eigens ausgeheckte Organi-
> sation der Gesellschaft. Die kommende Weltgeschichte löst
> sich für sie auf in die Propaganda und die praktische Aus-
> führung ihrer Gesellschaftspläne.
> Sie sind sich zwar bewußt in ihren Plänen hauptsächlich das
> Interesse der arbeitenden Klasse als der leidendsten Klasse zu
> vertreten. Nur unter diesem Gesichtspunkt der leidendsten
> Klasse existiert das Proletariat für sie. (Marx und Engels 1953,
> S. 557)

Für Marx (und Engels) ist dieser Appell an die Vernunft einer
ganzen Gesellschaft eine „unentwickelte Form des Klassen-
kampfes". Das Verständnis eines Gesellschaftsentwurfs, und
sei es auch der beste aller möglichen, führe nicht zu seiner Anerkennung. Der friedliche Weg über ein „Evange-
lium" führe nur zur Sektenbildung, die Schüler stumpften
den Klassenkampf ihrer revolutionären Lehrer ab, sie „träu-
men noch immer die versuchsweise Verwirklichung ihrer
gesellschaftlichen Utopien, Stiftung einzelner Phalanstere,
Gründung von Home-Kolonien, Errichtung eines kleinen
Ikarien, – Duodezausgabe des neuen Jerusalem – und zum
Aufbau aller dieser spanischen Schlösser müssen sie an die
Philantropie der bürgerlichen Herzen und Geldsäcke appel-
lieren." (Marx und Engels 1953, S. 558).
   Utopische Literatur mag für viele nicht die erwünschte
Wirkung erzielen; jedoch, *dass* Ideen ganz reale Auswir-
kungen auf die Umwelt haben, wird niemand ernsthaft

bestreiten. In technischer Hinsicht beispielsweise sind phantastische Beschreibungen oft der Ausgangspunkt eines Schöpfungsaktes.[6] Viele informations- und kommunikationstechnische Artefakte und andere *gadgets* wurden bereits in Buch, Film oder Fernsehen beschrieben, bevor sie überhaupt entwickelt werden konnten. Die Beschreibung wird zum *telos* des technisch Handelnden, ganz im Sinne von Antoine de Saint-Exupéry: „Pflanze die Liebe zum Segelschiff ins Herz deines Volkes, und es wird dir alle Inbrunst aus seiner Erde saugen, um sie in Segel zu verwandeln" (de Saint-Exupéry 1956, S. 389) – selbst wenn es heute noch nicht einmal weiß, wie Segel hergestellt werden.

Literatur

Beer S (1967) Kybernetik und Management, 3. erw. Aufl. edn. Fischer, Frankfurt a. M

Coy W (1992). Für eine Theorie der Informatik. In: Coy W, Nake F, Pflüger J, Rolf A, Seetzen J, Siefkes D, Stransfeld R (Hrsg) Sichtweisen der Informatik, Vieweg, Braunschweig, S 17–32

de Saint-Exupéry A (1956) Die Stadt in der Wüste. Übersetzt von Oswalt von Nostitz, Düsseldorf

Doxiadis A, Papadimitriou C (2009) Logicomix. Bloomsbury. Zeichnungen von Alecos Papadatos und Anni Di Donna, New York

Groebner V (2004) Der Schein der Person. Beck, München

Hodges A (2012) Alan Turing: The Enigma (the Centenary Edition). Princeton University Press, New Jersey

Lessig L (2006) Code. Basic Books. http://codev2.cc/download+remix/Lessig-Codev2.pdf

Levy S (2010) Hackers, 25th anniversary edition edn. O'Reilly Media, Sebastopol

---

[6]In der Programmierung ist die Beschreibung sogar der Großteil der Schöpfung.

Marx K, Engels F (1953) Manifest der kommunistischen Partei. In: Landshut S (Hrsg) Karl Marx. Die Frühschriften, Alfred Körner Verlag, Stuttgart, S 525–560

Medina E (2011) Cybernetic Revolutionaries: Technology and Politics in Allende's Chile. MIT Press, Cambridge

Morus T (2001) Utopia. In: Grassi E (Hrsg) Der utopische Staat, Taschenbuch, Reinbek bei Hamburg, S 7–110

Nuzzo R (2014) Scientific method: Statistical errors, in: nature international weekly journal of science. http://www.nature.com/news/scientific-method-statistical-errors-1.14700

Pflüger J (2012) Du sollst nicht falsch Zeugnis geben. In: Trystero (Hrsg) Per Anhalter durch die Turing-Galaxis, Monsenstein und Vannerdat, Münster, S 47–53

Pias C (2004) Der Auftrag. Kybernetik und Revolution in Chile. In: Gethmann D, Stauff M (Hrsg) Politiken der Medien, diaphanes, Zürich, S 131–154

Turing A (1937) On computable numbers, with an application to the Entscheidungsproblem. Bd 42 of Proceedings of the London Mathematical Society, S 230–265

von Förster H, Pörksen B (1999) Wahrheit ist die Erfindung eines Lügners. Gespräche für Skeptiker, 3. Aufl. edn. Carl-Auer, Heidelberg

von Schiller F (1948) Über die ästhetische Erziehung des Menschen (1795). Scherpe-Verlag, Krefeld

Weizenbaum J (1978) Die Macht der Computer und die Ohnmacht der Vernunft. Suhrkamp, Frankfurt a. M

Wiener N (1948) Cybernetics. or control and communication in the animal and the machine. Wiley, New York (Bestand der SEL Bibliothek, Stuttgart. Signatur B6067)

Wittgenstein L (2011) Tractatus logico-philosophicus. Tagebücher 1914–1916. Philosophische Untersuchungen. Suhrkamp, Frankfurt a. M

Zemanek H (1991) Das geistige Umfeld der Informationstechnik. Springer, Berlin

8

Die Wahrheit auf dem Boulevard Digital

8.1 www – was wir wissen

Im Jahre 1910 öffnete das Mundaneum in Brüssel seine Pforten. Es sollte ein Museum des Weltwissens sein, das neue Zentrum einer großen Weltstadt, so wünschten es sich die Visionäre Paul Otlet und Henri La Fontaine. Um das Wissen der Welt entsprechend aufbereiten und der interessierten Öffentlichkeit zugänglich machen zu können, entwickelten Otlet und La Fontaine die *Universal Decimal Classification,* eine Weiterentwicklung von Leibniz' Dezimalklassifikation mit besonderem Fokus auf Maschinenlesbarkeit der Dokumentationen von Bibliotheksbeständen.

Paul Otlet sah sieben zentrale Kategorien der Wissensordnung vor: *choses, espace, temps, le moi, les créations, l'expression, l'inconnu,* also Dinge, Raum, Zeitalter, das Ich, Schöpfungen, Ausdruck und das Unbekannte. Paul Otlet verfolgte das ehrgeizige Ziel, tatsächlich ein Museum des Weltwissens aufzubauen, nicht nur die theoretische Beschreibung einer

© Springer Fachmedien Wiesbaden GmbH, ein Teil von Springer Nature 2020
S. Ullrich, *Boulevard Digital,*
https://doi.org/10.1007/978-3-658-24429-3_8

möglichen Institution abzuliefern. Er hatte begriffen, dass sich mit den entstehenden globalen Kommunikationsnetzen und den damals neuen Medien Film und Fotographie die Art und Weise der Wissensaufbereitung und vor allem die des öffentlichen Zugangs zum Wissen der Welt fundamental ändern werden.

> *Fakten* katalogisieren, diese Aufgabe wirft mehrere Fragen auf, wie etwa jene, was überhaupt dokumentiert werden kann bzw. was als ein Dokument gilt. Dass dies kein triviales Problem darstellt, zeigt die lange Diskussion über den Status von Texten bzw. Objekten, die der Information dienen. Als Dokument eines Ereignisses etwa gilt der Text, mit dem dieses Ereignis schriftlich dokumentiert wurde. Gibt aber ein Text, der in die Akten und damit in das Archiv eingeht, aber auch ein Ereignis *faktisch* wieder? Kann das Foto, kann ein Objekt nicht ebenso ein Ereignis dokumentieren? Im Falle eines Objekts, das als Beweis für ein Geschehen interpretiert werden kann, ist dies freilich möglich. Es dient dann der Erzeugung von *Evidenz,* was wiederum an die Tatsache gebunden ist, dass dieses Objekt in einer bedeutungsvollen Beziehung zu einem bestimmten Geschehen steht. Man wusste schon zu Beginn des 20. Jahrhunderts, dass man sich zu Dokumentationszwecken nicht allein auf verschriftete Dokumente würde verlassen können. Natürlich wird mit den neuen Medientechniken (Fotografie, Phonographie, Film) der Begriff des Dokumentarischen ausgeweitet. (Hartmann 2012, S. 42)

Im einleitenden Ausschnitt aus Otlets „Monde" wird auf den schwierigen ontologischen Status von Dingen hingewiesen, die zwar real da sind *(les microbes),* aber ohne Werkzeuge des Wissens *(le microscope)* nicht erkannt werden können.

8.2   Informationelle Aufklärung

Lehrpläne, Handreichungen und Schulmaterialien gehen in der Regel nicht auf tagesaktuelle Entwicklungen ein, in keinem Fach. So wurde dem Abiturjahrgang von 1998 in Baden-Württemberg noch der Große Fermat'sche Satz als unbewiesen vorgestellt, obwohl ihn die Mathematiker Wiles und Taylor vier Jahre zuvor bewiesen hatten. Inzwischen haben Schüler wie Lehrer Zugriff auf die Online-Enzyklopädie Wikipedia, deren Autoren unheimlich schnell und erstaunlich akkurat in mathematisch-technischen Dingen aktuelle Entwicklungen und Forschungsergebnisse berücksichtigen.

Diese neue informationelle Dimension transformiert nicht nur die Gesellschaft in einem erheblichen Maße, auch die Einzelne und der Einzelne sind einer massiven Veränderung unterworfen, es entsteht ein neues „Ich", das sich über die Fingerspitzen hinaus in die Geräte ausdehnt. Zu den grundlegenden Annahmen des Selbst zählt an erster Stelle die Autonomie und die Möglichkeit, in der Welt und mit der Welt zu handeln. Dieses Handeln in der Welt und mit der Welt macht den Menschen erst als Menschen aus. Auch seine Beziehung zur Welt ist eine ständig neu auszuhandelnde. Er erleidet viel, beispielsweise die Schwerkraft, gestaltet jedoch noch viel mehr, beispielsweise Flugmaschinen. Er kann denken und macht davon hin und wieder Gebrauch, er ist sich seiner eigenen Vergänglichkeit bewusst und ist in der Lage, sich zu realen und imaginierten Dingen zu verhalten.

Die Handlungen finden ihre Schranken vor allem in der besonderen Beziehung zum Gegenüber, auf dem Boulevard handeln Sie als öffentliche Person, Sie sind den kontrollierenden Blicken Ihrer Mitmenschen ausgesetzt und wollen keinen Unmut erregen. Der Mensch ist nun einmal ein höchst reziprokes Wesen, das heißt, er will nicht nur wahrnehmen, sondern auch wahrgenommen werden. In einer Gesellschaft

ist er Agent und zugleich Gegenstand von Handlungen und
Aushandlungen. Das macht die moderne Informations- und
Kommunikationstechnik so attraktiv. Mit einem Finger-
streich entscheiden wir über Rendezvous oder buchen unsere
Ferienhotels – die wir im Nachgang dann auch bewerten und
mit ein bis fünf Sternen versehen.

Der moderne Mensch ist ein informationelles Mängelwe-
sen, das jede Technik begrüßt, die sein Zugang zu Informationen und Daten vergrößert. Die Beziehung des Menschen
zur Natur wurde durch technische Erfindungen immer wieder neu ausgehandelt.

Anhand der kopernikanischen Wende und der technischen Erfindung namens Teleskop kann man das gut nachvollziehen. Es gab zwei wesentliche Komponenten dieses im
Wortsinn revolutionären Wandels der Weltbilder, den kritischen Geist einerseits und die technischen Hilfsmittel andererseits. Die bis in das 16. Jahrhundert vorherrschende Vorstellung unseres Sonnensystems war, dass sich die Erde im
Zentrum befand. Diese Annahme basiert im Wesentlichen
auf Aussagen im Buch Josua, in dem beschrieben wird, wie
der HERR den Lauf der Sonne anhält.

Kopernikus und Galilei waren, wie die meisten Wissenschaftler der damaligen Zeit, durchaus gottgläubig. Sie vertrauten nur nicht den Interpretationen der auch für sie heiligen Texte. Der kritische Geist gebot ihnen, eine stringente
Argumentation zu finden und Widersprüche nicht zu leug-
nen, sondern sie im Gegenteil zum Ausgangspunkt einer
Diskussion zu machen. Es hat knapp 400 Jahre gedauert,
doch immerhin ist Galilei inzwischen rehabilitiert. In der
Rede von Johannes Paul II. an die Teilnehmer der Vollver-
sammlung der päpstlichen Akademie der Wissenschaften am
31. Oktober 1992 vergibt die Kirche den so arbeitenden
Wissenschaften, gibt ihnen aber auch den Auftrag, sich über
die Auswirkungen ihres Schaffens im Klaren zu sein und den

Verstand eben nur als ein Mittel unter vielen zu betrachten. Eine rückhaltlose Rehabilitation klingt anders.

Sehr amüsant wird dieses ständige Ringen von Verstand und Glauben im Theaterstück „Leben des Galilei" von Bertolt Brecht beschrieben. Dort weigern sich die Vertreter der Kirche, die Schlussfolgerung von Galilei anzuerkennen, weil die Funktionsweise dieses „Fernsehgeräts" nicht sofort einsichtig sei. Die epistemologische Bringschuld liegt also stets bei dem Infragesteller, was den Dogmatikern und anderen konservativen Kräften natürlich einen Heimvorteil bietet. Die Infragestellung ist für die Wissenschaft ein großartiges Instrument, der permanente Zweifel dient der Formung der Forschungsergebnisse.

Im Theaterstück lautet daher das Hauptargument der Inquisition, dass Zweifel zwar zum Fortschritt führen mag, jedoch nie zu einem Halt komme. Der Mensch würde permanent unzufrieden umherwandern, und die Unruhe seines Gehirns auf die unbewegte Welt übertragen. Interessanterweise ist dies auch die Hauptmotivation der Wissenschaften, permanent in Unruhe zu sein und nur die Dinge als gewiss zu akzeptieren, über die man selbst umfassend nachgedacht hat. In der technisierten Welt benötigt man für das umfassende Nachdenken eine weitere Voraussetzung: Wir müssen auch technisch in der Lage sein, die Wissenswerkzeuge wie Teleskop oder nun eben „Big Data" oder „Künstliche Intelligenz" zu verstehen, da wir ansonsten den einen Mythos („Gott") mit einem anderen („Cyber") ersetzen. In der Informationsgesellschaft ist technische Unmündigkeit gleichbedeutend mit Unmündigkeit überhaupt. Auch und gerade für die technische Unmündigkeit gilt das „wage, zu wissen", wie ich an anderer Stelle bereits ausgeführt habe:

Im Schlaraffenland ist es ausdrücklich untersagt, sich seines eigenen Verstandes zu bedienen, was die Bewohner dann natürlich nicht mehr betrüben kann. In unserer von

Informations- und Kommunikationstechnik geprägten Umwelt ist dies nicht anders. Die uns zur Verfügung gestellten Geräte, versiegelt, verklebt und in jeder Hinsicht unzugänglich, verstärken nur den Eindruck, dass wir nicht länger Nutzer (user), sondern schon längst Benutzte (usee) sind. [...] Bequemlichkeit ist das Hauptargument für einen dauerhaften Platz im modernen Schlaraffenland. Informationen über unsere Umwelt [werden] uns in denkgerechte Häppchen zerteilt direkt ins ausgelagerte Gedächtnis geschoben. Für die Verarbeitung der Information ist dann bequemerweise auch ein Mikroprozessor zuständig, so dass wir unsere Aufmerksamkeit auf angenehmere Dinge lenken können. Der Preis der Bequemlichkeit ist der Verzicht auf den kritischen Vernunftgebrauch. (Ullrich 2014, S. 696)

Die von mir angesprochene Bequemlichkeit und die Beispiele sind unverkennbar ein direkter Bezug auf Kants berühmte Beantwortung der Frage, was denn nun Aufklärung sei. Er stellte klar, dass er und seine Zeitgenossen sich nicht etwa in einem aufgeklärten Zeitalter befinden würden, sondern in einem der Aufklärung. Mit der Vernetzung der Welt und den technischen Entwicklungen, die alle völkerverbindenden Visionen Wirklichkeit werden lassen könnten, ist das Projekt Aufklärung mitnichten abgeschlossen. Wir haben in den vergangenen Jahrzehnten den Grundstein gelegt, die Welt zum Besseren zu verändern. Nun kommt es darauf an, das Projekt fortzusetzen.

Ein wesentliches Element dafür ist die Aufklärung des Boulevards, die Volksaufklärung, wie es noch vor hundert Jahren hieß. Sie beinhaltet ein Wechselspiel von Wissen und Machen. *Die* Herausforderung schlechthin scheint mir, die gefühlte Hilflosigkeit und Machtlosigkeit angesichts der Krisen und Herausforderungen unserer Zeit in einer konstruktiven Art und Weise zu thematisieren. Es gilt, die Gestaltungsmacht und damit die Verantwortung des Menschen zu betonen und sich nicht hilf- und wehrlos der postulierten oder tatsächlichen Emergenz zu ergeben. Auch die allgegenwärtige Informations- und Kommunikationstechnik und die mit ihr verbundenen Zwänge sind von Menschen hervorgebracht worden und könnten – *seids gewesen* – beseitigt werden, wenn es denn gewollt wäre.

Die Gestalterinnen und Gestalter der informationstechnischen Systeme haben jedoch einen verdammt guten Job gemacht, ihren eigenen Einfluss zu verstecken, was nicht immer böse gemeint war. „Don't make me think!", „Bring mich nicht zum Nachdenken!", lautet eine der Hauptmaximen der Gestaltung von Benutzerschnittstellen. Wer diese Maxime zum Ausgangspunkt nimmt, muss sich also auch anmaßen, etwas über den Vorgang des Denkens zu sagen und bestimmte Annahmen des Menschen zu modellieren. Und dies alles zu dem Zweck, sie zu verstecken.

Wenn wir konstatieren, dass die Informatik in nahezu alle Lebensbereiche des modernen Menschen eindringt, meinen wir damit vordergründig deren sichtbare Ergebnisse: die informationstechnischen *Gadgets*, Artefakte des modernen Handwerks Informatik. Kein Arbeitsplatz ohne Computer, kein Stammtisch ohne Smartphone, keine Werbung ohne Bildbearbeitung. Es fällt schwer, sich gesellschaftliche Teilhabe ohne moderne Rechentechnik vorzustellen.

Informatik ist jedoch auch dort wirksam, wo sie nicht direkt von außen wahrgenommen werden kann, so ist die Denkweise des modernen Menschen entscheidend geprägt und durchzogen von Metaphern, die aus dem informations- und kommunikationstechnischen Bereich stammen. „Mein Speicher ist voll" ächzen überforderte Schülerinnen und Schüler im Mathematikunterricht, „das habe ich nicht auf dem Schirm" geben ältere Politiker zu. Wobei Letztere wohl einen Radar- und nicht etwa einen Computerbildschirm meinen.

Die Metaphern dienen dabei nicht nur zur Erklärung eines Sachverhalts, sie schaffen Denkfiguren und beeinflussen

Menschenbilder, die dann wiederum gestaltend in die Welt eingreifen. Wer also beispielsweise vom menschlichen Gehirn wie von einem Computer spricht, reduziert damit einen wesentlichen Teil der Aktivitäten des Menschen auf eine reine Symboltransformation. Bei gegebener Eingabe liefert die Maschine nach bestimmten Regeln eine Ausgabe. Der Mensch mache ja eigentlich genau das: bei entsprechenden Sinnesreizen reagiert der Mensch nach bestimmten, eingebauten und vor allem frei programmierbaren Regeln.

An einem Computer kann man ja, je nach Zeit und Interesse, beliebig lange herumschrauben, bis man das optimale System für den Einsatzbereich geschaffen hat, das auch noch zuverlässig funktioniert. Dies ist nicht nur auf die Hardware beschränkt, wir können auch beliebig viel Zeit und Interesse in die Weiterentwicklung der Software investieren. Und plötzlich haben wir mit der Unterscheidung von Hardware und Software erneut eine Zweiteilung. Die Scholastiker des Mittelalters unterschieden den Menschen in Körper und Seele, und auch die Philosophien der Aufklärung unterteilten den Menschen im Modell wenigstens in einen homo phaenomenon (Hardware, Körper, body) und einen homo noumenon (Software, Geist, mind). Dies diente aber nur dem besseren Verständnis und sollte keine Blaupause für die Umprogrammierung liefern. Das hielt aber hochdekorierte Wissenschaftler wie Raymond Kurzweil nicht davon ab, auf dem Boulevard darüber nachzudenken, wie sie am besten ihr *Mind File,* also den Inhalt ihres Geistes speichern können. Dieses *backup* könne dann nach einem tödlichen Unfall („hit by the proverbial bus") wieder eingespielt werden, so dass Gedächtnis, Emotionen, Persönlichkeit, kurz: der Mensch wieder hergestellt werden kann. Das berichtet Kurzweil in einer Szene in Jens Schanzes Dokumentarfilm Plug & Pray (Schanze 2010, ab 1 h:23 m 35 s).

Im gleichen Film zeigt sich Joseph Weizenbaum irritiert. Die Philosophie ist sich auch nach mehreren tausend

Jahren nicht sicher, was denn der Mensch eigentlich sei. Die Informatik jedoch in ihrem Größenwahn könne den Menschen nicht nur analysieren, nein, synthetisieren werde sie ihn! Weizenbaum kämpfte jahrzehntelang gegen die „Ohnmacht der Vernunft", die durch die angebliche „Macht der Computer" zu beobachten sei (so lautet der deutsche Buchtitel von Weizenbaum 1978).

Es ist nicht die Rechenkraft, die Computer so mächtig erscheinen lässt, es ist die Eleganz der Modellierung, die einen Reiz auf den überlasteten Geist ausübt. Die Informatik ist sehr gut darin, Modelle zu konstruieren, die bestimmte zu untersuchende Aspekte der Welt besonders gut erklären können. Der vorbildliche Informatiker ist sich jedoch jederzeit über den Modellcharakter bewusst, er verwechselt als guter Akademiker nie Abgebildetes mit seinem Abbild.

Menschen in der Welt ebenso zu behandeln wie ihre Repräsentationen hieße, sie als bloßes Objekt wahrzunehmen. Schlimmer noch, aus den unteilbaren Individuen werden Dividuen, Unterteilte, weil im Modell unterteilbare Objekte. Dies ist mit einem auf Würde und Freiheit ausgerichteten Menschenbild nicht vereinbar. Dass es dennoch geschieht, und zwar massiv und massenhaft, hat etwas mit der informatischen Denkweise zu tun, die alles als gestaltbar sieht. Massiv wird in das Grundrecht auf informationelle Selbstbestimmung eingegriffen, massenhaft werden alle europäischen Bürger biometrisch erfasst.

Nun mögen Sie einwenden, dass wir die Welt ohnehin ständig erschaffen und je nach eingesetzter Technik erweitern. Wenn wir einen Hammer in der Hand halten, sehen alle Herausforderungen und Probleme plötzlich wie Nägel aus. Dieser Satz meint, dass es nicht nur die Welt ist, die unser Denken und Handeln beeinflusst, sondern es sind auch und gerade die uns zur Verfügung stehenden Werkzeuge, die unsere Vorstellung von der Welt beeinflussen.

Anhand von technischen Artefakten kann man sehr schön beobachten, wie diese wechselseitige Einflussnahme vonstatten geht. Mal dient die Natur als Vorbild (etwa bei den Fluggeräten des Daidalos), mal ist es genau umgekehrt, etwa wenn René Descartes sich den Sehapparat des Menschen wie eine raffinierte Variante der *camera obscura* vorstellt. Während erstere jedoch klar die Natur als Meisterin und den Menschen als stets unzulänglichen Lehrling setzt, so maßt sich der Mensch im zweiten Falle an, die Natur nach seinem Vorbild zu formen, also selbst zum schöpfenden Gott der schönen, neuen Welt zu werden. Es muss darüber gesprochen werden, was die Sichtweise auf die Welt als etwas Herstellbares bedeutet, was es bedeutet

> […] daß wir alle nur zu sehr aus der Welt einen Computer gemacht haben und daß diese abermalige Erschaffung der Welt nach dem Bild des Computers begonnen hatte, bevor es elektronische Computer gab. Heute, [1978,] da wir über Computer verfügen, ist es etwas leichter, diese phantastische Transformation zu erkennen, die wir mit der Welt vorgenommen haben. (Weizenbaum 1978, S. 9)

Ist es nunmehr gute dreißig Jahre später wirklich einfacher geworden? Die von Joseph Weizenbaum „abermalige Erschaffung" genannte Transformation der Welt ist uns längst zu einer zweiten Natur geworden. Mit Hilfe des Digitalcomputers haben wir nicht etwa eine Welt transformiert, wir haben sie *formiert*, neu erschaffen und darüber hinaus

> […] die früheren Zwänge verstärkt und erweitert, die den Menschen zu einer immer rationalistischeren Auffassung seiner Gesellschaft und zu einem immer mechanistischeren Bild von sich selbst getrieben haben. (Weizenbaum 1978, S. 25)

Betrachten wir zwei Beispiele, die den Punkt von Weizenbaum unterstreichen. Nehmen wir einmal an, in der Politik
ginge es um Wahrheitsfindung, also darum, wer Recht hat
mit seiner Auffassung von dem bestmöglichen Gesellschaft-
sentwurf. Mit dieser Annahme, die nur ein Lebensmodell
vorsieht, eben das beste, ist die Vorstellung verbunden, man
könne mit Hilfe rationaler Schlussfolgerungen zu diesem
einen Entwurf gelangen.

Wäre es nicht schön, wenn wir politische Meinungsverschiedenheiten ganz einfach mathematisch lösen könnten,
wie es Leibniz vorschlug? Dann würden wir bei einem Streit
einfach „calculemus" ausrufen und uns hinsetzen und durch-
rechnen, wer denn nun eigentlich Recht hat. Leibniz schrieb
1686: „Das einzige Mittel, unsere Schlußfolgerungen zu ver-
bessern, ist, sie ebenso anschaulich zu machen wie es die
Schlußfolgerungen der Mathematik sind, derart, daß man
seinen Irrtum mit den Augen findet und, wenn es Streitigkeiten unter Leuten gibt, nur zu sagen braucht: *Rechnen wir!*,
um zu sehen, wer recht hat, ohne eine weitere Förmlichkeit"
(zitiert nach Coy 1985, S. 27).

Es drängt sich der Eindruck auf, dass es sich in der Politik
des Internet-Zeitalters ebenso verhält. In aktuellen Debatten
im Parlament berufen sich Politiker immer öfter auf ihre
Unterstützung auf Facebook („likes") oder Journalisten auf
Anhänger bei Twitter („follower"). Wer Recht hat (lies: wer
für seine Meinung die meisten Unterstützer hat), wird mit
einem einfachen „calculemus!" herausgefunden.

Das Bedauerliche, oder Großartige, je nach Standpunkt,
der Gleichsetzungen *tweet* mit Meinungsäußerung mit Meinungsäußerung eines Menschen mit Meinung eines Menschen mit Überzeugung *et cetera* ist, dass sie politisch funktionieren. Der moderne Mensch entspricht in der Informationsgesellschaft immer mehr seinem Datenschatten, weil

es (angebliche oder tatsächliche) Vorteile bringt; technische Annahmen des *users* werden zu selbsterfüllenden Prophezeiungen.

8.3   Neuigkeit versus Wahrheit

Bevor der Journalist Walter Lippmann mit seinem Werk über das Trugbild Öffentlichkeit („The Phantom Public") eine Debatte über Existenz und Stellenwert einer deliberativen Öffentlichkeit hervorrief, schrieb er über den Zusammenhang von öffentlicher Meinung, Nachrichten und Wahrheit:

> The hypothesis, which seems to me the most fertile, is that news and truth are not the same thing, and must be clearly distinguished. The function of news is to signalize an event, the function of truth is to bring to light the hidden facts, to set them into relation with each other, and make a picture of reality on which men can act. Only at those points, where social conditions take recognizable and measurable shape, do the body of truth and the body of news coincide. That is a comparatively small part of the whole field of human interest. (Lippmann 1965, S. 226)

Mit einem Beispiel macht er dies deutlich. Wenn eine Zeitung nun zum sechsten Mal titele „Lenin tot", so müsse der geneigte Leser eigentlich „Helsinki behauptet, Lenin sei tot" lesen.[1] Lippmann stellt damit die Objektivität des Mediums in Frage, die in der Form wohl auch nie wirklich existierte. Die Gleichgültigkeit großer Medienhäuser gegenüber einer politischen Willensbildung ist unfassbar. Meistens ist eine Blatt-Linie erkennbar, etwa das Bekenntnis der Axel-Springer-Presse oder die Leitmotive des SPIEGEL. Einzelne

---

[1] Knapp zwei Jahre nach Erscheinen von Lippmanns Werk ist Lenin tatsächlich gestorben.

Autoren weichen jedoch so stark davon ab, dass man den Eindruck gewinnt, es gehe nur um das Anwerben von Lesern (von Abonnenten spricht keiner mehr), ganz besonders im Digitalen.

Daher liegt sicher keine böse Absicht in der Praktik von Facebook beispielsweise, die Nachrichten so vorzusortieren, dass die Leser in ihrer „filter bubble" zum nachvollziehbaren Lesen, also zum Klicken gebracht werden. Dies geschieht auch mit Hilfe von bestimmten Formulierungen in Überschriften und kurzen Anrisstexten, die einen Leser gleich einem Karpfen anlocken sollen, damit er auf den Link klickt, und somit „traffic" produziert, was dem Verlag schließlich mehr Werbeeinnahmen beschert.

Einleitend schrieb ich über die neuen *Gatekeeper* Algorithmen, die Informationsflüsse kontrollieren. Zuerst muss sprachlich festgehalten werden, dass Algorithmen nichts kontrollieren können, weil sie nichts „tun" können; Menschen üben mit Hilfe von Technik Kontrolle aus, wie wir in dieser Arbeit an einigen Stellen gesehen haben. Außerdem gilt es, den Begriff „Algorithmus" nicht inflationär zu gebrauchen, denn in vielen Fällen ist damit schlicht „programmierter Arbeitsablauf" gemeint. Der Gebrauch dieser technischen Vokabel verdeckt auch, dass es häufig Menschen sind, die Informationen vorsortieren, wie jüngst das Beispiel Facebook gezeigt hat (Thielman 12. Mai 2016).

Der Nachrichtenagentur „United Press" wird in Bezug auf exklusive Nachrichten der Slogan zugeschrieben: „Get it first, but FIRST, get it RIGHT". Den Hinweis auf den Zusammenhang von Publikationsdatum und Zeitpunkt des Ereignisses gaben schon die Verleger der ersten Nummer der „Zürcher Zeitung" (heute NZZ) am 12. Jenner 1780:

Es wird uns zwar, so wie anderen Zeitungs=Schreibern, nicht möglich sein, die Weltbegebenheiten früher anzuzeigen, als sie geschehen sind; oder, als sie auswärtige Zeitungen der

Welt berichten. Aber doch haben wir Anstalten getroffen, vermittels der besten Französischen, Englischen, Italienischen, Holländisch= und Deutschen Zeitungen, und auch durch zuverlässige Privat=Correspondenz die Nachrichten immer so bald zu erhalten, und in unsere Zeitungen einzurücken, als es andere von unseren Nachbarn thun können. […] Wir bitten uns Briefe und Vorschuss=Geld *franco* aus. (Borchers 18. Januar 2015, letzter Abschnitt)

Der Hinweis auf „Vorschuss=Geld", Geduld und Vertrauen legte schon damals den Finger in die Wunde der prekären Rolle der Zeitung. Doch Zeitungen und andere Presse- und presseähnlichen Erzeugnisse sind nicht die einzigen Akteure einer demokratisch verfassten Gesellschaft, die sich der Bildung der Öffentlichkeit verschrieben haben. Die Wissenschaft insgesamt und die Informatik im Speziellen besitzt eine ungeheure Macht, die öffentliche Deliberation zu ermöglichen oder zu bremsen. In der nun ausgerufenen Turing-Galaxis muss nun gerade die Informatik in allen Bindestrich-Varianten Verantwortung für die Gewährleistung von Öffentlichkeit auf dem Boulevard Digital übernehmen.

8.4 Bequeme und unbequeme Wahrheiten

In der Informatik beschäftigen wir uns mit höchst unterschiedlichen Wahrheiten. Die theoretische Informatik lehrt uns den Gebrauch der klassischen Aussagelogik. Dort werden Aussagen als Sätze formuliert, die entweder wahr (true) oder falsch (false) sind.

P1 Alle Menschen sind sterblich.
P2 Sokrates ist ein Mensch.
Q Also ist Sokrates sterblich.

Wenn beide Aussagen P1 und P2 wahr sind, ist der Schluss Q ebenfalls wahr. Den Informatikerinnen und Informatikern wären solche Aussagen natürlich nicht formal genug, sie würden wahrscheinlich eher schreiben:

P1 $\forall a : a \in M \implies a \in S$
P2 Sokrates $\in M$
Q Sokrates $\in S$

In der technischen Informatik geht es dann um die Konstruktion der logischen Funktionen in Hardware. Zwei Drähte an der linken Seite, dann die Black Box mit der Aufschrift „$\wedge$", ein Draht auf der rechten Seite. Liegt nun an den Drähten auf der linken Seite Strom an, dann fließt auch auf der rechten Seite Strom (und auch nur dann). Dies nennen wir dann Und-Gatter.

In der praktischen Informatik und besonders im Teilgebiet Informatik und Gesellschaft schließlich fragt man sich, wie man denn herausfinden könnte, ob Sokrates ein Mensch ist. Das berührt schon ein wenig die unbequemeren Wahrheiten. Die bequemen Wahrheiten sind die mathematisch-logischen Wahrheiten, die unabhängig von einer existierenden Umwelt sind, solange ein denkender Geist sie denkt. Dies sind die Vernunftwahrheiten, sie entspringen Descartes Lehnstuhl. Cogito ergo sum. Ich denke, also bin ich.

Die Tatsachenwahrheiten sind jedoch weitaus unbequemer – und fragiler. Die Wahrheiten der Mathematik funktionieren auch ohne Lehrbücher, die Wahrheiten der Geschichts- und Politikwissenschaft nicht unbedingt:

Tatsachen stehen immer in Gefahr, nicht nur auf Zeit, sondern möglicherweise für immer aus der Welt zu verschwinden. Fakten und Ereignisse sind unendlich viel gefährdeter als was immer der menschliche Geist entdecken oder erinnern kann (Axiome, wissenschaftliche Entdeckungen, philosophische Theorien); sie tauchen auf und verschwinden im Fluß der ewig wechselnden menschlichen Angelegenheiten – in einem Bereich, in dem nichts permanenter ist als die vielleicht auch nur relative Permanenz der menschlichen Geistesstruktur. Sind sie erst einmal verloren, so wird keine Anstrengung des Verstandes oder der Vernunft sie wieder zurückbringen können. (Arendt 1987, S. 330)

Verdrängung ist ein mächtiges Instrument des menschlichen Geistes. Es ist unbegreiflich, unter welchen Bedingungen Menschen nicht nur leben, ja sogar weiterleben wollen. Wir erinnern uns: Edward Snowden hat im Juni des Jahres 2013 den bislang größten Angriff auf die Öffentlichkeit bekannt gemacht. Jede Unterhaltung, die mit Hilfe eines technischen Geräts geführt wird, wird von demokratisch nicht legitimierten, faktisch unkontrollierten Mächten überwacht. Jedes Gespräch, das im videoüberwachten öffentlichen Raum geführt wird, wird aufgezeichnet und zur späteren Auswertung verwahrt. Von jedem Erdenbürger, der digital vernetzt ist, existiert eine Akte mit sämtlichen messbaren Handlungen und schriftlich getätigten Aussagen.

Jede Demokratie sollte allein schon die Möglichkeit einer solchen totalitären Überwachung und Kontrolle der Weltbevölkerung prinzipiell unterbinden – geschweige denn die faktische Handlung unterlassen.

Der Angriff auf das Prinzip der unvermachteten Öffentlichkeit, einem gedachten Ort des wechselseitigen Austausches von Ideen und Argumenten zum Zwecke des politischen Zusammenlebens, ist in vollem Gange. Dies wird verdrängt, genau so wie andere gesellschaftlich relevanten Themen, worauf Aktivisten regelmäßig hinweisen:

Die Jury der Initiative Nachrichtenaufklärung e. V. präsentiert jährlich zehn Nachrichten oder Themen, die in der medialen Berichterstattung zu kurz gekommen sind. Es handelt sich um Themen, die für die deutsche Öffentlichkeit relevant sind, über die aber bislang in Presse, Funk, Fernsehen und Internet kaum Debatten geführt werden.[2]

Die Vernachlässigung bestimmter Themen durch Zeitung, Rundfunk, Fernsehen und „Internet" ist kein neues Phänomen, wohl aber die Berichterstattung darüber. Medien sind viel selbstkritischer als ihnen von Medienkritikern eingeräumt wird, wenn man alle *media outlets* zusammen betrachtet. Die Meinungspluralität sollte durch eine entsprechende Medienpluralität wie von allein kommen; dies geschieht nicht, doch tragen daran nicht nur die vielgescholtenen Medien Schuld.

In erster Linie sollten doch die gewählten Volksvertreter die gesellschaftlich relevanten Themen ins Parlament einbringen. Einflussreiche Personen des öffentlichen Lebens sind ebenso dazu aufgerufen, auf aktuelle Missstände hinzuweisen. Der Vorwurf der Weltfremdheit der geistigen Elite scheint nicht aus der Luft gegriffen zu sein, wenn man auf Platons Staatstheorien oder Kants Begründung der Pflicht zur Wahrheit blickt.

Jedoch gilt es hier zu unterscheiden, ob tagesaktuelle oder grundsätzliche Sachen von der Öffentlichkeit diskutiert werden. Im Tagesaktuellen zeigt sich natürlich auch Grundsätzliches, so konnten Hegels Zeitgenossen sicher seine Herr- und-Knecht-Dialektik mit der aktuellen Situation in Saint-Domingue zusammenbringen. Von den 600.000 Bewohnern der französischen Kolonie waren 90 % Schwarze Sklaven. Als im Mutterland Frankreich 1789 die Revolution den radikalen Gedanken der unveräußerlichen Menschenrechte in die Welt brachte, erhoben sich nach den so genannten „freien Schwarzen" auch die Sklaven auf der Insel unter dem

---

[2]Initiative Nachrichtenaufklärung e. V.: Top Ten der vernachlässigten Nachrichten 2016, vorgestellt am 17. Februar 2016, online unter http://www.derblindefleck.de/top-ten-der-vernachlaessigten-nachrichten-2016/.

Banner von François-Dominique Toussaint L'Ouverture. Warum Hegel, der bekennender Zeitungsleser war, sich nie zu der realgeschichtlichen Manifestation seiner Herr-und-Knecht-Dialektik geäußert hat, mag nicht zuletzt mit seinem Eurozentrismus zusammenhängen; Susan Buck-Morss hat weitere Erklärungen parat im Vorwort zu Buck-Morss (2009). Auch die Kant'sche Leserschaft wusste mit der Anspielung auf ein „intelligentes und geistreiches Volk" umzugehen.

Es gibt keine „Alternativen Fakten", wohl aber unterschiedliche Auffassungen darüber, wie man die gemeinschaftlich geteilten Fakten zu interpretieren habe. Die Fähigkeit des Menschen, unterschiedliche Sichtweisen – Haltungen – einzunehmen, ist eine der erstaunlichsten. Sie ermöglicht es ihm, mit seiner Umwelt zu interagieren, auch wenn er sie nicht komplett versteht. Der Mensch ist Zeit seines Lebens vor allem ein konstant Lernender.

Jeder Lernende, vom Kind zum Greis, kennt Situationen, in denen Intuition und Beobachtung nicht vereinbar sind. In unserer Kultur hat sich die Forderung durchgesetzt, dass wir unserer (ungeschulten) Intuition nicht vertrauen dürfen, sondern nur unserem (geschulten, formalisierten) Wissen, das wir vor allem dank der Wissenschaft von der Welt haben.

Der Blick des Wissenschaftlers auf die Welt unterscheidet sich von dem eines Kindes nur insoweit, als dass er gelernt hat, seine Intuition, seine Wahrnehmung und sein formallogisches Denken in eine fruchtbare Beziehung zu bringen. Er unterdrückt seine Intuition nicht, er schult sie. Er verändert seine Haltung zur Welt, hinterfragt ständig seinen eigenen Standpunkt, nimmt nichts als unbeweglich hin. Selbst fundamentale Dinge wie die Demokratie sind nicht alternativlos.

Die Möglichkeit der Aufhebung der Demokratie gibt dieser zwar einen prekären Status, zwingt das Volk jedoch zu einem ständigen Aushandlungsprozess der Frage, wie es

denn leben möchte. Wenn in antiken Texten von „Volk"
gesprochen wird, ist in der Regel *dēmos* gemeint und nicht
éthnos, es meint also den politischen Begriff des (eigenen)
Volks.[3] Es findet sich (in den politiktheoretischen Texten)
auch keine Forderung nach einer gemeinsamen Leitkul-
tur, sondern im Gegenteil die der wechselseitigen Anerkennung der kulturellen Unterschiede. Es ist ja auch albern,
in der Antike von *dem* Römer zu sprechen, womit Menschen gemeint sind, die in Nordafrika, Italien oder Gallien
geboren sind. Die Beschreibung der Hautfarbe taucht auch
erst mit dem Kolonialismus auf, davor bezog sich das Attribut „schwarz" eventuell auf die Haarfarbe, die bevorzugte
Kleidung oder vielleicht sogar den seelischen Zustand. Es
wird der Sache zugegebenermaßen nicht ganz gerecht, dies
nur als ein Missverständnis über unterschiedliche Verwen-
dungen von Begriffen abzutun. Im Kern ist jedoch genau
dies das Problem: Viele theoretische Arbeiten zur Publizität
beziehen sich an der einen oder anderen Stelle explizit auf
die antike Polis – meist als längst vergangenes Ideal.

Es gibt jedoch einen wesentlichen Unterschied zwischen
dem antiken und modernen Gemeinwesen, darauf weist
Hannah Arendt hin. Es ist „das Aufkommen eines im eigent-
lichen Sinne gesellschaftlichen Raumes, dessen Erscheinen
mit der Geburt der Neuzeit zusammenfällt und der seine
politische Form im Nationalstaat gefunden hat." (Arendt
2006, S. 39) Des Weiteren pointiert sie das Weltbild der
modernen Gesellschaft als „gigantische Über-Familie" mit
„kollektiven Haushalten". Es sei gegenwärtig nur sinnvoll
– und es fällt schwer, dem zu widersprechen –, wenn überhaupt, dann nur von einer Trennung zwischen Privatem auf
der einen Seite und Gesellschaftlichem auf der anderen Seite

---

[3] Für das skandierte „Wir sind das Volk" wünscht sich der Autor manchmal eine
griechische Übersetzung.

zu sprechen. Die Öffentlichkeit der Antike gebe es schlicht nicht mehr.

Der ehemals normative Bereich einer emphatischen Öffentlichkeit (Peters), der soziale Handlungs- und Verantwortungsbereich, wird nicht mehr ausgehandelt, sondern schlicht gelebt und ausgelebt auf dem Boulevard. Auf Facebook kann man exemplarisch beobachten, wie sich die Wertvorstellungen durch neue technische Möglichkeiten ändern. Die Furcht vor der Totalüberwachung der Orwell-Generation und der Kinder des Kalten Krieges ist in den *postings* der *Post-Privacy*-Anhänger nicht mehr zu spüren, im Gegenteil, das Unbehagen weicht einer Freude am Mitteilen und Selbst-Vermessen. Ein neues Gemeinwesen von gleichzeitig messenden und vermessenen Menschen entsteht.

Informatiker (mit oder ohne Schein, also Akademiker wie Hacker) sind nicht länger Teil einer davon abgeschotteten Gemeinschaft, sie müssen sich der gesellschaftlichen Fragestellung und vor allem Infragestellung von Autonomie, Freiheit oder Solidarität durch die Nutzung von informationstechnischen Systemen annehmen, sie müssen ihren Bildungsauftrag ernst nehmen. Im gestalterischen Sinn bildeten Techniker schon längst die Welt nach ihren Vorstellungen, nun werden sie auch pädagogisch tätig werden müssen und endlich die längst überfällige Anleitung dafür schreiben.

Literatur

Arendt H (1987) Wahrheit und Lüge in der Politik: Zwei Essays. Piper, München

Arendt H (2006) Vita activa Oder Vom tätigen Leben. Piper, München

Borchers D (18. Januar 2015) Was war. was wird. von Lügenpressen, fünfter Gewalt und dem Irrsinn unaufgeklärter Debatten. http://www.heise.de/newsticker/meldung/Was-war-Was-wird-Von-Luegenpressen-fuenfter-Gewalt-und-dem-Irrsinn-unaufgeklaerter-Debatten-2519514.html

Buck-Morss S (2009) Hegel, Haiti, and Universal History. University of Pittsburgh Press, Pittsburgh

Coy W (1985) Industrieroboter. Zur Archäologie der zweiten Schöpfung. Rotbuch, Berlin

Hartmann F (Hrsg) (2012) Vom Buch zur Datenbank. Avinus Verlag, Berlin

Lippmann W (1965) Public opinion (1922). Free Press, New York

Schanze, J (2010) Plug & Pray, Deutschland. http://www.plugandpray-film.de/inhalt.html

Thielman S (12. Mai 2016) Facebook news selection is in hands of editors not algorithms, documents show. The Guardian. https://www.theguardian.com/technology/2016/may/12/facebook-trending-news-leaked-documents-editor-guidelines

Ullrich S (2014) Informationelle Mü(n)digkeit. Über die unbequeme Selbstbestimmung. Datenschutz und Datensicherheit 10:696–700

Weizenbaum J (1978) Die Macht der Computer und die Ohnmacht der Vernunft. Suhrkamp, Frankfurt a. M

Ihr kostenloses eBook

Vielen Dank für den Kauf dieses Buches. Sie haben die Möglichkeit, das eBook zu diesem Titel kostenlos zu nutzen. Das eBook können Sie dauerhaft in Ihrem persönlichen, digitalen Bücherregal auf **springer.com** speichern, oder es auf Ihren PC/Tablet/eReader herunterladen.

1. Gehen Sie auf **www.springer.com** und loggen Sie sich ein. Falls Sie noch kein Kundenkonto haben, registrieren Sie sich bitte auf der Webseite.
2. Geben Sie die eISBN (siehe unten) in das Suchfeld ein und klicken Sie auf den angezeigten Titel. Legen Sie im nächsten Schritt das eBook über **eBook kaufen** in Ihren Warenkorb. Klicken Sie auf **Warenkorb und zur Kasse gehen**.
3. Geben Sie in das Feld **Coupon/Token** Ihren persönlichen Coupon ein, den Sie unten auf dieser Seite finden. Der Coupon wird vom System erkannt und der Preis auf 0,00 Euro reduziert.
4. Klicken Sie auf **Weiter zur Anmeldung**. Geben Sie Ihre Adressdaten ein und klicken Sie auf **Details speichern und fortfahren**.
5. Klicken Sie nun auf **kostenfrei bestellen**.
6. Sie können das eBook nun auf der Bestätigungsseite herunterladen und auf einem Gerät Ihrer Wahl lesen. Das eBook bleibt dauerhaft in Ihrem digitalen Bücherregal gespeichert. Zudem können Sie das eBook zu jedem späteren Zeitpunkt über Ihr Bücherregal herunterladen. Das Bücherregal erreichen Sie, wenn Sie im oberen Teil der Webseite auf Ihren Namen klicken und dort **Mein Bücherregal** auswählen.

EBOOK INSIDE

eISBN
Ihr persönlicher Coupon

978-3-658-24429-3
874FpKXCaJEPxqm

Sollte der Coupon fehlen oder nicht funktionieren, senden Sie uns bitte eine E-Mail mit dem Betreff: **eBook inside** an **customerservice@springer.com**.

Printed by Printforce, the Netherlands